D1719585

Judith Specht

Fernwandern und Pilgern in Europa
Über die Renaissance der Reise zu Fuß

Eichstätter Tourismuswissenschaftliche Beiträge   Band 11

Herausgeber Hans Hopfinger
Lehrstuhl für Kulturgeographie, Katholische Universität Eichstätt-Ingolstadt

Judith Specht

Fernwandern und Pilgern in Europa
Über die Renaissance der Reise zu Fuß

PROFIL**VERLAG**

Anschrift des Herausgebers:

Prof. Dr. Hans Hopfinger
Lehrstuhl für Kulturgeographie
Kath. Universität Eichstätt-Ingolstadt
Ostenstraße 18, 85072 Eichstätt

Anschrift der Autorin:

Dr. Judith Specht
judith.specht@gmx.net

Die vorliegende Arbeit wurde durch die Klosterkammer Hannover unterstützt und von der Georg-August-Universität Göttingen als Dissertation (D7) angenommen. Die Drucklegung erfolgte mit freundlicher Unterstützung der Katholischen Universität Eichstätt-Ingolstadt.

Bibliografische Information der Deutschen Bibliothek

Die Deutsche Bibliothek verzeichnet diese Publikation in der Deutschen Nationalbibliografie; detaillierte bibliografische Daten sind im Internet unter http://dnb.ddb.de abrufbar.

Titelbilder
Grundlage: Von der Autorin aufgenommene Photographien

© 2009 Profil Verlag GmbH München Wien
Layout und Satz: Albert Klaus, Eichstätt
Grafiken: Albert Klaus, Eichstätt, gedruckt nach Typoscript
Druck und Herstellung: PBtisk s. r. o., Příbram/Czech Republic
Printed and bound in the E. U.
ISBN 9-378-89019-652-7
978 - 3 -

Danksagung

Alfred Wainwright, der „Vater" des Coast to Coast Walk, wird mit den Worten zitiert, dass Wanderer unterwegs auf keinen Fall aufgeben sollten – sonst würden sie es bei jeglicher Schwierigkeit im Leben erneut tun und nie etwas zu einem guten Ende bringen (Plowright 1995: 8).

Mit der vorliegenden Publikation habe ich das Ende meines Promotionsvorhabens endgültig und glücklich erreicht. Doch auch auf diesem Weg gab es Tage, an denen die Bewältigung des Wander-Forschungs-Weges unmöglich erschien, gab es Passagen, die im Nebel lagen, gab es Stellen, an denen flexibel neue Lösungen zu suchen waren. Und es gab lange Strecken, die viel Spaß gemacht haben.

Auf meinem Weg haben mich viele Menschen begleitet, und ohne ihre vielfältige Unterstützung wäre ich vielleicht nicht am Ziel angelangt. An vorderster Stelle stehen all diejenigen, die ich während ihrer Wanderung interviewen durfte. Ohne die finanzielle Unterstützung der Klosterkammer Hannover wäre die umfangreiche Feldforschung nur schwer durchführbar gewesen. Freiraum, wissenschaftliche Lenkung und freundschaftliche Förderung erlebte ich durch meine Doktormutter Prof. Dr. Heide Inhetveen. Inhaltlichen Austausch und praktische Hilfestellung fand ich bei (ehemaligen) KollegInnen vom Institut für Rurale Entwicklung der Universität Göttingen und vom Institut für Soziokulturelle Studien der Universität Kassel / Witzenhausen. Besonders erwähnen möchte ich Martina Pletsch-Betancourt, Dr. Mathilde Schmitt, Dr. Ira Spieker, Kenneth Muller und Dr. Martin Timmermann. Offene Ohren, interessierte Nachfragen – aber auch Zerstreuung – schenkten mir viele FreundInnen, Verwandte und mein Lebensgefährte Jörn-Uwe Schulz.

Das letzte Stück des Weges bis zur Veröffentlichung wurde durch Dr. H. Jürgen Kagelmann vom Profilverlag und Prof. Dr. Hans Hopfinger als Herausgeber der Reihe „Eichstätter Tourismuswissenschaftliche Beiträge" geebnet.

Ihnen allen möchte ich hiermit herzlich danken!

Hann Münden, im Januar 2009   Judith Specht

Zusammenfassung

Ausgehend von der Beobachtung zunehmender realer wie medialer Präsenz von Fern- und Pilgerwanderungen stellt die Autorin die Frage, was immer mehr Menschen dazu bringt, mit Rucksack und Wanderschuhen ihres Weges zu gehen. Und das nicht nur für einige Stunden, sondern über mehrere Tage bis hin zu einigen Monaten, was doch im Zeitalter der Beschleunigung und um sich greifender virtueller Realitäten ein fast befremdliches Tun zu sein scheint.

Neugierig geworden, packt die Autorin selbst ihren Rucksack und befragt auf zwei Fernwander- und einem Pilgerweg in Österreich, Frankreich und Großbritannien Wanderer und Pilger. Dabei nutzt sie die qualitative Methode der Grounded Theory, um dem Phänomen auf die Spur zu kommen, Motive und Praxis der Wandernden zu verstehen und Ideen zu konkretisieren, wie dieser Trend für ländliche Räume besser zu nutzen sei.

Kern des Ergebnisses ist, dass es neben allgemeinen Erlebnisstrukturierungen zwei divergierende Hauptmotive und darauf aufbauend zwei Ausprägungen „des Fernwanderers" gibt. Bei beiden erleben Wandernde unterwegs eine Belebung körperlicher wie innerlicher Wahrnehmung und Fähigkeiten, intensivieren verschiedenste Sozialkontakte und profitieren von der Tuchfühlung mit der Natur; und bei beiden führt die Zeit unterwegs zu Wandlungen im Alltag. Dennoch unterscheidet sich der Fernwanderer, für den die Unternehmung „Urlaub" ist, grundlegend von dem, der die Reise als „Passageritual" nutzt. Ist für ersteren Ziel, sich umfassend zu erholen und eine Zeit lang möglichst weit weg vom Alltag zu sein, so verfolgt der zweite den Wunsch, durch diese Wanderung einen Fixpunkt in seiner Biographie zu schaffen, den er sonst in der Spätmoderne vergeblich sucht, aber zur Selbstkonstruktion benötigt.

Beide Formen des Unterwegs-Seins sind individuelle Antworten auf gesellschaftliche Veränderungen in der Spätmoderne, die sich hinter Schlagworten wie Individualisierung, Säkularisierung oder Beschleunigung verbergen und den Einzelnen in ein nicht gekanntes Maß an Eigenverantwortung und Richtungslosigkeit entlassen. Langsam sein, einem klaren Weg folgen, nicht permanent Entscheidungen treffen zu müssen, sich seines Innenlebens wie seiner Umwelt bewusst zu werden und eventuell einen Zugang zur Transzendenz zu erlangen, sind Strategien, in der heutigen Zeit „seinen Weg zu finden".

Abstract

Because of the increasing real as well as media interest in long-distance walking and pilgrimages, the author decided to analyse the question as to what motivates more and more people to grab their backpack and trekking shoes and begin to walk. And not only for a few hours but for days at a time, or even months, something that appears a strange phenomenon in the age of acceleration and growing virtual realities.

Driven by curiosity, the author grabbed her own backpack and interviewed walkers and pilgrims on two long-distance paths as well as one pilgrim path crossing Austria, France, and Great Britain. She based her analysis on the qualitative method found in the "Grounded Theory" in order to study the phenomenon and understand the motive and practises of the walkers and concretise ideas as to how this trend could be taken advantage of positively in rural regions.

The main revelations derived from the findings is that there are in addition to general experience structures two diverging main motives and two types of "walkers." While on the road, both types of walkers experience a pronounced stimulation of their physical and inner perceptions and dexterity, intensify diverse social contacts, and profit from the closeness to nature; and both experience changes in their daily routine as a result of the time spent wandering. However, there is a tremendous difference between the walker to whom the experience is a "vacation" and the other who uses the trip as a "rite of passage." If the first type of walkers main goal is to escape and recuperate from his daily routine, the second pursues the desire to establish a "fixed star" in his biography that he seeks in vain in the post-modern era, but something he needs for his own self-construct.

Both types of "being on the road" are individual answers to the social changes taking place in the post-modern era that are concealed behind terms such as individualization, secularisation, or acceleration and that condemn the individual to a formerly unknown level of self-responsibility and lack of direction. To be slow, pursue a clear path, not be forced to permanently make decisions, be aware of one's internal life as well as his environment and, if the case be, to approach a transcendental state are strategies to "find one's way" today.

„One should always have a definite objective,

in a walk as in life.

It is so much more satisfying to reach a target by personal effort

than to wander aimlessly.

An objective is an ambition, and life without ambition is ...

well, aimless wandering."

Alfred Wainwright (1973)

Inhaltsverzeichnis

1   Einleitung

Fernwandern und Pilgern scheinen dem Zeitgeist zu entsprechen. Viele Bestsellerlisten sind mit einschlägigen Wander- oder Pilgerbüchern bestückt, und in Wochenendbeilagen der Tagespresse finden sich beständig neue Wege und Ziele. Denkt man an die Alltagsmode, so sind Anleihen aus der Wanderausrüstung seit Jahren nicht mehr wegzudenken – sei es der Tagesrucksack (sprich Daypack) oder die Outdoor-Funktionsjacke. Sich wissenschaftlich wandernd mit modernen Wanderern auseinander zu setzen, ist jedoch (noch) eine Forschungslücke. Dabei gründet sich auf den gehenden und dabei beobachtenden Forscher eine der ursprünglichsten Methoden der soziologischen Empirie. Wilhelm Heinrich Riehl, Vordenker der Volkskunde und der Soziologie, vertrat bereits Mitte des 19. Jahrhunderts die Auffassung, ein Forscher solle sein Feld erwandern. Nur die erwanderte Erfahrung sei tatsächliche Erkenntnis. Wenn sich diese Methode auch nicht in weiten Kreisen durchgesetzt hat, so ist sie im Kontext der vorliegenden Arbeit von höchster Relevanz und wurde von der Autorin aufgegriffen, da sie auf bemerkenswerte Weise Forschungsinteresse mit Forschungssubjekten verbindet.

Wandern heißt, sich aus eigener Körperkraft fortzubewegen, langsam zu sein, sich dem nicht beeinflussbaren Wetter auszusetzen und Natur mit allen Beschwerlichkeiten und Unwägbarkeiten zu erleben. Dies ist für moderne Individuen ein sehr unmodernes Verhalten, da als Fortschritt gilt, Natürliches und Unkontrollierbares zu eliminieren und dem Leben mehr Tempo zu verleihen. Nun also nicht zunehmend schneller und weiter, sondern entschleunigt den Raum durchqueren, nicht artifiziell Urbanes, sondern authentisch Rurales suchen und genießen? Den Gründen für dieses Verhalten wird in dieser Arbeit wortwörtlich nachgegangen.

Eine besonders intensive Form zu wandern, ist Fernwandern und Pilgern, wobei Menschen für einige Tage bis hin zu mehreren Monaten zu Fuß auf dem Weg sind. In der vorliegenden Arbeit wird diese Form des Unterwegs-Seins von der Entscheidungsfindung über die Durchführung und die Folgewirkungen für Menschen und Regionen erkundet. Hintergrund ist die Überzeugung, dass erfolgreich etablierter Fußtourismus nachhaltige Entwicklung in ländlichen Räumen fördern, zum Verständnis von Kulturlandschaften beitragen und gesellschaftliche Negativentwicklungen bremsen kann. Diese positiven Wirkungen gilt es, durch erweitertes Wissen zu stärken, wozu diese Arbeit einen Beitrag leisten möchte.

2 Vom gesellschaftlichen Phänomen zur wissenschaftlichen Fragestellung

2.1 Aktuelle Wandertrends

„Du musst wandern" (Andrack 2005), werden wir von Manuel Andrack aufgefordert. „Neue Wege zu einer alten Kunst" (Grober 2006) verspricht uns im wörtlichen wie übertragenen Sinn Ulrich Grober. Und ganz lapidar teilt uns Hape Kerkeling mit, „Ich bin dann mal weg" (Kerkeling 2006), sprich für einige Wochen auf dem Jakobsweg nach Santiago de Compostela. Dies sind nur drei Buchtitel unter vielen, die in den letzten Jahren mit großem Erfolg publiziert wurden und eines gemeinsam haben: Prominente Personen berichten aus persönlicher Sicht über ihre (Wieder-) Entdeckung des Wanderns. Langsam, schwitzend, fluchend, glücklich, nass, mal allein, mal mit Freunden ziehen sie ihrer Wege durchs deutsche Mittelgebirge oder über die spanischen Pyrenäen. Sie denken an Hermann Hesse, Gott oder sich selbst und kommen zu einer für sie oft überraschenden Erkenntnis: Wie wohl ihnen Gehen, gedankliches Schweifen, Natur- und Landschaftserlebnisse bei jedem Wetter, geplante wie zufällige Begegnungen mit Menschen und die Entfernung zum Alltag tun. Ihrem Körper, ihrem Geist, ihrer Seele. Nützlich fürs Private wie Berufliche, für große Veränderungen im Lebenslauf wie für eine kurze Wochenendauszeit. Liest man diese Bücher und registriert ihren Erfolg bei den Lesern, so möchte man umgehend den Rucksack schultern.

Wandern liegt im Trend und das lässt sich auch mit Zahlen belegen. 34 Millionen Deutsche wandern gerne, sei es in der Freizeit oder zumindest im Urlaub (Wanderbares Deutschland 2008). Das ist fast jeder zweite Bundesbürger. Bekannte Gründe, die zum Wandern führen, sind Naturgenuss und körperliche Stärkung, die Lust auf Erkundung neuer Regionen und das gemeinsame Erleben mit Partnern oder Freunden (Brämer, Lange et al. 2004: 14). Ergänzung finden sie in der Entdeckung der Langsamkeit, in innerer Suche und dem Wunsch nach Grenzerfahrungen unterwegs (Pülz 2005: 46ff). Nur selten werden Hintergründe der neuen Wanderlust genannt oder untersucht, wie sie in Veränderungen der Lebens- und Arbeitswelt erwartet werden könnten.

Entwicklung und Potential des Wandermarktes werden auch von Touristikern und Regionalentwicklern genau verfolgt – nicht nur in Deutschland (Brämer 1999c), sondern auch in anderen Ländern Europas (LEADER 2001; Christie und Matthews 2003). In Deutschland wird dabei vor allem auf Qualität und die Erfüllung der sich wandelnden Ansprüche moderner Wanderer geachtet. Der Deutsche Wanderverband, Dachverband für über 600.000 organisierte Wanderer mit 56 regionalen Hauptvereinen und 3.100 Ortsgruppen (Deutscher Wanderverband 2006), hat dazu neue Konzepte entwickelt. Um Wanderern von heute – reiseerfahren, anspruchsvoll und Wert auf Qualität legend (Deutscher Wanderverband 2006) – gerecht zu werden, wurde 2001 „Wanderbares Deutschland" gegründet, ein Kooperationsprojekt zwischen Deutschem Tourismusverband und Deutschem Wanderverband.[1] Ziel ist, einen attraktiven Wandertourismus in Deutschland zu fördern. Bis zum Sommer 2008 wurden 33 Fernwege mit dem Prädikat „Qualitätsweg Wanderbares Deutschland" ausgezeichnet – Wege, die hohe Ansprüche an Markierung, Abwechslungsreichtum der Landschaft, Einkehrmöglichkeiten und Wegequalität erfüllen (Deutscher Wanderverband 2008). Zudem können Beherbergungsunternehmen bei entsprechender Qualität das Siegel „Qualitätsgastgeber Wanderbares Deutschland" erhalten.

Eine Verbindung zwischen Wandern und Wissenschaft leistet seit Mitte der 1990er Jahre das Deutsche Wanderinstitut unter Leitung von Dr. Rainer Brämer. Aus dem Blickwinkel der Natursoziologie werden Wanderer befragt, neue Wanderideen entwickelt, Wanderwegenetze überprüft, aber auch Touristiker integriert und Qualitätsstandards (z.B. Deutsches Wandersiegel für Premiumwege) festgelegt (Deutsches Wanderinstitut 2006). Weitere Ergebnisse dieser Arbeiten sind die Modifizierung vorhandener Wege oder die Integration kürzerer Strecken zu größeren Einheiten, die schließlich als Marken beworben werden. Beispiele dafür sind der Rothaarsteig© oder der Rheinsteig®.

2.1.1 Fernwandern in Deutschland und Europa

Der Unterschied zwischen Wandern und Fern- oder auch Weitwandern liegt weniger in unterschiedlichen Arten von Wegen begründet, sondern in der Dauer der Unternehmung. Eine allgemeingültige Definition des Fernwanderns gibt es nicht. Das „Netzwerk Weitwandern" spricht von „Fußwanderungen, die mindestens drei, vier Tage gehen und bei denen man nicht am Abend zum Ausgangspunkt zurückkehrt." (Heidemann o.J.) Laut „Wikipedia"[2] grenzt sich Fern- oder Weitwandern vom Trekking durch den Rückgriff auf vorhandene Infrastruktur (wie z.B. Hütten in den Alpen) ab, durch die einheitliche Markierung des kompletten Weges und eine in sich geschlossene Wegbeschreibungen samt Karten, Höhen- und Entfernungsangaben. Und Lauer (1992: 9f) sieht sowohl Wanderer auf beschriebenen Wegen mit Gasthaus-

---

1   Seit 2003 liegt die alleinige Verantwortung beim Deutschen Wanderverband.

2   http://de.wikipedia.org/wiki/Fernwandern (25.04.2008).

übernachtung, Trekker mit Zelt und reiner Kompassroute, Hüttenwanderer in den Alpen und Teilnehmer geführter Touren inklusive Gepäcktransport als Fernwanderer an. Übereinstimmung findet sich darin, dass der Weg selbst als Ziel gilt und nicht die Erreichung eines Ortes oder z.b. eines Gipfels.

Die Möglichkeiten, die einen Weg zu einem Ziel machen, sind vielfältig. Zum Beispiel gibt es die Europäischen Fernwege (E-Wege), die Europa auf 11 unterschiedlichen Strecken durchkreuzen, wie den E1, der auf 4900 km von der Nordsee in Schweden bis nach Italien und in Deutschland von Flensburg bis Konstanz verläuft, oder den E6, der auf 5200 km Lappland mit der Ägäis verbindet. Neben einigen gut frequentierten internationalen Wegen wie der Via Alpina[3] oder dem Jakobsweg (siehe 2.1.2) sind nationale, auf bestimmte Regionen oder Landschaften, auf kulturelle, historische, geologische oder naturräumliche Besonderheiten zugeschnittene Wege von besonderer Bedeutung.[4]

Stellt man die Frage nach der Frequentierung alter und neu kreierter Fernwanderwege, so halten sich die verfügbaren Informationen in engen Grenzen. Da Wandern zumeist individuell organisiert wird und ohne aufwändige Infrastruktur durchgeführt werden kann, sind verlässliche Daten schwer zu erheben. Die aussagekräftigsten Daten zum Wandern allgemein stammen bis dato vom Deutschen Wanderinstitut, das seit 1998 Profilstudien zu verschiedenen Themen durchführt. Zielgruppe ist hier jede Person, die an einer der ausgewählten Wanderdestinationen präsent ist[5] und an einer quantitativen Befragung teilnimmt. Im Jahr 2003 waren das beispielsweise rund 2000 Wanderer an 20 Befragungsstandorten in acht deutschen Mittelgebirgen (Brämer, Lange et al. 2004: 9). Ein Trend, der sich innerhalb der Profilstudien abzeichnet ist der, dass „der Wanderer" im Durchschnitt jünger wird (Durchschnitt 2004: 48 Jahre), der Anteil an Wanderern mit Hochschulabschluss steigt (2000: 25%, 2003: 34%, 2005: 51%) und das Geschlechterverhältnis (2004) mit 49% Frauen zu 51% Männern recht ausgewogen ist (Brämer und Gruber 2005: 15; Brämer 2006). Ein weiteres Ergebnis: Wanderer dehnen in den letzten Jahren ihre mittlere Tourenlänge aus (2004: 14km, 2005: 16km) (Brämer 2006) und sind öfter unterwegs: Von Frühling bis Herbst waren

---

3   Siehe auch: httw://www.via.alpina.org.

4   Weitere Informationen z.B. unter: http://www.gr-infos.com/gr-an.htm, http://www.wanderbares-deutschland.de/ oder http://www.fernwege.de.

5   Wanderer mit einer Vorliebe für Mehrtagestouren waren in der Profilstudie 2003 mit nur knapp 20% vertreten. Nicht beantwortet werden kann, in wie weit die Befragungsart das Ergebnis antizipiert, es also denkbar ist, dass an beliebten Ausflugszielen überproportional Tageswanderer zu finden sind – im Gegensatz zu den Mehrtageswanderern, die nicht nur Highlights anvisieren.

2003 41% häufig unterwegs,[6] 2004 schon 49%, und im Winter hat sich die Zahl im selben Zeitraum von 29% auf 35% erhöht (Brämer und Gruber 2005: 62).

Informationen zur Frequentierung von Fernwanderwegen sind nur über Umwege zu erhalten. Ein Indiz dazu ist die augenfällige Anzahl von Neuschaffungen oder „Renovierungen" althergebrachter Wege, häufig in Zusammenhang mit den bereits genannten Qualitätssiegeln. Dazu zählen in Deutschland z.b. Rothaarsteig, Harzer-Hexen-Stieg, Hochrhöner, Frankenweg oder Rheinsteig, die zumeist mit umfassenden Werbestrategien zu Marken aufgebaut werden.[7] Diese Kreierung eines Weges als Projekt richtet sich stark nach touristischer Verwertbarkeit, indem durch die Profilstudien identifizierte Wünsche und Werte der Wanderer möglichst weitreichend erfüllt werden. Das bezieht sich auf Wegqualität, Wegführung, Markierung, Ausstattung, Zahl und Art der Verpflegungsbetriebe oder auch Erreichbarkeit. Durch die Wegführung unter Einbeziehung landschaftspsychologischer Erkenntnisse oder die Anregung, im Wandern mehr als eine Bewegungsform zu sehen,[8] wird Wandern zu einer Betätigung stilisiert, die dem modernen Menschen in vielfältiger Weise Erholung und Stärkung verschafft.

Der Rothaarsteig, der 2006 sein 5 jähriges Bestehen feierte und als Prototyp für die „Neuen Wanderwege" gilt, scheint die Erwartungen sowohl von Touristikern als auch Wanderern getroffen zu haben. Allerdings stellt sich die Frage nach der Zielgruppe, und diese führt zu einem Paradoxon. Nachdem „richtige" Fernwanderer in den maßgeblichen Untersuchungen als nebensächlich erschienen, werden die „Neuen Deutschen Wanderwege" zwar als Imageträger „Fernwanderweg" konzipiert, sind als solche aber nur mit gewissen Hürden zu begehen, z.b. hinsichtlich Organisation oder finanziellem Aufwand. Streckenführung und Unterkunftsangebote orientieren sich vornehmlich an den Interessen von Kurz- oder Genusswanderern (Sendelbach 2003).

Wie sich die Gesamtheit der Wanderer zusammensetzt, die nun tatsächlich auf den neuen und auch alten Wegen zu finden sind, ist nicht bekannt. Die Zahl der nominellen Fernwanderwege steigt in Deutschland nach wie vor (Heidemann 2004), wobei

---

6   Unter „häufig" wird vierzehntägig und öfter verstanden.

7   Freunde des Rothaarsteigs© beispielsweise können neben Wanderkarte und Führer auch zahlreiche Accessoires wie Socken mit Logo, T-Shirt, Jacke oder Rucksack mit Logo, den Rothaarsteigsong auf CD oder eine original Rothaarsteig© Liege erwerben (siehe: http://www.rothaarsteig.de/index. php?id=17).

8   Der „Rothaarsteig© wirbt beispielsweise wie folgt: „Dem Duft des regennassen Laubes erliegen, sich verführen lassen vom Aroma süßer Blütenpracht" oder „Die Augen baden im dampfenden Tau der Morgensonne, den Blick schweifen lassen über waldbedeckte Gipfel – Wandern auf dem Weg der Sinne" (Rothaarsteig 2001).

erst die kommenden Jahre zeigen können, ob die derzeit mit großem Aufwand kreierten und vermarkteten Wege auch langfristig gepflegt und begangen werden.

2.1.2 Pilgern im 21. Jahrhundert

Pilgern – eine besondere Form des langen Fußwanderns – hat im ausklingenden 20. und beginnenden 21. Jahrhundert einen erstaunlichen Popularitätsschub erlebt, und so stellt sich die Frage, was genau ein Pilger oder eine Pilgerin ist. Ursprünglich bedeutet das lateinische Wort peregrinus der Fremde, der per agros, also über die Äcker, geht. Nachdem im Mittelalter die Reise zu heiligen Zielen Bedeutung erlangte, wurde aus dem kontextfreien peregrinare die Reise zu religiösen Zielen bzw. aus religiösen Gründen: das Pilgern. Die Begriffe pilgern und wallen wurden gleichbedeutend eingesetzt (mehr zu historischen Entwicklungen im Kapitel 3.1.2). Heute hingegen wird wallfahren zumeist regionalen Zielen (z.b. Altötting, Kloster Kreuzberg) oder heiligen Orten (Rom, Jerusalem, Lourdes) zugeordnet, wohingegen unter Pilgern zumeist die Fußpilgerschaft nach Santiago de Compostela im äußersten Nordwesten Spaniens verstanden wird.[9] In diesem Fall ist nicht nur das Ziel – die vermeintliche Grabstätte des heiligen Jakobus – sondern auch der Weg dorthin ein Teil oder sogar der bedeutendste Teil der Erfahrung: das Wandern auf dem Jakobsweg.

Erstaunlich ist dabei, welche Vielfalt an Interessen, Hintergründen und Herangehensweisen das Thema Pilgern vereint, welche Wünsche auf den Jakobsweg projiziert und welche Erlebnisse kolportiert werden. Reiseberichte und Erfahrungsberichte, praktische Tipps und Tricks zum Packen, Laufen und Erleben, aber auch staunende Berichte von Skeptikern, die an sich selbst ausprobiert haben, wovon andere schwärmen, erscheinen in unterschiedlichsten Publikationen (z.B. Altrock 2002; Remler 2003; Burghoff und Kresta 2006; Schoepp 2006). Prominente laufen den „Camino" – den Weg – und berichten darüber (MacLaine 2001; Kerkeling 2006), und Journalisten berichten über die Berichtenden (Siemes 2006). Auch Cineasten haben das Boomthema Jakobsweg entdeckt, zuletzt 2005 mit der französischen Produktion „Saint-Jacques... La Mecque" von Coline Serreau[10] oder der österreichischen Filmtrilogie „Brüder" von Wolfgang Murnberger mit dem dritten Teil (ebenfalls 2005): „Auf dem Jakobsweg". Zentrale Themen sind dabei immer wieder das Auf- und Ausbrechen aus starren Strukturen, die

---

9 Eine modifizierte Unterscheidung benennt Wehap (1997: 69). Er unterscheidet die Pilgerfahrt als Form der privaten Frömmigkeit von der organisierten und lenkbaren Wallfahrt, wobei letztere zur besseren Kontrolle der Gläubigen durch Staat und Kirche seit der Französischen Revolution vermehrt gefördert, erstere zu Beginn der Neuzeit vom Staat teilweise sogar unterbunden wurde.

10 Der Film kam 2007 unter „Saint Jacques... Pilgern auf Französisch" in deutsche Kinos.

Begegnung mit sich selbst, seinem eigenen Körper, aber auch mit Anderen unterwegs, die Hinterfragung des modernen Lebensstils und seiner Geschwindigkeit, eine Suche nach Beständigkeit und Authentizität, nach Ritualen und Religiösem. Themen, die allem Anschein nach eine große Zahl der heutigen Europäer beschäftigen. Unterstützt wurde diese Entwicklung auch von offizieller Seite, indem im Jahr 1987 der Europarat den Jakobsweg zur „Ersten Kulturstraße Europas" ernannte (Kühn 2007). Mit dieser Würdigung erfährt das individuell motivierte Pilgern eine neue Rahmung, indem der Bedeutung einer gesamteuropäischen Identitätsbildung durch die Pflege von und den Austausch über ein gemeinsames Erbe Rechnung getragen wird.

Unter Jakobsweg wird umgangssprachlich zumeist das „letzte" Stück des Weges nach Santiago de Compostela in Spanien verstanden, der knapp 800 km lange Camino Francés. Historisch gesehen ist es die Strecke, die fast alle Pilger aus Europa zurückgelegt haben, nachdem sich an den Pyrenäen die vier Hauptwege aus Frankreich vereinen.[11] Seit Ende der neunziger Jahre laufen Bestrebungen von vielen Jakobusvereinigungen, lokale Jakobswege, die Bestandteil des großen Wegenetzes waren, wieder ausfindig zu machen und zu markieren (z.B. verschiedenste Jakobswege in der Schweiz, den Jakobsweg durch Tirol, den Jakobus-Pilgerweg in Bayerisch-Schwaben, die Pfälzer Jakobswege, den Jakobsweg an Rhein und Maas oder den Westfälischen Jakobsweg).[12]

Einen Anhaltspunkt dafür, wie viele Jakobspilger im Jahr unterwegs sind, liefert die Pilgerstatistik, die im Pilgerbüro in Santiago de Compostela erstellt wird und die Ausstellungszahlen der „Compostela"[13] erfasst. Gezählt werden alle ankommenden Pilger – ganz gleich, ob sie einhundert oder eintausend Kilometer unterwegs waren. Die Statistik weist seit rund 15 Jahren beträchtliche Steigerungen auf. Waren es 1990 4.918 Pilger, so waren es 17 Jahre später, 2007, 114.026 Pilger. In Heiligen Jahren[14] werden diese Zahlen sogar übertroffen (Schrange 2008). So beeindruckend die Statistik ist, so gibt sie bei weitem kein komplettes Bild über die Bewegungen auf den Jakobswegen in

---

11 Dabei handelt es sich um die Via Podiensis ab Le Puy, die Via Turonensis ab Paris über Tours, die Via Lemovicensis über Vezelay und Limoges und die Via Tolosana ab Arles über Toulouse.

12 Zusätzlich werden Pilgerwege ausgewiesen, die nicht Santiago als Ziel haben, sondern lokale Bedeutung haben oder hatten. Beispiele dazu wären der Pilgerweg von Loccum nach Volkenroda, der zwei ehemalige Zisterzienserklöster verbindet oder die VIA NOVA – ein europäischer Pilgerweg im deutsch-österreichischen Grenzgebiet (http://www.pilgerprojekt.de/ bzw. http://www.pilgerweg-vianova.eu/).

13 Die „Compostela" ist eine Pilgerurkunde. Sie wird ausgestellt, wenn der oder die PilgerIn mindestens die letzten 100 km nach Santiago zu Fuß oder die letzten 200 km mit dem Fahrrad zurückgelegt hat. Der Nachweis der zurückgelegten Strecke wird durch Herbergsstempel im Pilgerpass erbracht.

14 Um ein Heiliges Jahr handelt es sich, wenn der Tag des Heiligen Jakobus, der 25. Juli, auf einen Sonntag fällt. Zuletzt war das 2004, als 179.944 Pilger Santiago erreichten. Das nächste Heilige Jahr wird 2010 sein. In Heiligen Jahren gewährt die katholische Kirche Pilgern besondere „geistige Gnade", im Mittelalter wurde ihnen ein vollkommener Ablass zugesichert.

Europa. Nicht für jedeN ist Compostela das Ziel, oder der Weg wird je nach zeitlicher Machbarkeit in viele kürzere Etappen aufgeteilt. Zudem gibt es Wochenend- und Sonntagspilger und solche, die gar keinen institutionalisierten Pilgerweg benötigen, um dennoch religiös motiviert zu wandern.

Die Renaissance des Pilgerns zieht auch wissenschaftliche Fragestellungen auf sich. Überwog lange Zeit die Auseinandersetzung mit den historischen Entwicklungen (z.b. Herbers 2001; Herbers 2003; Ohler 2005), so treten mit dem „modernen" Pilgern andere Fragen auf. Was zieht Menschen heutzutage auf diesen Weg und was erleben sie? (Haab 1998) Was ist modernes Pilgern und wie ist es mit religionspädagogischen Zielen zu verbinden? (Zeiher 2002; Wustrack 2005) Oder wie ist Pilgern in die evangelische Glaubenslehre zu integrieren? (Zimmerling 2005)

Einen anderen Zugang erfährt das Thema Pilgern von Seiten des Tourismus. Mit der Verbindung von religiösem Wandern und wirtschaftlichen Interessen wird kein neues Thema bearbeitet, sondern nur ein altes weiterverfolgt. Pilgerbewegung und wirtschaftliches Wachstum waren für zahlreiche Städte des Mittealters nicht zu trennen, und für manchen Pilger bereicherte die Begegnung mit z.B. unbekannten Handwerkspraktiken unterwegs die Reise (Ohler 2005: 15). In der Moderne ist es nun weniger der einzelne Pilger, der wirtschaftliche Interessen verfolgt, sondern sind es Regionen, Gemeinden oder Unternehmen, die die wirtschaftliche Potenz des Pilgers bzw. des spirituell Suchenden entdecken. Das kann sich in Entwicklungsansätzen entlang des Jakobswegs niederschlagen (Schweizer 2005), in der Erkundung der Potentiale des spirituellen Tourismus (Berkemann 2006) oder dem Entstehen und Wachsen spezialisierter Reiseanbieter.[15]

2.2 Wanderer, Wanderwege und der ländliche Raum

Wanderwege dienen der Durchquerung und Erkundung nicht-urbaner Regionen, also ländlicher Räume im weitesten Sinne des Wortes. Dabei gibt es „den" ländlichen Raum in Europa nicht, da nationale, geographische, historische, kulturelle und wirtschaftliche Unterschiede der Regionen groß sind. Um zu bestimmen, welche Kennzeichen ländliche Räume haben, werden zunehmend mehr Kenngrößen berücksichtigt, wie Bevölkerungsstruktur und -dichte, Anteile der in der Landwirtschaft Beschäftigten

---

15 Zum Beispiel das Bayerische Pilgerbüro (http://www.pilgerreisen.de), das norwegische Pilgrimtours (http://web.pilgrimtours.no) oder, sehr spezialisiert, das Jakobsweg-Coaching (http://www.jakobsweg-coaching.de/). Zusätzlich haben zahlreiche Anbieter von Wander- oder Bildungsreisen Touren auf dem Jakobsweg im Angebot.

bzw. Dynamiken hinsichtlich ihrer Arbeitsschwerpunkte sowie sozioökonomische Kriterien (Barthelemy und Vidal 2008). Die vorliegende Arbeit folgt der Definition der vom Europarat verfassten „Europäischen Charta des ländlichen Raumes", die den ländlichen Raum als Gegenstück zum urbanen Raum charakterisiert, innerhalb dessen der größte Teil der Fläche für folgende Zwecke genutzt wird: für Land- und Forstwirtschaft und Fischerei, für wirtschaftliche und kulturelle Tätigkeit der Einwohner, für Freizeit und Erholung sowie z.b. als Wohnraum (Barthelemy und Vidal 2008).

Wanderer möchten im ländlichen Raum „Natur genießen", „schöne Landschaften" erblicken oder die „Stille der Natur" erleben. Es sind für sie Hauptmotive, sich zu Fuß auf den Weg zu machen (Brämer, Lange et al. 2004: 14). Aufschlussreich ist ein Vergleich der Erwartungen „des Wandergastes" mit Möglichkeiten in ländlichen Räumen. In der unter Rainer Brämer durchgeführten Profilstudie 2003 zum neuen Wandermarkt (Brämer, Lange et al. 2004) werden Wünsche von Wanderern wie folgt beschrieben: Es werden besonders zivilisationsferne Räume gesucht und geschätzt (Landschaftscharakter wald- und aussichtsreich, S. 16); schmale Pfade, Erd- und Graswege sind attraktiv (S. 30); Autoverkehr auf Wegen, Verkehrslärm, längere Strecken auf Asphalt sowie Ortsquerungen werden ungern gesehen (S. 34). Andererseits haben Wanderer Interesse an allgemeinem Service wie bewirtschafteten Hütten (S. 25) bzw. sind gerade bezüglich der Unterkünfte an kleinstrukturierten, regionalen Angeboten (regionale Küche, familiäre Atmosphäre, S. 50) interessiert.

Es sind widersprüchliche Forderungen, die der Wandergast in der durchquerten Region erfüllt sehen möchte. Zum einen geht es um einen komfortablen Dienstleistungslevel, zum anderen um Zivilisationsferne. Gerade in entleerten ländlichen Räumen, die es auch in der EU in fortschreitendem Maß gibt und die die zweite Seite des Wunsches optimal erfüllen könnten, ist die erste Seite der Erwartungen eine Herausforderung – aber vielleicht auch Chance. Verdeutlicht wird dies anhand eines sicherlich extremen Beispiels, der Beschreibung der Entwicklung eines Tals in den nordöstlichen piemontesischen Alpen: „In weniger als 20 Jahren hat sich die Bevölkerung des Sesiatals praktisch halbiert. Was man als die ‚Krankheit' solcher Gebiete bezeichnen kann, ist die gesellschaftliche und wirtschaftliche Randlage. Sie ist der Ausgangspunkt eines Teufelskreises, der mit dem Zusammentreffen von Rezessionserscheinungen beginnt: Der Bevölkerungsrückgang schwächt die Bevölkerungsstruktur, die Kaufkraft, die Einkommen und das System der lokalen Dienstleistungen, und er endet damit, dass er der Abwanderung den letzten Anstoß gibt. Somit entsteht eine Negativspirale, an deren Ende schließlich der praktisch völlige Verlust der menschlichen Besiedlung steht, mit einem stark negativen Einfluss auch auf die Erhaltung der Kulturlandschaft." (Klingenfuß o.J.)

Vor diesem Hintergrund ist es nicht verwunderlich, dass Wanderer in den Fokus von Regionalentwicklern geraten, da sie durch ihre Ansprüche an "Land und Leute" geradezu prädestiniert sind, in ländlichen Regionen lebendiges Leben und Wirtschaften zu ermöglichen, wenn nicht sogar zu erhalten. Besonders günstig ist bei dieser Kombination, dass sie einen doppelten Gewinn verschaffen kann: Durch die Nachfrage von Wanderern können ländliche Regionen als Anbieter wandertypischer Dienstleistungen profitieren und andererseits steigern angepasste Angebote den Genuss und Bewegungsraum der Wanderer.

Die eine Folge dieser Erkenntnis ist, dass neue Wegprojekte erkoren werden, um die genannten Effekte zu verstärken, die andere die, den existierenden Wandermarkt mit seinen ökonomischen wie auch sozialen Folgewirkungen genauer zu untersuchen. Zu Letzterem geben Studien aus mehreren Ländern interessante Einblicke, beispielsweise zu England (Midmore 2000; Christie und Matthews 2003), Frankreich (LEADER 2001) und Deutschland (Brämer 1999a; Brämer 1999c). Der erste Gedanke wird durch Wegprojekte aufgenommen, die wirtschaftliche Impulse durch Wandertouristen in die Erhaltung oder Förderung von Lebensentwürfen in ländlichen Regionen lenken wollen. Beispiele dafür wären die Grande Traversate delle Alpi (gta) in den Piemontesischen Alpen, die als sanftes Tourismuskonzept die bergbäuerliche Kultur stützen möchte (Bätzing o.J.) oder die Via Alpina, die gleichzeitig als symbolische Verbindungslinie aller acht Alpenstaaten wie praktisches Entwicklungswerkzeug angelegt wurde und kulturellen Austausch und lokale Entwicklung anregen möchte (Via Alpina 2004). Der Edge of Wales Weg verfolgt den Ansatz, durch maßgeschneiderten Service die lokale Beschäftigung und Identität zu stärken,[16] das Projekt „Unterwegs sein" am Schweizer Jakobsweg macht den Weg zugleich in der lokalen Bevölkerung des Berner Oberlandes besser bekannt und für Pilger aus ganz Europa attraktiver (Weber 2005), und das Projekt „Retrouvances" zwischen Provence und Südalpen ermöglicht es Wanderern, in einem bereits seit Ende des 19. Jahrhunderts verlassenen Gebiet besondere innere wie äußere Naturerfahrungen zu machen[17] und lokalen Führern, Einkommen zu erwirtschaften.

Die hier genannten Wegprojekte sind besonders hervorstechende Beispiele, wie die durch „Wandern" ermöglichten wirtschaftlichen und sozialen Belebungen für die regionale Entwicklung genutzt werden können. Sie sind in dieser Hinsicht nicht mit den „normalen" Wanderwegen zu vergleichen, die seit Jahrzehnten von zumeist lokalen Wandervereinen beschrieben und gepflegt werden. Das Potential dieser Wege wird

---

16 Siehe auch: http://www.edgeofwaleswalk.co.uk.

17 Siehe auch: http://www.retrouvance.com/index.htm.

selten gezielt genutzt, doch verfügen auch sie über Elemente, die wie in den oben beschriebenen Wegprojekten erfolgreich ausgebaut werden können.

2.3 Forschungsfragen und Ziel der Arbeit

Die vorliegende Arbeit stellt die Frage, wie das Phänomen der aktuell zunehmenden Beliebtheit von Fern- und Pilgerwanderungen zu verstehen ist und darauf aufbauend, wie durchwanderte Regionen von den Fußläufern profitieren können.

Von Interesse ist folglich,

- ob gesellschaftliche Rahmenbedingungen Einfluss auf die neue Wanderlust haben,
- welcher Personenkreis unterwegs ist (Alter, Geschlecht, Ausbildung, Familienstand, Nationalität),
- welche Motive zum Wandern führen,
- warum welche Art von Weg frequentiert wird,
- an welchen Punkten der Biographie länger gelaufen wird,
- wie und wann Entscheidungen für ein bestimmtes Ziel getroffen werden,
- was unterwegs Bedeutung hat,
- wie die Wanderpraxis aussieht,
- welche Logistik- und Serviceangebote nachgefragt werden,
- wie Regionaltypisches erlebt wird,
- ob bzw. welche religiösen Bedürfnisse ins Wandern einfließen und
- ob bzw. welche Folgewirkungen von einer Tour erwartet bzw. erwünscht werden.

Durch die Nutzung qualitativer Methoden (siehe Kap. 4) zur Erkundung der Forschungsfragen wird ermöglicht, dass die Auseinandersetzung mit dem Thema „Wandern" dem Relevanzsystem der Befragten folgt und dadurch Elemente, die aus Sicht der Autorin zunächst weniger bedeutsam erscheinen, in die Auseinandersetzung mit dem Phänomen einfließen können.

Die vertiefte Kenntnis „des Wanderers" soll dazu führen, dass Protagonisten in durchwanderten Regionen gezielter auf die Nachfrage der Wanderer reagieren können, was beiden Seiten zu Gute kommt: den Wanderern durch passende Angebote und den Anbietern durch gesteigerte Nachfrage. Ableitungen aus den oben genannten Fragekomplexen zeigen auf, wie die Umsetzung aussehen könnte.

Durch die praktische Anwendbarkeit der Ergebnisse möchte die Arbeit einen Beitrag dazu leisten, Fußtourismus erfolgreich in verschiedenen ländlichen Regionen Europas dauerhaft zu etablieren und zu integrieren. Dadurch liefert sie einen Baustein zur nachhaltigen Regionalentwicklung, zum Verständnis und Erhalt von Kulturlandschaften und kann somit zur Minderung problematischer gesellschaftlicher Entwicklung in ländlichen Räumen beitragen.

3   Theoretische Einbettung der Untersuchung

Im folgenden Kapitel werden Konzepte und Theorien vorgestellt, die die Untersuchung beeinflusst haben. Im Sinne der Grounded Theory Methodology (siehe Kap. 4) werden vorhandene Theorien nicht genutzt, um Hypothesen zu generieren, sondern um den Forscher in den Stand einer erhöhten theoretischen Sensibilität zu versetzen und darauf aufbauend Teilerkenntnisse methodisch gelenkt vertiefen zu können (Strauss und Corbin 1990: 42). Quellen für diese sensibilisierenden Konzepte sind neben Fachliteratur auch nicht-technische Literatur wie Tagebücher, Berichte oder Kataloge (Strauss und Corbin 1990: 48). Der Prozess von theoretischer Sensibilisierung, Datensammlung und deren Analyse verläuft nicht zielgerichtet, sondern zirkulär (d.h. Phasen der Datenerhebung und -analyse wechseln sich beständig ab und bauen aufeinander auf) und endet erst am Ende der Untersuchung.

Sensibilisierende Konzepte für die vorliegende Untersuchung flossen vornehmlich aus vier Quellen ein. Diese sind:

1. Das Expertenwissen der Autorin, gesammelt bei zahlreichen Wanderungen in verschiedenen Ländern Europas.
2. Populärwissenschaftliche, autobiographische oder fiktive Literatur zum Thema Wandern, Pilgern und Reisen (z.B. Chatwin 1992; Plowright 1995; Bryson 1999; Fletcher 2001; Büscher 2003; MacLaine 2001). Diese Titel werden einzeln nicht weiter vertieft, haben jedoch wertvolle Anstöße geliefert.
3. Historische Quellen und Forschung zur Geschichte des Gehens, Wanderns und Pilgerns. Geschichtliche Aspekte zum „Gehen", das als „erlernte Kulturtechnik" (Mauss 1989: 203 zit. in Wehap 1997: 22) in Verbindung zur jeweiligen Zeit und Gesellschaft steht, werden unter 3.1 vertieft.
4. Publikationen aus verschiedensten Wissenschaftsbereichen, die sich mit dem Leben in der Spätmoderne[18] befassen. Einblicke hierzu finden sich unter 3.2.

---

18 In den folgenden Ausführungen wird in Anlehnung an Rosa (2005: 47f) der Ausdruck Spätmoderne (und nicht z.B. Postmoderne) zur Bezeichnung der Epoche nach der klassischen Moderne genutzt. Damit wird der Ansicht gefolgt, dass nach der Moderne kein eindeutiger struktureller oder kultureller Bruch auszumachen war, der die Kennzeichnung einer neuen Zeitepoche begründen könnte, sondern sich eher Entwicklungen intensiviert bzw. radikalisiert haben und Altes nun (und nur) in neuer Gestalt auftritt.

3.1 Eine historische Betrachtung des Gehens

Gehen als Kulturtechnik zu verstehen heißt, es immer auch im jeweiligen gesellschaftlichen Kontext zu betrachten. So unterscheidet sich beispielsweise das Verständnis dessen, was Gehen sei und wer es wann, wozu und wie ausübt, zu Beginn des 21. Jahrhunderts deutlich von früheren Zeiten. Dennoch war bereits vor zweihundert Jahren ein immer noch aktueller Appell zu hören, doch wieder mehr zu gehen: „Ich halte den Gang für das Ehrenvollste und Selbständigste in dem Manne und bin der Meinung, daß alles besser gehen würde, wenn man mehr ginge" (Seume 1993: 543) notiert Johann Gottfried Seume wenige Jahre nach seinem legendären „Spaziergang nach Syrakus" im Jahr 1802 (Seume 1805). Die Entwicklung hin zu dieser „ehrenvollen" Wahrnehmung und Fähigkeit überhaupt benötigte eine lange Zeit in der Geschichte des Menschen. Bereits vor ca. 5 Millionen Jahren begann die Entwicklung hin zum bipeden Gang, der nach neuesten Erkenntnissen eine Verbesserung der Beweglichkeit auf Bäumen und beim Übergang von einem Baum zum nächsten war und darauf aufbauend später auf dem Boden eingesetzt und optimiert wurde (Thorpe, Holder et al. 2007: 1328). Die Fortbewegung des Menschen bzw. seiner Vorfahren erfolgte über Jahrtausende ausschließlich zu Fuß. Fossilienfunde, die dem „modernen Menschen", homo sapiens, zugerechnet werden können, gibt es seit ca. 150 000 Jahren. Erst ca. 4000 v.Chr. wurde das Rad erfunden und damit die Entwicklung zur („auto"-) mobilen Gesellschaft eingeleitet.[19]

Noch heute ist der Mensch bezüglich Physiologie und Psychologie auf den Fußlauf eingestellt. Der vermehrt das Sitzen favorisierende Lebenswandel führt zu sogenannten Zivilisationskrankheiten wie Herz- und Kreislaufproblemen, Haltungsschäden oder eingeschränkter körperlicher Beweglichkeit (Brämer 2007). Der Mensch ist nicht nur ideal an den Fußgang angepasst, sondern benötigt Bewegung, um Wohlbefinden zu erreichen. Auch die Sinnesorgane des Menschen sind auf die Gehgeschwindigkeit eingestellt. Nur beim Gehen ist es möglich, die Umgebung mit allen Sinnen wahrzunehmen. Bereits beim Laufen werden Teile der Umgebung ausgeblendet und die Aufmerksamkeit ein Stück weit nach innen verlagert (Brämer 2003: 21). Im Hinblick auf psychische Belange dürfte der Volksmund ein guter Ratgeber sein. Er weiß: „die Seele geht zu Fuß" und verdeutlicht, dass das Lebenstempo dem einer Fußreise entsprechen sollte, damit seelische Bedürfnisse nicht zu kurz kommen.

---

19 Eine andere Ansicht zur Mobilisierung der Gesellschaft vertritt Virilio (1989: 32). Für ihn wird die Frau vom Mann zum ersten Transportmittel gemacht. Indem sie die erste „Revolution des Transportwesens" ermöglichte, erlangte der Mann Zeitsouveränität und Freiraum zum Kämpfen und Jagen.

3.1.1 Wandern im Wandel der Zeit

Gehen als Vergnügen, als Naturgenuss, als Aktivität, die mit einem positiven Körper- oder Selbsterleben einhergeht und Landschaft als ästhetisches Erlebnis integriert, ist eine Erfindung des neuzeitlichen Menschen. Wenn auch Bergbesteigungen bereits aus der Antike dokumentiert sind,[20] die großen Völkerwanderungen in der Spätantike zu Fuß stattfanden oder Hirten seit der Vorzeit im Mittelmeer- und Alpenraum Vieh im Sommer in höheren Gebieten weiden ließen und ganze Wegesysteme durch die Transhumanz entstanden sind, so lagen diesen „Wanderungen" administrative, klimatische oder ökonomische Überlegungen zu Grunde. Die Begründung „mich [trieb] einzig die Begierde, die ungewöhnliche Höhe dieses Flecks Erde durch Augenschein kennenzulernen" (Petrarca 1996 (1336): 11), die Francesco Petrarca im Jahr 1336 zur Besteigung des Mont Ventoux in der Provence angibt, ist neu. Petrarca, humanistischer Gelehrter und Dichter, beschreibt in einem Brief an seinen geistigen Vater, den Augustinermönch Francesco Dionigi, sein Erleben dieser ersten Bergtour. Die „Entdeckung der Landschaft" (Gebser 1973 (1949): 40 zit. in Inhetveen 2004: 28) erfolgt jedoch nicht ohne Umwege. Petrarcas erstem Eindruck am Gipfel „[z]uerst stand ich, durch einen ungewohnten Hauch der Luft und durch einen ganz freien Rundblick bewegt, einem Betäubten gleich" (Petrarca 1996 (1336): 22) folgt weniger das interessierte „In-Augenschein-Nehmen", sondern „eine andere Überlegung ... brachte mich von der Betrachtung des Raumes auf die der Zeit." (Petrarca 1996 (1336): 22) Je nach Blickrichtungen wird Erlebtes rekapituliert, Kommendes antizipiert oder das Äußerliche als Anstoß für innere Reflexion genutzt. Die Besteigung eines Berges als rein ästhetisches Erlebnis musste noch warten, zudem Petrarca mit seiner „Begierde" seiner Zeit weit voraus war.

Die genussvolle Wahrnehmung von Natur an sich und Bergen im Speziellen setzt voraus, dass Natur nicht mehr der locus horribilis ist, der den Menschen in Angst und Schrecken versetzt. Reisende Literaten und Landschaftsmaler waren maßgeblich daran beteiligt, aus der früher gefürchteten Szenerie einen locus amoenus zu machen und die gesellschaftliche Wahrnehmung zu verändern. Johann Wolfgang von Goethe mit seinen Reisen in die Schweiz (1775 und 1779) und nach Italien (1786) ist ein Beispiel dafür, ein anderes Albrecht von Haller, der im Jahr 1728 in die Schweiz reiste und mit seinem Lehrgedicht „Die Alpen" (Haller 1729) deren allgemeine Wahrnehmung maßgeblich beeinflusste. Hatten zuvor die Alpen als hässlich, widerwärtig und bedrohlich gegolten (Ott 2006: 86), so pries Haller die Einfachheit und Ehrlichkeit seiner Bewohner ebenso wie die umgebende, majestätische Bergwelt. Das Gedicht

---

20 Livius beschreibt die Besteigung des Berges Hämus in Thessalien durch Philipp den Macedonierkönig (Petrarca 1996 (1336): 11).

„Die Alpen" verkörperte die literarische Alpensehnsucht, beschrieb einen Gegenentwurf zur verderbten, auf schnellen Genuss zielenden städtischen Lebensweise (Hackl 2004: 133) und machte die Bergwelt dadurch als Reiseziel attraktiv. Charakteristisch für die Zeit der Aufklärung blieb jedoch der Wettstreit um die Motivation für „legitimes" Wandern. „Die Grenzlinie verlief zwischen dem sozial verträglichen, dem aufklärerischen und ästhetisch zweckbestimmten Wandern und dem Wandern, bei dem das Individuum die persönliche Herausforderung um ihrer selbst willen, den Genuss der Gefahr und eine neue, andere Identität suchte." (Kuczynski 1999: 58) Zweckfreier Genuss hatte es (noch) schwer. Dennoch setzte in den Alpen ab 1850 das sogenannte „Goldene Zeitalter des Alpinismus" ein (Job 2007: 263): die Zeit der großen Erstbesteigungen, bei denen Wettkampfgeist und Abenteuerlust, Siegen und Besiegen von Mensch und Natur, aber auch wissenschaftliches Interesse miteinander konkurrierten und in die auch die ersten Schritte hin zum Massentourismus in den Alpen fallen.

Mit anderen Motiven bricht Johann Gottfried Seume im Jahr 1801 in Grimma bei Leipzig auf, um bis nach Syrakus auf Sizilien (und zurück) zu „spazieren" (Seume 1805). Neu daran ist, dass Seume zur Verwirklichung seiner „Lieblingsträumerey" (Drews 1999: 200) freiwillig die Fortbewegung zu Fuß wählt. Denn Gehen ist bis ins 19. Jahrhundert ärmeren Schichten, Deklassierten und Landbewohnern „vorbehalten"[21] und wird entsprechend beargwöhnt.[22] Das bürgerliche Wandern war noch nicht erfunden, so dass Seumes Reise und sein Reisebericht zu jener Zeit herausstechen. Zudem bekundet er wortgewaltig, welchen Gewinn er aus Langsamkeit, Zeit zur Reflexion, authentischen Begegnungen mit Einheimischen, Verständnis lokaler Eigenheiten und körperlicher Kräftigung zieht, die er nicht müde wird, zu preisen.[23] Was genau nun Seume bewog, die ca. 6000 km lange Reise anzugehen, wird bei genauerer Analyse eher unklarer (Drews 1999: 200ff); es scheint eine Mischung aus persönlichen Motiven, Neugier und wirtschaftlichen Zwängen gewesen zu sein, die so häufig im Verbindung mit Wandern und Wandeln, Aufbrechen und Abreisen stehen.

---

21 Eine Auseinandersetzung mit dem Thema Frauen und Gehen zu dieser Zeit findet sich bei Ritter (1999). Die Entdeckung der Lust am Gehen war ihr zufolge ein langer Weg und wurde je nach gesellschaftlichem Milieu unterschiedlich begünstigt. Ob Frauen überhaupt gehen können und dürfen, warf Fragen bezüglich der passenden Kleidung, der Gesundheit, der Wahrnehmung des weiblichen Fußes und angeblicher physiologischer Besonderheiten des weiblichen Körpers auf; Fragen, die zumeist widersprüchlich beantwortet wurden.

22 So machte bereits Karl Philipp Moritz folgende Erfahrungen bei seiner Fußreise durch England im Jahr 1782, also 20 Jahre vor Seume: „Ein Fußgänger scheint hier ein Wunderthier zu seyn, das von jedermann, der ihm begegnet, angestaunt, bedauert, in Verdacht gehalten und geflohen wird..." (zit. in: Althaus 1999: 31).

23 Dadurch ist der „berühmteste Spaziergang der deutschen Literaturgeschichte" (Sangmeister 2001) zu einer nicht versiegen wollenden Inspirations- und Zitatquelle für Wanderbegeisterte geworden.

Eine weitere Verbindung, die das Wandern neben der persönlichen Erbauung seit der Aufklärung begleitet, ist die Koppelung von Reisen, Fußgang und Wissenschaft. Von Haller war als Professor für Anatomie, Chirurgie und Botanik zu Fuß in den Alpen unterwegs (Ott 2006: 86), die Mont Blanc Zweitbesteigung diente (auch) dem naturwissenschaftlichen Erkenntnisgewinn (Kuczynski 1999: 59) und auch geistes- und sozialwissenschaftliche Forschung wird wandernd betrieben. Bekanntester Vertreter dieser Art der Erkenntnisgewinnung dürfte Willhelm Heinrich Riehl sein, der als Volkskundler Mitte des 19. Jahrhunderts die Verbindung von Wandern und Forschen vervollkommnete. „Der Erforscher des Volkslebens muss vor allen Dingen auf Reisen gehen. Das versteht sich von selbst. Ich meine aber gehen im Wortsinne, und das verstehen viele nicht von selbst." beginnt er sein „Wanderbuch" (Riehl 1903 (1869): 3). Und weiter: „... wer Neues entdecken und beschreiben, ja wer auch nur das Altbekannte neu beurteilen und verknüpfen will, der ist notwendig auf den Fußweg angewiesen." Wandern brachte ihn in unmittelbaren Kontakt zur Bevölkerung, führte zur Möglichkeit, zwanglos ins Gespräch zu kommen und Lebensstile aus erster Hand zu erleben; es war und ist eine Methode, die noch immer von ebenfalls wandernden Forschern aufgegriffen wird.[24]

In einem wiederum veränderten Kontext findet sich das Wandern zu Ende des 19. Jahrhunderts, als sich die Wandervogelbewegung formiert. Die Jugendbewegung verbindet den Bruch mit bürgerlichen Werten mit der Rückbesinnung auf traditionelle Brauchtümer, die Kritik an Gesellschaft und städtischen Lebensformen mit der Wertschätzung von Ländlichem und Leiblichem (Tworuschka 2002). Wandern dient hier als Protestform, zur Identitätsbildung und als Mittel zur autarken Aneignung des Raums.[25]

Auf keine geschichtliche oder gesellschaftliche Entwicklung begrenzt ist die auffällige Liebe von Literaten und Philosophen, sich ihre Ideen und Gedanken zu erwandern. Ohne dies an dieser Stelle zu vertiefen, seien genannt Theodor Fontane, Jean-Jacques Rousseau, Walter Benjamin, Henry David Thoreau, William Wordsworth, Robert Louis Stevenson, Hermann Hesse, Sören Kirkegaard, Robert Walser, Martin Heidegger, Bruce Chatwin oder Peter Handke.

---

24 Beispiele dafür sind Gottlieb Schnapper-Arndt mit der Erforschung des Dorflebens im Hohen Taunus Ende des 19. Jahrhunderts (Schnapper-Arndt 1975) oder aktuell Roland Girtler, dem „vagabundierenden Kulturwissenschaftler" mit Arbeiten zu u.a. Wilderern, Sennern oder Handwerkern (z.B. Girtler 1998).

25 Eine kritische Auseinandersetzung mit der Wandervogelbewegung was bspw. soziale Schichtung, Geschlechterbild und Haltung in der NS-Zeit betrifft findet sich bei Treptow (1993).

Der Antrieb, zu gehen bzw. zu wandern, hat sich im Laufe der Geschichte stets gewandelt. Waren erst politische oder ökonomische Notwendigkeiten Gründe, aufzubrechen, so folgten Genuss, Neugierde und Selbsterkundung. Später findet sich Wandern als politische Ausdrucksform wieder und wird zum Symbol des Protests und des „Anders-Seins". Die seit Ende des 20. Jahrhunderts zu beobachtende Bewegung hingegen scheint Wandern ins Zentrum der Gesellschaft zu bringen. Und dennoch sind auch heute Relikte aus einer früheren Zeit erhalten: Mit etwas Glück kann man noch immer wandernde Gesellen sehen, die in der Zeit ihrer fachlichen Reifung zu Fuß von einem Lehrherrn zum andern ziehen, und damit, modern und traditionell zugleich, in ihrer Profession „bewandert" werden.

3.1.2 Pilgern seit dem Mittelalter

In einem speziellen Kontext findet sich der Fußgang wieder, wenn es um religiös motivierte Reisen geht. Im Christentum ist „Pilgern" als Spezialbegriff für diese Reiseform seit dem Mittelalter gebräuchlich. Dabei ist die Reise zu einem religiös bedeutsamen Ort zur Erlangung von Seelenheil nicht auf das Christentum beschränkt, sondern zentraler Bestandteil aller großen Weltreligionen. Die muslimische Hadsch in Mekka, die hinduistische Kumbh Mela an 12 verschiedenen, jährlich wechselnden Orten oder die Umrundung des heiligen Berges Kailash in Tibet, die in vier Religionen große Bedeutung hat, darunter Buddhismus und Hinduismus, seien hier genannt. Im Christentum waren vor allem Rom und Jerusalem, seit dem Hochmittelalter auch Santiago de Compostela, peregrinationes maiores: die großen Pilgerziele. In Jerusalem war das leere Grab Jesu ein Zeichen für den Auferstehungsglauben, in Rom und Santiago wurde an den Gräbern der Apostel Petrus und Paulus bzw. Jakobus um Hilfe gebeten (Ohler 2005: 16). Neben den drei großen Zielen erstreckte sich ein Netz zahlreicher Pilgerstätten über Europa, die in ihrer Blütezeit europaweit Bedeutung hatten. Beispiele dafür sind Canterbury, Einsiedeln, Thann, Aachen, Köln, Trier oder Trondheim (Ohler 2005: 17).

Die Motive, sich auf eine Pilgerreise zu begeben, waren von jeher vielfältig und bei einzelnen Pilgern oft vielschichtig. Jesu nachfolgen und Gott loben waren allgemeingültige Ziele, dazu versprachen sich Kranke am Heiligtum eines dafür prädestinierten Heiligen Hilfe und Genesung, Kinderlose baten um Unterstützung, Sünder um Vergebung. Dabei wurden Heiligen unterschiedliche Stärken hinsichtlich verschiedener Problemlagen zugeschrieben, wobei die Grundvorstellung war, dass der Heilige als Mittler zu Gott, als intercessor, fungieren sollte (Ohler 2005: 12). Neben diesen vorrangig religiös fundierten Zielen standen immer wieder profane Gründe: Pilgerfahrten wurden beispielsweise als Strafwallfahrten auferlegt, um eine weltliche Rechtsprechung zu umgehen, in Pestzeiten schien eine längere Abwesenheit günstig oder Kaufleute nutzten die Möglichkeit, als Handelspilger ihr Gewerbe auszuüben (Ohler 2005: 15). Pilgern war seit seinen Anfängen mit ökonomischen Interessen verflochten. Pilgerströme brachten wirtschaftliche Stärkung (Herbers 2003: 22), und von der Anziehungskraft eines Heiligtums hing nicht selten der Wohlstand ganzer Städte ab.[26] Innerhalb der Kirche entstanden Bestrebungen, die Attraktivität gewisser Pilgerziele zu steigern – oder anderer zu schwächen. Um beispielsweise die Bedeutung Roms zu sichern, wurden Pilgern besondere Segnungen wie Ablässe in Aussicht gestellt, die in bestimmten Jahren (den Heiligen Jahren) noch gesteigert werden konnten (Schimmelpfennig 2005: 69). Vor allem der wirtschaftliche Gewinn für Kirche und Bevölkerung sorgte dafür, dass der Abstand der Heiligen Jahre von 100 Jahren (bei Einführung 1300) auf 50 Jahre (1343), 33 Jahre (1389) bis auf die heutzutage noch gültigen 25 Jahre (seit 1468) verringert wurde (Schimmelpfennig 2005: 74).

Vor diesem Hintergrund sind Aufstieg und Entwicklung der für heutige Fußpilger maßgeblichen Destination Santiago de Compostela besonders interessant. Bis zum 9. Jahrhundert war Santiago als letzte Ruhestätte des Apostels Jakobus gänzlich unbekannt. Sein Tod wird in der Apostelgeschichte (12, 1-2) auf das Jahr 44 n. Chr. datiert, als ihn Herodes in Palästina ermorden ließ. Über die Art, wie seine Gebeine bis ans Ende der damals bekannten Welt in Finisterre bei Santiago de Compostela gekommen sein sollen, ranken sich Mythen. Sein Grab wurde zu Beginn des 9. Jahrhundert durch den Eremiten Pelagius entdeckt, nachdem dieser im Traum himmlische Zeichen erhalten haben soll. Die Nachricht der Entdeckung wurde in Galicien und Spanien schnell verbreitet, und bald fand sich der 25. Juli als Festtag des Jakobus in fränkischen Märtyrer- und Heiligenverzeichnissen (Herbers 2006: 11). Genauere Informationen zur Auffindung und zur Frage, wie die Gebeine eines in Palästina ermordeten Apostels nach Santiago kamen, werden erst gut 200 Jahr nach der Entdeckung gegeben, zu einer Zeit, als Santiago bereits zahlreiche Pilger anzog. Der zeitliche Ablauf und wachsende Detailreichtum der historischen Quellen lässt mehrere Schlüsse zu. Zum einen führt eine zunehmende Beliebtheit zum Wunsch nach mehr Wissen (Herbers 2006: 12), zum anderen können unterschiedliche Interessen zur Ausschmückung oder auch Variation gewisser Vorgänge geführt haben.[27] Fest steht, dass die Auffindung eines mäch-

---

26 Ein Beispiel dafür ist die Blüte bzw. der Niedergang des Pilgerziels Vézelay im französischen Burgund, an dem die Heilige Maria Magdalena verehrt wurde. Im späten 13. Jahrhundert traten gehäuft Zweifel an der Echtheit der Reliquie auf, was zu einem Einbruch der Pilgerzahlen führte. Der wirtschaftliche Niedergang konnte nicht aufgehalten werden (Ohler 2005: 18). Von der einstmaligen Bedeutung zeugt heutzutage nur noch die Basilika Sainte Marie-Madeleine, die als eine der bedeutendsten Sakralbauten der Romanik gilt.

27 Herbers (2006: 13f) benennt mehrere Erklärungen zur Geschichte der Übertragung der Gebeine. Je nach Ursprung sind unterschiedliche Interessen zu erkennen, einmal beispielsweise geht es darum, die

tigen christlichen Heiligen zu Beginn des 9. Jahrhunderts am Rand des christlichen Ausbreitungsgebietes im Interesse Roms war. Mit der weitgehenden Vormacht der Muslime auf der Iberischen Halbinsel seit 711 geriet das Christentum in Bedrängnis, was nicht nur religiöse, sondern auch kulturelle und politische Folgen hatte (Herbers 2006: 16f). Auf die vielfältige Verstrickung von historischen Entwicklungen, inter- wie intra-religiösen Machtverschiebungen und den Fund eines Heiligen, der angeblich in Spanien missioniert hat, nach seinem Tod auf wunderbare Weise an den Ort seines Wirkens zurückgebracht und einige Jahrhunderte später auf ebenso wunderbare Weise entdeckt wurde, kann an dieser Stelle nicht tiefer eingegangen werden. Festzuhalten bleibt, dass der entdeckte Apostel in den folgenden Jahrhunderten von verschiedenen Seiten instrumentalisiert und „seine Geschichte" bis ins 12. Jahrhundert mehrfach um-, wenn nicht sogar neu geschrieben wurde (Herbers 2006: 21).

Im Zuge des Aufstiegs des Jakobuskultes kristallisieren sich zwei unterschiedliche „Funktionen" des Heiligen heraus. Zum einen geht es um den christlichen Heiligen, der Hilfe und Seelenheil vermittelt, zum anderen wird Jakobus als Schlachtenhelfer im Krieg gegen die muslimischen Mauren angefleht. Seinen Höhepunkt findet die Bele- gung als matamoros (Maurentöter) im späten Mittelalter (Herbers 2006: 91f).[28]

Unabhängig davon entwickelt sich die Bedeutung Santiagos als christliches Pilger- ziel. Gefördert wurde die Bekannt- und Beliebtheit Santiagos durch Publikationen. Um 1150 entstand der „Liber Sancti Jacobi", ein mittelalterlicher Pilger- oder auch Reiseführer, der die verschiedenen Feste des Apostels samt zu begehender Liturgie beschreibt, von Wundergeschichten berichtet, auf die Geschehnisse der Translation eingeht, die Verbindung von Karl dem Großen zu Jakobus beschreibt und schließlich die großen Routen nach Santiago benennt (Herbers 2001: 102). Der Leser findet bereits dort die vier großen von Frankreich ausgehenden Jakobswege, die noch heu- te eine zentrale Stellung im europaweiten Wegenetz einnehmen. Mit der Festlegung dieser Wege gelang es dem anonymen Autor, die Bedeutung zahlreicher etablierter Pilgerziele abzuschwächen, wie Conques mit der heiligen Fides oder Tours mit dem Martinsgrab. Sie waren nun nicht mehr Ziele um ihrer selbst Willen, sondern nur noch Etappen auf dem großen Weg zum Apostelgrab, dessen Rang dadurch nicht mehr zu übertreffen war (Herbers 2005: 79). Des weiteren beschreibt der „Liber sancti

---

päpstliche Autorität zu stützen und dennoch die Translation plausibel zu machen, ein anderes Mal werden lokale (galizische) Traditionen betont und der Kampf zwischen heidnischer Bevölkerung und Christengott thematisiert.

28 Eine kritische Untersuchung des Jakobuskultes im Hinblick auf seine Instrumentalisierung als Schlach- tenhelfer und Kämpfer gegen muslimischen Glauben sowie dessen Implikationen für den heutigen Kult des Jakobsweges findet sich bei Girtler (2005).

jacobi" Charakteristika der durchquerten Landschaften und ihrer Bewohner,[29] dem Pilger werden praktische Ratschläge gegeben und er wird darauf hingewiesen, welche Gefahren zu meistern seien.[30]

Weshalb sich Pilger im Mittelalter auf den Weg nach Santiago gemacht haben, ist mittels der verfügbaren Quellen nur eingeschränkt zu beantworten. Berichte zu individuellen Entscheidungen waren nicht „zeitgemäß", und so müssen andere Indikatoren genutzt werden (Herbers 2003: 12). Bekannt ist, dass das Reisen an sich weniger alltäglich war als heutzutage. Der Aufbruch in andere Länder mit anderen Sprachen, Sitten und Klimata war nicht nur ungewöhnlich, sondern gefährlich. So war es üblich, dass Pilger vor der Abreise ihr Testament verfassten, Streitfälle bereinigten und für ihre Familie vorsorgten (Herbers 2006: 63). Dennoch wurde Pilgern zu einem Massenphänomen, wie es sich an immer wieder vergrößerten Kirchen entlang der Hauptwege und anhand von Hospizen und Versorgungsstationen ableiten lässt (Herbers 2003: 13). Eine Annäherung an die Typologie „des" Pilgers führt als Kategorien aus freiem Willen, aufgrund eines Gelöbnisses und als Buße durchgeführte Pilgerreisen auf, wobei weiterhin unterschieden werden kann, ob es sich um individuelle bzw. kollektive oder religiöse bzw. nichtreligiöse Gründe handelt (Herbers 2003: 17). Zumeist traten Mischformen auf, die durch eine Beschreibung unterschiedlicher Konzeptionen von Pilgerschaft verdeutlicht werden können. Herbers (2003: 18ff) benennt acht Formen, die religiöse Werte der jeweiligen Zeit spiegeln, aber sich auch zeitlich überschnitten haben. Dieses sind „Vita est peregrinatio" – das ganze Leben wird als Pilgerfahrt zur ewigen Heimat angesehen; „Peregrinatio ad loca sancta" – die gezielte Pilgerreise zu heiligen Orten; der Reliquienkult, der Körpern von Heiligen auch nach deren Tod übernatürliche Kräfte zuspricht; der Glaube an Wunder und Mirakel, der eher das körperliche als das Seelenheil anstrebt; Pilgerfahrten, die dem Pilger Ablässe einbringen; Pilgerreisen zu Jubiläen und Heiligen Jahren, was zu periodischen Pilgerwellen führte (meist in Verbindung mit besonderen Ablässen wie vollkommenem oder Plenarablass); weiterhin nennt Herbers Straf- und Bußpilgerfahrten, mit denen kirchliche Institutionen wie auch weltliche Gerichte „Sozialhygiene" verfolgten; die Reise von

---

29 So weiß der „Liber Sancti Jacobi": Nun „erreicht man die Gascogne, wo es viel Weißbrot, besten Rotwein, Wälder, Wiesen, reine Flüsse und Quellen gibt. Die Gascogner haben ein loses Maulwerk, sie sind scherzhaft, spöttisch, lüstern, Wein und Essen zugeneigt, schlecht mit Kleidung sowie Schätzen und Schmuck ausgestattet, aber an den Krieg gewöhnt und in der Gastlichkeit gegenüber Armen zuvorkommend." (Herbers 2001: 112)

30 Immer wieder wird dabei vor Wirten und anderen Ausbeutern gewarnt, die die Fremden mit unterschiedlichsten Tricks auszunehmen versuchen. So beschreibt der „Liber Sancti Jacobi": „Der schlechte Wirt gibt seinen Gästen besten Wein, um sie betrunken zu machen und um dann während ihres Schlafes von ihnen Geldbeutel, Tasche oder etwas anderes zu stehlen. Der schlechte Wirt reicht ihnen todbringende Getränke, um sich ihrer Habe zu bemächtigen." (Herbers 2001: 87)

Auftrags- oder Delegationspilgern, die (gegen Bezahlung) in Vertretung anderer Lebender oder Verstorbener unterwegs waren; und zuletzt den falschen Pilger, der für das späte Mittelalter in größeren Mengen nachweisbar ist. Hierbei versuchten beispielsweise Betrüger im Pilgergewand von Privilegien zu profitieren, die Pilgern zugestanden wurden und trugen so zur Begriffsbildung „Jakobsbrüder" oder „Muschelbrüder"[31] zur Bezeichnung von Nichtsesshaften bei.

Bei den erläuterten Konzeptionen von Pilgerschaft konnten auch immer außerreligiöse Motive „mit dabei" sein, da Religiöses und Weltliches im Mittelalter stark miteinander verbunden waren. Reiselust, Fernweh, Sorgen zu Hause oder der Wunsch nach Prestige waren weltliche Gründe, ebenso wie die Möglichkeit, Pilgern mit Handeln zu verbinden. Letzteres war so verbreitet, dass für Pilgerkaufleute teilweise eigene Zollvorschriften erlassen wurden, damit sie nicht unter dem Deckmantel des Pilgers ungehindert Handel treiben konnten (Herbers 2001: 48). Die Motivzusammensetzung hat sich im Lauf der Jahrhunderte ebenso wie das Sozialprofil der Pilger immer wieder geändert. Waren zu Beginn der Santiago-Pilgerreisen eher wenige, aber hochgestellte Pilger unterwegs, so wurde diese Elite ab dem 14. Jahrhundert durch die breite Masse des Volkes abgelöst. Mit dieser Veränderung ging einher, dass außerreligiöse Motive für die Pilgerreise zunahmen und der Status der Pilger insgesamt sank. Ab dem 17. Jahrhundert verlor Santiago (vorerst) seine Attraktivität als bedeutendes Pilgerziel, bis es im 20. Jahrhundert zu erneuter Blüte kam (Inhetveen und Specht 2007: 88f).

Ersichtlich wird, dass „Pilgern" nicht gleich „Pilgern" ist, und dass von Anbeginn an Pilgern mehr ist, als eine direkte Verbindung des Pilgers mit dem Heiligen. Politische Interessen, Machtverschiebungen auf der religiösen Weltkarte, ökonomische Bestrebungen und Notwendigkeiten, individuelle Wünsche und religiöse Bedürfnisse vermischen sich mit unterschiedlicher Gewichtung seit Jahrhunderten. Die derzeitige Entwicklung zeigt, dass Pilgern nichts an seiner Attraktivität verloren hat, sondern Gegenteiliges der Fall ist. Neue Motive entstehen, alte werden beständig nachgefragt, manches wird neu gemischt. Und Menschen machen sich als Pilger auf den Weg – aus einem Grund, den oft nur oder nicht einmal sie selbst kennen – und deren Ziel Santiago de Compostela, Rom, Fatima oder eine andere Pilgerstätte ist.

---

31 Der Begriff „Muschelbruder" illustriert gut die sozialstrukturellen Veränderung bezüglich der Santiagopilger im Spätmittelalter: War die Jakobsmuschel lange Zeit geachteter Beweis für die vollendete Pilgerschaft (Herbers 2006: 74) und konnte nur in Santiago erworben werden, so sank sie zum Kennzeichen sozial ausgegrenzter Herumwandernder, die nicht nur temporär unterwegs waren.

3.2 Individuum und Gesellschaft in der Spätmoderne

Im folgenden Unterkapitel werden Theorien aus verschiedenen Wissenschaftsbereichen skizziert. Sie dienen in dieser Arbeit getreu der Grounded Theory Methodology zur „Sensibilisierung" im Umgang mit den erhobenen Daten. Damit tragen sie zu einer umfassenden Einordnung des untersuchten Phänomens bei. Eine Verbindung dieser theoretischen Konzepte mit den erarbeiteten Ergebnissen erfolgt im Kapitel 6.1.

3.2.1 Beschleunigung: die Veränderung von Zeit und Raum

Zeit und Raum waren in früheren philosophischen Erörterungen untrennbar. „Wer von der Zeit redet, muss auch vom Raum reden" bezieht sich auf die von Kant und später Durkheim geführten sozialtheoretischen Überlegungen, die besagen, dass „Raum und Zeit als gleichberechtigte und grundlegende, unhintergehbare Formen der Anschauung bzw. des Verstehens gelten müssen." (Rosa 2005: 60) Galt der Raum lange Zeit als übergeordnete Variable, so scheint die Zeit als flexiblere Größe an Bedeutung zuzunehmen. „Die Geburtsstunde der Moderne", so der Zeitforscher Hartmut Rosa, „war die Emanzipation der Zeit vom Raum" (Rosa 2005: 61), die er mit der Entwicklung der mechanischen Uhr und darauf folgend der standardisierten Zeit eintreten sieht. Durch diese Emanzipation können Veränderungen der Temporalstrukturen entstehen, die den Beginn des Beschleunigungsprozesses markieren. Erstaunlich ist, dass Schnelligkeit als Quelle der Verwirrung nicht erst zu Zeiten des Internets und Mobiltelefons beschrieben wurde. „[A]lles … ist jetzt ultra", ist kein Werbeslogan, sondern eine Klage Goethes an seinen Freund Zelter im Jahr 1825 (Geißler 2004: 196). Und die Sorge Reisender, dass die Geschwindigkeit im Zug sie an die Grenzen dessen brächte, was der menschliche Körper verkraften und die Sinne verarbeiten könnten, stammt von Reisenden aus den Anfangszeiten der Eisenbahn in der ersten Hälfte des 19. Jahrhunderts (Rosa 2005: 140f). Die nicht selten aus der ungewohnten Geschwindigkeit und Fahrbewegung resultierende Übelkeit teilen sie jedoch mit Reisenden im 21. Jahrhundert, bei denen die (noch?) ungewohnte Neigetechnik im ICE 3 teilweise zu ähnlichen körperlichen Symptomen führt (Alef 2005).

Bevor tiefer auf die Zeitveränderungen in der Spätmoderne eingegangen wird, soll der Begriff „Zeit" an sich analysiert werden. Rosa (2005: 30ff) beschreibt in Anlehnung an Peter Alheit und Anthony Giddens drei bzw. vier Zeitperspektiven, die auf jeweils unterschiedlichen Ebenen gleichzeitig aktiv sind. Ein Akteur muss sie stets reflektieren und kann sie dadurch in die eigenen Zeitpraktiken integrieren. Dabei handelt es sich erstens um die Zeitstruktur des Alltagslebens. Darunter fallen Routinen und Rhythmen, zumeist mit zyklischem Charakter, wie der Wechsel von Arbeitszeit und Freizeit oder von Phasen des Wachens und des Schlafens. Die zweite Zeitstruktur bezieht sich auf die Lebenszeit. Hier wird die Lebenspanne als Ganzes thematisiert und die Frage gestellt, wie die verfügbare Zeit genutzt werden möchte (z.B. Ausbildungslänge oder Reproduktionszeitpunkt). Die dritte Zeitstruktur bezieht sich auf die übergeordnete Zeit der Epoche oder Generation und wird auch longue durée genannt. Sie symbolisiert die Einbettung des Individuums in etwas Größeres, in „das" (aktuelle) Zeitalter und bestimmt den Grad des Zeitgemäßen der Alltagspraxis eines Individuums. Diese drei Zeitebenen und die daraus resultierenden Handlungsmuster gilt es, in Einklang zu bringen. Dabei werden die den Zeitebenen eigenen Rhythmen und Geschwindigkeiten sowohl durch die Zeitebene selbst als auch sozialstrukturell bestimmt – hingegen fast nie von den individuellen Akteuren. Diese jedoch müssen individuelle Anpassungsstrategien entwickeln, um ihre Alltagszeit, ihre Lebenszeit und die longue durée in Einklang zu bringen. Durch eine vierte Zeitebene, die Sakralzeit, werden die drei beschriebenen Zeiten in den umfassenden Weltenlauf aus Vergangenheit, Gegenwart und Zukunft integriert. Dem Dilemma der eigenen Endlichkeit und der quasi unbegrenzten Weltzeit wird die „zeitlose" Sakralzeit entgegengestellt, die der begrenzten Lebenszeit eine umfassende Rahmung bietet. Sie ist nicht der diesseitigen Welt verbunden (wie die profane Zeit der drei anderen Ebenen), sondern einer höheren, anderen Welt, und tritt bei nicht-alltäglichen Ereignissen in Erscheinung (in der christlichen Welt beispielsweise an Sonntagen, kirchlichen Feiertagen und Festen wie Ostern oder Weihnachten). Im Alltag bietet sie eine „Auszeit" und gleichzeitig eine Stärkung der sequentiellen Alltagszeit.[32]

Mit der Moderne entsteht die Notwendigkeit, die vier nun auseinanderstrebenden Zeitebenen „im Takt" zu halten. Erinnert sei an vormoderne Zeiten, als der Raum den Takt vorgab. Wieso sollte man in der frühen Neuzeit eilen, „wenn die Widerspenstigkeit des Raums mit seinen starken Reibungskräften jede Beschleunigung mit Entkräftung bestraft und zur Langsamkeit zwingt?" (Borscheid 2004: 17) Zeit wurde über den Raum bemessen (ein Tagwerk, eine Tagereise), Zeitpunkte nur unpräzise benannt (beim ersten Hahnenschrei, vor der Aussaat), so dass natürliche Rhythmen (die „Naturzeit") als Taktgeber dienten. Langsamkeit war nicht nur die logische Konsequenz, sie wurde auch, verbunden mit Beständigkeit, gesellschaftlich geschätzt und hoch angesehen, wohingegen Schnelligkeit und Beweglichkeit als Makel betrachtet wurden (Borscheid 2004: 22ff). In einigen Fällen führte die Langsamkeit (anderer) auch zu wirtschaftlichem Gewinn. Straßen ließ man mancher Orts mit Bedacht verkommen, um an Durchreisenden zu verdienen: durch die Reparatur von gebrochenen

---

32 Eine umfassende Darstellung zu Zeiten, Rhythmen und Biographien insgesamt und zum „sakralen Turnus" speziell findet sich bei Inhetveen (1982), die am Beispiel von Bäuerinnen individuelles Zeiterleben im dörflichen Kontext beschreibt.

Achsen und Wagenrädern oder die Bereithaltung von Pferden.[33] Die Sabotage von Schnelligkeit schien lukrativer, als sie zu fördern.

Der Einzug der Zeit als raumunabhängigem Taktgeber beginnt schon lange vor dem Erwachen der Moderne. So wird von einer geraubten Sonnenuhr im römischen Jahr 491 (264 v.Chr.) berichtet, die aufgrund des veränderten Breitengrads deutlich falsch ging, dennoch über 90 Jahre erfolgreich den Machtanspruch der Herrschenden über Zeit und Menschen verkörperte (Geißler 2004: 48). Zeitmessung, Zeitordnung und Macht liegen dicht beieinander und der Einfluss der Zeit hat sich in der Moderne weiter verstärkt. Das bekannteste Schlagwort hierbei ist die Beschleunigung.

Beschleunigung wirkt in drei unterschiedlichen Ausprägungen auf die Zeitstrukturen einer Gesellschaft ein (Rosa 2005: 16). Zum einen durch die technische Beschleunigung, die, zumindest der Theorie nach, zu Zeitersparnis und damit Entschleunigung des Lebens führen sollte. Es zeigte sich aber, dass das Gegenteil der Fall ist und eine zweite Art der Beschleunigung auftritt: die Beschleunigung des Lebenstempos. Eine dritte Ausprägungsform ist die Beschleunigung der sozialen und kulturellen Veränderungsraten. Diese dreifache Beschleunigung von Ereignissen und Prozessen führt zu der paradoxen Konsequenz, dass sich (zumindest westliche) Gesellschaften im Zeitnotstand wiederfinden, dem durch immer noch weitere Beschleunigung begegnet werden soll. Doch statt Entlastung herrscht das Gefühl vor, trotz permanenter Anstrengung nicht vorwärts zu kommen und dass sich nur noch die Oberfläche, aber nichts Wesentliches mehr ändert. Mit dem Terminus „rasender Stillstand" hat der Geschwindigkeitstheoretiker Paul Virilio diesen Zustand prägnant benannt (Virilio 1992). Das Tempo des rasenden Stillstandes kann entsprechend der oben genannten Bereiche in verschiedener Weise ausgemacht werden. Zum einen geht es tatsächlich um ein Mehr an Geschwindigkeit (technische Beschleunigung im weitesten Sinne, z.B. Leistungssteigerungen von Sportlern wie Computern oder im Transportwesen), zum anderen tritt aber auch eine Erhöhung der Taktung auf, wie beim Wandel von Arbeits- oder Familienstrukturen pro Zeiteinheit oder der Häufigkeit von Stellen-, Partner- und Wohnortwechsel (Rosa 2005: 112).[34]

---

33 Ein weiteres Beispiel für eine Verdienstmöglichkeit durch gebremste Reisende findet sich im „Liber Sancti Jacobi", der vor Betrügern auf dem Weg der Pilger nach Santiago de Compostela warnt: „Oftmals lassen die Fährleute, nachdem die Pilger bezahlt haben, eine große Menge in das Boot einsteigen, damit das Boot kentert und die Pilger im Wasser ertrinken. Dann freuen sie sich hämisch und bemächtigen sich der Habe der Toten." (Herbers 2001: 113)

34 Hinzuzufügen ist, dass es dennoch Prozesse gibt, die sich nicht von der Beschleunigung beeinflussen lassen, wie all jene, die auf biologischem Wachstum beruhen.

Ein weiteres Kennzeichen des rasenden Stillstandes sind Desynchronisation sowie Gleichzeitigkeit von Prozessen, Systemen und Perspektiven. Desynchronisation findet statt, sobald Beschleunigung einseitig auftritt. Dazu passt die Zeitdiagnose vieler Sozialwissenschaftler, dass „die systemischen Prozesse der modernen Gesellschaft zu schnell [...] für die in ihnen lebenden Individuen" geworden seien (Rosa 2005: 45). Umgekehrt argumentieren Arbeitgeber oder Ökonomen, die sich über zu träge, bequeme, unflexible – also zu langsame – Akteure beklagen (Rosa 2005: 46). Die Gleichzeitigkeit als Charakteristikum moderner Zeitstrukturen bezieht sich auf die Simultaneität, mit der viele Prozesse ablaufen. Auf globaler Ebene ist das Internet das beste Beispiel, da es nicht nur den Raum, sondern auch die Zeit überwunden hat. Auf individueller Ebene hält die Simultanhandlung Einzug, wenn z.B. gleichzeitig der Raum durchquert wird (im Zug), Musik gehört (I-Pod) und SMS geschrieben werden (Handy).[35]

Dass die vielschichtige Beschleunigung Folgen für das Individuum hat, ist unübersehbar, werden doch zahlreiche, wenn nicht alle Lebensbereiche tangiert. Die ungeheure Dynamik dieser Entwicklung ist alles andere als nachhaltig. Sie wirkt auf Mensch und Natur zerstörerisch und ist auf die Dauer nicht lebbar (Grober 2006: 252). Und Rosa diagnostiziert „[d]ort, wo sich die drei (oder rechnet man die Sakralzeit hinzu, vier) Ebenen der individuellen Zeiterfahrung nicht mehr miteinander und mit den systemischen Zeitmustern in Einklang bringen lassen, ergeben sich unvermeidbare gravierende Konsequenzen für die Subjekte – individuell und kollektiv. Eine Resynchronisation ist dann nur um den Preis einer (zeit)kulturellen und (zeit)strukturellen ‚Revolution' möglich." (Rosa 2005: 66)

3.2.2 Individualisierung, Identität und Biographie

„Individualisierung" ist ein weiterer zentraler Begriff der Diskussion um Moderne und Spätmoderne. Was darunter verstanden wird, verdeutlichen Beck und Beck-Gernsheim (Beck und Beck-Gernsheim 1994: 11): „Individualisierung meint zum einen die Auflösung vorgegebener sozialer Lebensformen – zum Beispiel das Brüchigwerden von lebensweltlichen Kategorien wie Klasse und Stand, Geschlechterrollen, Familie, Nachbarschaft usw.; (...) Wo immer solche Auflösungstendenzen sich zeigen, stellt sich zugleich die Frage: Welche neuen Lebensformen entstehen dort, wo die alten, qua

---

35 Der Zeitforscher Karlheinz Geißler spricht in diesem Zusammenhang vom Simultanten, der „nonstop" aktiv ist / sein soll, vieles gleichzeitig macht / machen soll, alles sofort erledigt / erledigen soll, immer auf „stand by" geschaltet ist / sein soll – und dennoch nicht am Ziel, dem versprochenen Glück, ankommt (Geißler 2004).

Religion, Tradition oder Staat zugewiesenen, zerbrechen?" Die Antwort ist in einem weiteren Aspekt der Individualisierung zu finden. Es sind neue Anforderungen, Zwänge und Kontrollen im institutionellen Bereich, die in ihrer Gesamtheit das Ziel haben, den Einzelnen zu einer selbstbestimmten Lebensführung zu bewegen (Beck und Beck-Gernsheim 1994: 12). Über eine bisher ungekannte Freiheit wird der Zwang transportiert, die eigene Biographie selbstverantwortlich zu gestalten. Fand man sich in der traditionellen Gesellschaft durch Geburt in einer bestimmten gesellschaftlichen Position, so geht es heute darum, sich aktiv neue Standorte zu erwerben; und dies nicht ein einziges Mal, bis eine bestimmte Position erreicht ist, sondern beständig und immer wieder neu. Aus der Normalbiographie wird die Bastelbiographie, die permanent risikobehaftet und deren Gültigkeit beschränkt ist. Motivation und Fähigkeit zu Mobilität und Flexibilität sind Grundvoraussetzungen für jedes Individuum, um am (Arbeits-)Leben teilhaben zu können. Dabei ist dies kein egoistischer Wunsch Einzelner, die vor Bindungen zurückschrecken, sondern es ist eine gesellschaftliche Dynamik, der sich Individuen nicht entziehen können (Beck und Beck-Gernsheim 1994: 14). Als weitere Zuspitzung trägt bei Unsicherheit oder Scheitern einer Biographie nicht mehr eine Gemeinschaft (familial, dörflich oder staatlich) die Last der Deutung und der weiteren Handlungsplanung, sondern das jeweilige Individuum allein.

Es stellt sich die Frage, welche Strategien Individuen entwickeln, um sich mit den veränderten Anforderungen zurechtzufinden. Beck macht „neue Suchbewegungen" aus, die es dem Einzelnen erlauben, mit der noch ungewohnten Rolle der „lebensweltlichen Reproduktionseinheit des Sozialen" zurecht zu kommen (Beck 1986: 119). Konkreter wird Bauman, der verschiedene „Typen" in der Moderne und danach ausmacht. Mit dem „Pilger" personifiziert Bauman die Haltung des Menschen in der Moderne (Bauman 1996). Dieser versucht sich eine Identität aufzubauen und sie über die Zeit stabil zu halten – im Gegensatz zum postmodernen „Touristen", dessen Anliegen es ist, jegliche Bindung zu vermeiden und verschiedenste Optionen offen zu halten (Bauman 1996: 18).

Mit der Figur des Pilgers als Prototyp des modernen Menschen wird keine neue Typisierung vorgenommen, sondern eine bereits lang existierende Form nun im Zentrum der gesellschaftlichen Entwicklung ausgemacht. Heimatlosigkeit, die Sehnsucht nach dem wahren Ort, der immer ein Stück und eine Weile vom Jetzt und Hier entfernt ist, und eine dementsprechende Bagatellisierung der Gegenwart, die fern vom Gewünschten ist, sind für die Existenz des Pilgers kennzeichnend (Bauman 2007: 136). War das Leben als Pilgerreise im Mittelalter Optimum für wenige Auserwählte, so wird dieser Zustand in der Moderne notgedrungen Lebensform für die Masse, um nicht in der von Bauman als Wüste bezeichneten Welt bzw. Gesellschaft unterzugehen. Dennoch sicherte die klare Zielsetzung eine Identitätsbildung, und das gesteckte Ziel konnte allein durch eigene Kontinuität erreicht werden. Die Rahmenbedingungen für eine erfolgreiche Pilgerexistenz waren laut Bauman wie folgt: „Die Welt der Pilger – Identitätsbilder – muß ordentlich, determiniert, vorhersagbar und sicher sein; doch vor allem muß es eine Welt sein, in der die Fußspuren für immer eingeprägt bleiben, so daß die Spur und Aufzeichnung vergangener Reisen erhalten und bewahrt bleibt." (Bauman 2007:143)

In der späten Moderne hat sich die umgebende Welt gewandelt und ist für die Pilger kein gastfreundlicher Ort mehr. Ironie des Schicksals: „Die Pilger verloren ihre Schlacht, indem sie sie gewannen." (Bauman 2007: 143) Die Pilger machten die Welt zu dem, was ihnen entgegenkam (in Baumans Worten: zu einer Wüste) und merkten, dass die zur Identität dazugehörigen bleibenden Spuren gerade dort nicht haften blieben. Problem war nicht, eine Identität zu konstruieren, sondern dieser Dauer zu verleihen. Denn Dauer, so die neue Situation, war nicht mehr gefragt. Bauman benennt Medien, die für die jeweilige Zeit typisch sind, und den Wandel illustrieren: War es für die Moderne das Foto, mit dessen Beständigkeit und Unwandelbarkeit Biographien festgehalten wurden, so übernimmt diese Rolle in der Postmoderne das Videoband: Es hält Dinge fest, lässt sich aber komplett löschen und neu bespielen – bis auf weiteres, wenn wieder neue Inhalte gefragt sind (Bauman 1996: 18). Die nun greifende Strategie ist, das Leben in möglichst kurze Spiele mit kleinen Einsätzen aufzuteilen und „sich vor langfristigen Bindungen zu hüten: Sich zu weigern, auf die eine oder andere Weise ‚festgelegt' zu werden; sich nicht an einen Ort zu binden (...); sein Leben nicht nur einem einzigen Beruf zu widmen; keinem Menschen oder keiner Sache Beständigkeit oder Treue zu schwören. Nicht etwa die Zukunft zu kontrollieren, sondern sie sich unter keinen Umständen zu verbauen. (...) Kurzum (...) die Gegenwart an beiden Enden abzuschneiden, die Gegenwart von der Geschichte zu lösen. (...) Der Angelpunkt der postmodernen Lebensstrategie heißt nicht Identitätsbildung, sondern Vermeidung jeglicher Festlegung." (Bauman 2007: 145f)

Vier Typen macht Bauman aus, die diese neuen Anforderungen erfüllen. Es sind der Spaziergänger, der Vagabund, der Tourist und der Spieler. Auch sie sind, wie der Pilger zu seiner Zeit, keine neuen Erscheinungen, sondern wechseln vom Rand in die Mitte der Gesellschaft und werden in zentralen Lebensphasen gelebt. So sind sie zum eigenständigen Lebensstil geworden (Bauman 2007: 149). Sie leben mit unterschiedlicher Schwerpunktsetzung die notwendige Bindungslosigkeit, Heimatlosigkeit und Unkontrollierbarkeit, leben ein Leben in Episoden und ohne Konsequenzen, sind überall und nirgends – und erheben die Vorläufigkeit zur zentralen Strategie.

Wenn man die Baumansche Typologie betrachtet und sich an Aussagen von Beck zur Individualisierung erinnert, so fällt eine weitere Veränderung der Lebenswelt auf. Waren in der Moderne Biographien aus individueller wie gesellschaftlicher Sicht plan- und vorhersehbar, so findet sich in der Postmoderne ein Zwang zu Vielfalt, wiederholter Veränderung und Selbstbestimmung. Durch die eigenverantwortliche Gestaltung der Biographie und rückläufige gesellschaftliche Strukturierung gehen Elemente verloren, die Biographien Fixpunkte und Individuen Halt geben. Gemeint sind Rituale, die den Abschluss von Lebensabschnitten symbolisieren und den Beginn von etwas Neuem ermöglichen. Arnold van Gennep (Gennep 1999), der Begründer der französischen Ethnographie, hat zu Beginn des 20. Jahrhunderts den Begriff „Übergangsriten" geprägt und damit Vorgänge beschrieben, die, zumeist aus der magisch-religiösen Sphäre stammend, in vielen Gesellschaften zu speziellen Anlässen durchgeführt werden. Ziel ist, „das Individuum aus einer genau definierten Situation in eine andere, ebenso genau definierte, hinüberzuführen" (Gennep 1999: 15). Dies betrifft beispielsweise Geburt, soziale Pubertät oder Riten zu Verlobung, Heirat und Bestattung oder den Aufstieg in eine höhere Klasse. Voraussetzung für Übergangsriten ist, dass Biographien linear verlaufen und eine verlässliche Einbindung der Individuen in die Gruppe gegeben ist. Van Gennep konkretisiert die Übergangsriten mittels dreier Unterformen. Dabei geht es um Trennungsriten (Ablösungsphase), Schwellen- oder Umwandlungsriten (Zwischenphase) und Angliederungsriten (Integrationsphase) (Gennep 1999: 21). Ein kompletter Übergangsritus setzt sich aus allen dreien zusammen und führt das Individuum in die neue „Situation" ein.

Gesellschaftlich getragene Zeremonien für ein Individuum in einer wichtigen Lebenslage kommen in der sozialen Wirklichkeit zu Beginn des 21. Jahrhunderts nur noch selten vor. Dennoch gehören auch Menschen in der Spätmoderne verschiedenen sozialen Kategorien an und müssen eher mehr denn weniger Wechsel an Lebensstilen, Gruppen und Identitäten bewältigen. Die Gestaltung dieser Wechsel obliegt heutzutage jedoch individuellen Vorlieben und Möglichkeiten.

3.2.3 Spätmodernes Körper-, Selbst- und Naturerleben

Auch das Verhältnis zum eigenen Körper bzw. das Selbsterleben hat sich in der Moderne verändert. Es wandelt sich vom Leib, der man ist, zum Körper, den man hat. Damit wird die Trennung von Innen und Außen oder die duale Auffassung der Welt, die sich im Zuge der Moderne durchsetzt, auch in diesem Bereich ersichtlich (Fischer-Rosenthal 1999: 24). Die alltagsweltliche Selbstverständlichkeit, dass der Körper zeitlich und räumlich die Existenz eines Individuums festlegt, wurde in Weiterführung des Cartesianismus in zwei Bereiche geteilt: in die „Denksache" und in die „Körpersache". Die entstehenden Naturwissenschaften und besonders die Medizin als „Körpersache" hat mit ihrem rein mechanisch-funktionalen Krankheitsverständnis dieses Menschenbild zu besonderer Perfektion ausgebaut. Die soziale Existenz wird kaum mehr leibhaftig-ganzheitlich erfahren, viele Funktionen und Bedürfnisse des menschlichen Körpers werden als sozial unangepasst ins Private verdrängt, und auch das Körperbild muss, ähnlich wie die Biographie, vom Individuum immer wieder rekonstruiert werden. Die „Reflexivität des Körpers" (Alheit, Dausien et al. 1999: 7) in der Moderne hat zwei widersprüchliche Folgen. Zum einen führt sie im Kontext der Individualisierung zur Möglichkeit, den Körper zu inszenieren: Körperkult, Fitness, Jugend und Gesundheit scheinen grenzenlos verfügbar, der Körper wird zum Objekt, das „gestylt" werden kann, wenn nicht sogar werden muss. Zum anderen ist die moderne Gesellschaft jedoch mit einer gewissen „Körperlosigkeit" (Delow 1999: 287) behaftet: Der Geist hat die Führung übernommen, über den Körper spricht man nicht, bzw. erst dann, wenn er nicht mehr funktioniert. Sowohl die Inszenierung als auch das Verschwinden des Körpers symbolisieren das Ende der ganzheitlichen Betrachtung, die durch den Begriff des Leibes als räumliche und zeitliche Determinierung des Selbst in vormodernen Zeiten gegeben war.

Eine zumindest zeitlich begrenzte Überwindung der Trennung in Form eines konzertierten, glücklichen Erlebens des Selbst, das Psyche, Körper und Geist umfasst, beschreibt Mihaly Csikszentmihalyi mit dem Begriff „Flow" (Csikszentmihalyi 1990), dessen Erleben auch modernen Individuen bekannt ist. Flow ist ein Gefühl des Glücks, des völligen Aufgehens in einer Tätigkeit, verbunden mit absoluter Konzentration und dem Wunsch, dass dieser Zustand ewig dauern möge. Es ist eine Art Blitz intensivsten Lebens und damit ein Gegensatz zum oft eintönigen Alltagseinerlei (Csikszentmihalyi 1997: 46). Wo und wann das Flowerlebnis auftritt, ist von Mensch zu Mensch verschieden und es kann sowohl im Beruf (z.B. bei Chirurgen während des Operierens) als auch in der Freizeit (wie beim Bergsteigen, Schachspielen oder Gärtnern) erlebt werden. Kennzeichnend sind folgende acht Faktoren: Es geht um eine Aufgabe, der man sich gewachsen fühlt; man muss fähig sein, sich auf das zu konzentrieren, was getan wird; die Aufgabe beinhaltet klare Ziele; eine unmittelbare Rückmeldung bescheinigt den Erfolg; man handelt mit einer tiefen, dennoch mühelosen Hingabe, die alltägliche Sorgen und Nöte aus dem Bewusstsein fernhält; man erlebt ein Gefühl der Kontrolle über die Tätigkeit; Sorgen um das Selbst verschwinden, jedoch ist man im Nachhinein innerlich gestärkt; das Zeitgefühl verändert sich – es können sowohl Stunden wie im Flug vergehen als auch Minuten wie eine Ewigkeit erscheinen. Die Verbindung dieser acht Komponenten führt zu einem originären Gefühl der Freude, das so tief geht, dass man gerne viel Zeit und Kraft investiert, um es wieder und wieder zu erleben (Csikszentmihalyi 1990: 74). Um in den Zustand des Flow zu kommen, ist es wichtig, die „Dosis" zu steigern. Nicht immer dasselbe, sondern dem Können angemessene und steigende Herausforderungen sind dazu notwendig, denn weder Langeweile noch Unsicherheit ermöglichen den Flow (Csikszentmihalyi 1990: 107). Höher, schneller, stärker – hier kann der Körper Flow erleben. Die Freude, die Grenze des Körpers zu überschreiten, ist jedoch nicht an körperliche Höchstleistungen gekoppelt, sondern basiert auf der Angemessenheit der Herausforderung und deren Steigerung. Bedeutsam ist der Spaß, den man bei der Tätigkeit erlebt. Selbst das schlichte Gehen kann zur Quelle für Flow-Erlebnisse werden – indem man sich Ziele setzt (Csikszentmihalyi 1990: 135). Ob diese eher bewältigte Entfernungen oder ein bestimmter Geh-Stil sind, liegt wieder in der Person des Gehenden begründet, wie er oder sie das körperliche Wohlbefinden maximieren möchte und somit den Flow erreicht.

Die beim Körper festgestellte häufige Trennung von Innen und Außen setzt sich auch beim Naturbild in der Moderne fort. Inhetveen (Inhetveen 2004: 21f) benennt vier Entwicklungen, die mit dieser Trennung und der Dominanz des Denkens über den Körper einhergehen: Die Natur wird auf die Funktion des Rohstofflieferanten beschränkt und unter dem Aspekt des Nützlichen betrachtet; Natur wird von Sinn entblößt und aus naturwissenschaftlicher Perspektive durchleuchtet, zerlegt und beherrscht; der Blick darauf, dass auch der Mensch ein Teil der Natur ist, wird durch die zunehmende Objektivität von Naturinterpretation verstellt; besondere Naturwahrnehmung, die die persönlich-leibliche Anwesenheit erfordern, geraten in Vergessenheit und diese auch „Halbdinge" genannten Naturphänomene (der Wind, die Nacht oder der Blick) werden von Seiten der Naturwissenschaft ausgespart. Im dritten und vierten Aspekt wird die Verbindung vom Menschen als Teil der Natur mit der Natur sowie die Wahrnehmung der äußeren Natur über die eigene leibliche Natur angesprochen, die bereits in ähnlicher Weise beim Köper- (Leib-)Bild beschrieben wurde. Vertieft wird dieser Ansatz als „Phänomenologie der Natur", wobei angestrebt wird, beide Blickrichtungen zu integrieren: „einerseits die Selbsterfahrung in der Natur, die wir selbst sind und die uns zum Beispiel über das leibliche Spüren zugänglich ist, und andererseits die Erfahrung der Wirklichkeit als das Fremde, das Gegenüber." (Inhetveen 2004: 32)

Andere Veränderungen hinsichtlich der Naturwahrnehmung beschreibt Bätzing (Bätzing 1998). Wird Natur in der Moderne eher als „schöne Landschaft" in ihrer Ganzheitlichkeit betrachtet, so wandelt sich dies zu einer postmodernen Ästhetisierung von ausgewählten und inszenierten Einzelelementen (Bätzing 1998: 1) – eine Entwicklung, die der vom Leib zum Körper erstaunlich nahe kommt. Die „Funktion" der modernen Landschaft ist die Kompensation: Am Wochenende oder im Urlaub wird ein Gegenpol zur fragmentierten Alltagswelt gesucht und in der „schönen Landschaft" ganzheitlich erlebt. Dies geht, wenn der Bereich der Arbeit und des Alltags komplett getrennt von der genossenen Natur erlebt und nur letztere mit Urlaub und Genuss verbunden wird. Die Ausblendung des Nützlichkeitsaspektes geht soweit, dass selbst genutzte Landschaft, also Kulturlandschaft, die vom Menschen für seine Zwecke modifiziert wurde, kollektiv als reine Natur erlebt wird (Bätzing 1998: 3). Das ganzheitlich Schöne weicht laut Bätzing in der Postmoderne der fragmentierten Inszenierung, in der Landschaft zur Kulisse für ausgefeilte Spezialsportarten (z.b. Riverrafting, Paragliding oder Freeclimbing) wird. Besonders gut ist diese Entwicklung in den Alpen zu beobachten, wo die Landschaft für sich genommen an Bedeutung verliert, die Infrastruktur hingegen Möglichkeiten ihrer Nutzung und damit Attraktivität bestimmt (Bätzing 1998: 4). Das einheitliche Alpenbild der Moderne ist Vergangenheit, dafür haben verschiedene Nutzer ihr jeweils eigenes Bild der Alpen. Diese Vielfalt an Perspektiven hat als Konsequenz, dass verschiedene Nutzergruppen versuchen, ihr jeweiliges Bild zum allgemeingültigen Maßstab zu erheben. Die bauliche Gestaltung der Bergwelt macht dies sichtbar.

Wurden bisher das sich wandelnde Körper- und Naturbild und seine Folgen beschrieben, so kommt nun die individuelle Erwartungshaltung in den Blick. Die Trennung von innerer und äußerer Natur führt für den Einzelnen zu widersprüchlichem Erleben des Fremden: der abgelösten Natur. Einerseits wird Natur als Bedrohung erlebt und Kontrollverlust gefürchtet, andererseits fasziniert sie den Menschen und es entsteht die Sehnsucht, mit der ausgeschlossenen Natur wieder in Kotakt zu kommen (Haubl 1999: 24). In diesem Wunsch nach Kontakt ist die Hoffnung zu finden, in der Begegnung mit der äußeren Natur die cartesianische Spaltung in Natur und Geist in sich selbst zu überwinden, um darauf aufbauend auch der äußeren Natur weniger feindselig begegnen zu können. Eine möglichst „wilde" Natur scheint diesen Bedürfnissen des postmodernen Menschen die besten Voraussetzungen zu liefern. Die Entkörperlichung von Arbeit und Arbeitsprozessen, die die Verbindung von Handlung und Wirkung immer schwerer erkennen lassen, und die Virtualisierung tagtäglicher Vorgänge führen zu einer Entfremdung von der eigenen Wirksamkeit. Der Zwang zur Individualisierung, bei gleichzeitig gegebener geringer Gestaltbarkeit des eigenen Lebens, führt zu einer fundamentalen Verunsicherung und zur Angst vor dem Scheitern. Hier setzt der Wunsch an, sich „in der Wildnis" zu bewähren: Der eigene Körper bekommt eine zentrale Aufgabe (zurück), es gibt eindeutige Erfolgskriterien, Ursache und Wirkung sind klar ersichtlich. Das Wirklichkeitsgefühl wird wortwörtlich verkörpert. Andererseits liegt in der Konfrontation mit der Körperlichkeit auch Angst. Der seiner Umwelt entfremdete, entkörperlichte Körper könnte dem nicht mehr gewachsen sein, so dass statt der gesuchten Vergewisserung eine tiefe Verunsicherung entstehen könnte (Haubl 1999: 26). Die Vereinigung von innerer und äußerer Natur hat also zwei Seiten und erfordert nicht nur die Bereitschaft, sich äußeren Unwägbarkeiten zu stellen, sondern sich genauso inneren Unbilden zuzuwenden (Haubl 1999: 27).

An welchen Orten in der Natur eine erneute Zuwendung mit dem Ziel der physischen und psychischen Stärkung am besten zu realisieren ist, wird unterschiedlich beurteilt.

Hintergrund ist die Evolution des Menschen, die über einen langen Zeitraum in einer nicht vom Menschen gestalteten und geprägten Umwelt verlief (Schröder 1999: 23). An diese „natürliche" Umgebung ist der Mensch nicht nur physisch, sondern auch psychisch angepasst. Als „Biophilie" wird die tief verwurzelte emotionale Reaktion des Menschen bezeichnet, Natur als wohltuend zu empfinden (Schröder 1999: 23). Wanderer zu Beginn des 19. Jahrhunderts und auch heutige Trekking-Wanderer finden das für sie optimale „Psychotop" samt intensivstem positiven Erlebnis jenseits der „Brotgrenze" (Trommer 1999: 11), also in Zonen, in denen sie für ihre Ernährung auf sich selbst gestellt sind. Die meisten Menschen hingegen finden besonderes Wohlbefinden an Orten, die aus Sicht früherer Erdbewohner Nahrung und Wasserversorgung sicherstellten (Schröder 1999: 23).[36]

3.2.4 Religion und Reisen

Religion und Moderne schließen sich in der gängigen Wahrnehmung aus. Die bereits beschriebene Individualisierung, die Deutungshoheit rationalistischer Naturwissenschaften, das Schwinden traditionaler Sinnzusammenhänge und die abnehmende Bedeutung institutionalisierter Religionsgemeinschaften lassen in der modernen Industriegesellschaft für Transzendenz im weitesten Sinne nur wenig Raum. Moderne Kultur und religiöse Verwurzelung werden als ein Gegensatz erlebt, der in der eigenen Biographie bearbeitet werden muss. Als Überbegriff für diese „Zu- und Umstände" (Luckmann 2004: 136) dient der Begriff der Säkularisierung, der zur Bezeichnung eines radikalen gesellschaftlichen Wandels und gleichzeitig zur Selbstbestimmung eines ganzen Zeitalters herangezogen wurde. Die Verweltlichung der Gesellschaft und das Verschwinden des Religiösen wird mittlerweile wieder in Frage gestellt. Nicht die Religion an sich verliert an Bedeutung, sondern es ändern sich die Formen, wie und wo Religion gelebt wird. Dabei geht der Wandel weg von der institutionalisierten und monopolisierten Religion der Großkirchen hin zur privaten bzw. individualisierten Religionsausübung des Einzelnen. Religion erhält eine neue Form: Sie wird diffus, instabil und subjektiviert (Pollack 1996). Auf dem „religiösen Marktplatz" (Galembert 2004: XXXIV) werden verschiedenste Sinngebungen angeboten, unter denen der moderne Gläubige als Konsument frei wählen kann. Die angebotenen „symbolischen Wa-

---

36 Praktische Anwendung finden landschaftspsychologische Erkenntnisse bzw. das Wissen über biophile Wirkweisen in der Rekonvaleszenz oder Stressminderung. Ein weiterer Bereich ist die Anlage von neuen Wanderwegen. Hier wird umgesetzt, dass es dem Menschen in Landschaften gut geht, die er schön findet. Relevant dafür sind die Existenz von Wasser – als See, Fluss oder Wasserfall; ein offener Bewuchs; eine gewisse kulturelle „Zähmung" (sprich eher Kulturlandschaft als Wildnis); Abwechslungsreichtum; klare Grenzen durch weiche Konturen; das Erleben des Raumeffektes (Ausblicke); Ruhe sowie frische Luft (Brämer 1999b: 10).

ren" können z.B. religiöser, psychologischer oder spiritueller Natur sein und scheinbar widersprüchliche Gegensätze wie Heiliges und Spielerisches oder Wissenschaft und Psychologie verbinden. Der Gläubige wird zum Bastler, der kombiniert, konstruiert und ausprobiert. Als Monopol der Großkirchen hat sich ausschließlich das Ritualmanagement erhalten (Pollack 1996: 57) – von der Taufe über Kommunion / Konfirmation, Eheschließung bis zum Begräbnis. Alle anderen Elemente sind frei verfügbar. Erfordert die Individualisierung in vielen Bereichen zahlreiche und häufige Entscheidungen, so dient Religion als „Lebenshintergrund", der „im Falle biographischer Lebenswenden oder in Situationen persönlicher Krisen reaktualisiert werden kann und ansonsten ausgeblendet bleibt." (Pollack 1996: 82) Ein Vorteil in der modernen Gesellschaft ist, dass in diesem Bereich kein Entscheidungszwang herrscht. Wann, ob und wie man sich damit beschäftigt, bleibt jedem selbst überlassen und es hat keine Auswirkungen auf berufliche oder familiäre Entwicklungen. Diese Unentschlossenheit wird von den etablierten Kirchen nur ungern gesehen (Pollack 1996: 82).

Das Paradoxon der säkularen Gesellschaft besteht darin, dass sie sich einerseits von der traditionellen religiösen Welt entfernen möchte, aber andererseits auf der christlichen Kultur aufbaut. Zudem bieten maßgebliche Komponenten der säkularen Gesellschaft wie widersprüchliche Gegenwart samt Erwartung einer zukünftigen Lösung, Utopien inklusive Unsicherheiten, soziale und kulturelle Leere und gesellschaftliche, wirtschaftliche und politische Umbruchsphasen einen idealen Nährboden zur Ausbreitung religiöser Überzeugungen (Hervieu-Léger 2004: 22f). Was darauf folgt ist keine Rückbesinnung auf frühere Praxen der Glaubensausübung, sondern die oben beschriebene Neuorientierung, die individuelle Bedürfnisse mit angebotenen Möglichkeiten verbindet und neue Typen des gläubigen Menschen hervorbringt. Als Gemeinsamkeit dieser Gläubiger macht die französische Religionssoziologin Danièle Hervieu-Léger aus, dass sich Mensch, Praxis und Glaube „in Bewegung" finden. Die erstarrten, tradierten Muster werden durch Flexibilität in Ausdruck, Ort und Beständigkeit abgelöst. Der praktizierende Gläubige, der durch den sonntäglichen Kirchgang seiner Zugehörigkeit zu einer Großkirche Ausdruck verleiht, tritt kaum mehr in Erscheinung. Ebenso wenig dient diese Religionspraxis zur Messung von Glaubensstärke (Hervieu-Léger 2004: 59). Abgelöst bzw. ergänzt wird der „regelmäßig Praktizierende" durch „den Pilger" und „den Konvertiten",[37] die beide die konstatierte Religion in Bewegung verkörpern. Der Pilger verweist metaphorisch „auf den verschwimmenden Charakter der individuellen spirituellen Entwicklungsläufe, die sich unter gewissen Bedingungen als religiöse

---

37 Eine andere Typisierung des spätmodernen Gläubigen nimmt Gebhardt (2006) vor. Für ihn ist der „Wanderer" ein Prototyp, der Interesse in Suche umsetzt, um seinen eigenen Weg zu finden, ohne sich längerfristig auf eine religiöse Identität festlegen zu müssen bzw. zu wollen. Damit nimmt er nach der Baumanschen Typologie eine Zwischenstellung zwischen modernem Pilger und postmodernem Flaneur ein.

Identifikationswege ausgestalten" und entspricht „einer Form der religiösen Gemein-
schaftsbildung von größter Ausdehnung, die im Zeichen von Mobilität und Bindung
auf Zeit entsteht" (Hervieu-Léger 2004: 65). Er konstruiert seine religiöse Identität
selbst, und seine Religionspraxis ist von folgenden Elementen gekennzeichnet: Sie ist
freiwillig, autonom, veränderlich, individuell, mobil und drückt sich nicht gewohn-
heitsmäßig, sondern durch Ausnahmeformen aus (Hervieu-Léger 2004: 73). Damit
stellt er die Großkirchen vor eine Herausforderung, die Hervieu-Léger hypothetisch
so zusammenfasst: „...die religiösen Institutionen, die mit einer sich ihrem Zugriff
entziehenden Individualreligiosität konfrontiert sind, [werden] sich darum bemühen,
einen Einfluss auf diese zu gewinnen, indem sie ihrerseits Formen einer ‚religiösen
Pilger-Gemeinschaftsbildung' erfinden, die den gegenwärtigen spirituellen Bedürfnissen besser angepasst sind als die herkömmliche Versammlung von Praktizierenden."
(Hervieu-Léger 2004: 75) Diese Annahme kann untermauert werden, wenn man sich
vergegenwärtigt, dass „die gemeinhin als christlich bezeichneten Glaubensinhalte und
Praktiken ihren Fortbestand über die Zeit dem Umstand verdanken, dass sie nicht
aufgehört haben, sich in dem Maße zu wandeln wie die Funktionen sich wandelten,
die sie bei den sich beständig erneuernden Gruppen, die sie aufnahmen, erfüllen"
(Bourdieu 2004: 204f).

Neben dem Pilger, der sich auf Glaubensvorstellung und Zugehörigkeit nur temporär
festlegen lässt, symbolisiert der Konvertit einen anderen Typ des modernen Gläubigen.
Zentral ist für ihn die Suche nach der religiösen Identität, die ihm nicht mehr qua
Geburt mitgegeben wird (Hervieu-Léger 2004: 82). „Den Konvertiten" gibt es in drei
Formen: Er kann ein Religionswechsler sein, der eine geerbte Identität mit einer er-
wählten vertauscht, er kann ohne religiöses Erbe und nach längerer Suche neu in die
Welt des Glaubens hineintreten oder er kann sich eine nicht hinterfragte und nicht
praktizierte Religionsangehörigkeit im Laufe seines Lebens selbst aneignen und mit
Leben füllen (Hervieu-Léger 2004: 82ff). In allen Fällen handelt es sich um eine selbst
gewählte Identität, die dem Individuum nicht durch Familie, Staat oder Tradition mitgegeben wurde oder, anders ausgedrückt, um eine konsequente Umsetzung der Forderungen der Moderne zur selbstverantwortlichen Gestaltung der eigenen Biographie.

Vergegenwärtigt man sich die Typen des modernen und postmodernen Menschen an
sich sowie des Gläubigen speziell, so fällt die Dominanz von Typen „Unterwegs" auf:
Es gibt den Wanderer, den Pilger, den Flaneur, den Touristen, bei weiteren Autoren
auch den Reisenden, den Passanten, den Passagier oder den Herumtreiber (Gross
2006: 261). Wenn die Typologien auch metaphorisch begründet sind, so stellt sich
dennoch die Frage, welche Bedeutung das Unterwegs-Sein im Leben des modernen
oder postmodernen Menschen hat. Diese Frage bezieht sich auf Reisen allgemein sowie als Sonderfall auf religiös (teil-)motivierte Reisen, wie z.B. die Pilgerfahrt. War der

frühere Pilger unterwegs zu einem klaren Ziel, einem heiligen Ort, so ist der moderne Mensch ein „Pilger ohne Ziel, Nomade ohne Route, ein dionysisch gestimmter Vagabund, ein Seelenwanderer auch, ziellos dahindriftend, schwebend im luftleeren Raum, ein ungesättigtes Molekül" (Gross 2006: 260). Er ist nicht nur bildlich, sondern auch real häufig unterwegs. Der von Turner (1984) entwickelte Begriff der Liminalität, die beim Reisen erlebt wird, hilft bei der Erklärung weiter. Nach Turner bezeichnet Liminalität Phasen, in denen gewöhnliche Normen vorübergehend aufgehoben sind und das Individuum eine Ungebundenheit an die sozialen Gepflogenheiten des Alltags erlebt, was zu einem veränderten Selbsterleben führen kann. Das kann einerseits auf religiöse Erfahrung zutreffen, andererseits beim Reisen erlebt werden. Warum überhaupt gereist wird, beantwortet Cohen (2004: 68) mit der Annahme, dass Erholungs- oder Vergnügungsreisen in der Erwartung gemacht werden, dass „da draußen" Erfahrungen machbar sind, die im Alltag nicht möglich sind, die Reise also lohnenswert sei; eine Person, die am Heimatort Erholung findet oder nicht erwartet, an einem anderen Ort etwas Interessantes zu erleben, würde seiner Ansicht nach nicht reisen.

Zu Zeiten, in denen Transzendenzerfahrungen in der religiösen Alltagspraxis selten geworden sind, ist besonders die zeitlich begrenzte Lösung vom Alltag verlockend, die mit einem Ortswechsel einhergeht. Es geht um die Sehnsucht nach dem Nicht-Alltäglichen, die früher durch die Religion gestillt wurde und deren Erfüllung nun u.a. auf das Reisen projiziert wird. Hennig (2001a: 10) sieht dabei viele Parallelen zur Religion: Es beginnt damit, dass Reisen schon immer in Verbindung zu Erneuerung, Veränderung und Wiedergeburt stand und das Heraustreten aus dem Alltag, wenn auch anders, Kennzeichen religiöser Erfahrung ist. Konkretisiert wird dieses Erleben durch den auch im Reisen entdeckten ritualisierten Ablauf, der mit den durch Gennep (1999) beschriebenen Schritten der Passageriten übereinstimmt: Trennung, Umwandlung und Wiedereingliederung sind Kernelemente religiöser Erfahrung – wie auch jeder Reise. Einen weiteren Beleg dafür, dass sich Religion und Reisen aus ähnlichen Triebkräften speisen, sieht Hennig in der Bedeutung „säkularisierter Mythen". Dabei geht es um den „Paradiesmythos", die Mythen der „unberührten Natur" und des „edlen Wilden" sowie um die Vision von „Freiheit" und „Gleichheit" der Reisenden (Hennig 2001a: 20). Die Reise verspricht, zumal in der Werbung, einen Aufenthalt in einem irdischen Paradies, durch den Kontakt mit der Natur Reinigung und Erneuerung des im zivilisierten Alltag verbrauchten Selbst, Kontakt zu ursprünglichen, fröhlichen Menschen, die in einer idyllischen, vorindustriellen Welt zu Hause sind, sowie die Erfüllung aufklärerischer Ideale (Hennig 2001b: 44ff): Am Strand sind alle gleich. Die touristische Reise bietet durch das Transzendieren des Alltäglichen eine der wenigen Möglichkeiten, das Selbstverständnis unserer Kultur samt seinem religiösen Hintergrund, verkörpert durch die Mythen, unmittelbar und praktisch zu erfahren (Hennig 2001b: 63).

Des weiteren übernimmt laut Hennig die individuell und unter den Bedingungen der Moderne durchgeführte Reise die Funktion früherer Feste, Rituale und Spiele (Hennig 1999). Die soziale Ordnung wird aufgehoben, die Zeit strukturiert, der Alltagsrhythmus durchbrochen, Erlösung gesucht – und manchmal auch gefunden. Diese Sichtweise wird von anderen Autoren nicht grundsätzlich geteilt. Lange Zeit schien ein Hauptmotiv des Reisens zu sein, „Authentisches" zu erleben, was die Frage von Seiten der Wissenschaft aufkommen ließ, ob die Reisenden dazu überhaupt in der Lage seien; zudem vollzog sich parallel zu gesellschaftlichen Änderungen in der Moderne ein Wechsel touristischer Konsummuster, die sich von materiellen Gütern zu erlebter Erfahrung verschoben. Der „Post-Tourist" sucht weniger „das Authentische" (das es im Zeitalter der Globalisierung auch immer weniger gibt), sondern möchte schlicht und einfach Spaß und Unterhaltung (Cohen 2004: 4f). Dieses Ziel ist kaum noch an geographische Punkte gebunden, da es sich um inneres Erleben handelt. Cohen nennt dieses extreme Aufgehen in Spiel und Spaß „existentielle Authentizität", die im Grunde genommen überall erlebt werden kann (Cohen 2004: 5). Die frühere Einteilung der Reisenden in Erholungssuchende, Zerstreuungssuchende, in solche, die etwas erfahren, etwas ausprobieren oder existentiell erleben möchten (Cohen 1979) wird dadurch abgelöst.

Einzig die Frage, ob es sich um religiös motiviertes Reisen oder Urlaubsreisen handelt, scheint relevant, wobei die Frage gestellt werden muss, was religiös motiviertes Reisen ist. Für Hennig enthalten grundsätzlich alle Reisen religiöse Komponenten. Andere Autoren entwickeln eine Pilger-Typologie, die das Spektrum vom „reinen Touristen" über den „pilgrimierten Touristen", den „pilgernden Touristen", den „Pilgerreisenden" zum „reinen Pilger" abdeckt (Wöhler 2007: 44) oder diskutieren, ob die Pilger-Tourist Dichotomie zeitgemäß ist bzw. ob die Unterscheidung anhand von Motiven oder Verhaltensweisen getroffen werden sollte (Olsen und Timothy 2006: 6). Es gibt Ansätze, Formen des religiösen Tourismus anhand von Reisedauer, Grad der Organisation, genutztem Transportmittel, Teilnehmerzahl und sozialer Struktur zu quantifizieren (Rinschede 1992). Und Digance unterscheidet Reisen, die für den jeweils Reisenden mit persönlicher Bedeutung gefüllt sind von solchen, die es nicht sind, wobei der religiöse Gehalt in den Hintergrund rückt (Digance 2006).

Der letzte Ansatz gibt die individuelle Deutungshoheit dem und der einzelnen Reisenden zurück, ein Ansatz, der auch in der vorliegenden Arbeit verfolgt wird. Verknüpfungen, die sich aus den empirischen Befunden mit den oben beschriebenen theoretischen Konzepten herstellen lassen, werden im Kapitel 6.1 benannt.

4 Methodik und Forschungsdesign

4.1 Methodische Verankerung

Die Arbeit basiert auf der Nutzung von Methoden der qualitativen Sozialforschung. Die Entscheidung für ein rein qualitatives Design fiel aus dem Grund, dass die gesellschaftliche Sichtbarkeit der untersuchten Materie wuchs, bisher jedoch keine Arbeit publiziert war, die Antworten zu dem Phänomen als Gesamtheit lieferte. Qualitative Methoden bieten die Möglichkeit, durch die theoretisch geleitete und dennoch stets flexible Art der Sammlung, Darstellung und Aufbereitung von Daten bislang unhinterfragte Phänomene und deren Wirkzusammenhänge erkennbar zu machen. Dabei stehen dem Forscher zu jedem Arbeitsschritt (z.B. Datenerhebung, -aufbereitung, -auswertung) verschiedenste Methoden und Techniken zu Verfügung, um die jeweiligen Fragestellungen zu bearbeiten.

Die vorliegende Arbeit folgt der Grounded Theory Methodology (GTM), worunter sowohl ein Forschungsstil, also eine Haltung gegenüber wissenschaftlichem Vorgehen an sich, als auch eine Auswertungsmethode verstanden wird (Mey und Mruck 2007: 17). Die GTM wurde im Jahr 1967 von Barney Glaser und Anselm Strauss entwickelt (Glaser und Strauss 1967) und seitdem immer wieder modifiziert. Im Folgenden wird die Methode in ihrer Weiterentwicklung durch Strauss und Corbin (Strauss und Corbin 1990) eingesetzt. Diese ermöglicht ein pragmatischeres und weniger puristisches Vorgehen als die GTM nach Glaser, erlaubt Theoriebezüge als „sensibilisierende Konzepte" und gesteht dem Forscher erworbenes und einsetzbares Vorwissen zu (Mey und Mruck 2007: 32). Ziel der GTM ist, durch einen zirkulären Forschungsprozess, bei dem sich induktiv-hypothesengenerierende mit deduktiv-verifizierenden Phasen abwechseln, eine in den Daten begründete (grounded) Theorie (GT) zu erarbeiten. Die Schritte dahin umfassen theoretische Stichprobennahme (4.3), Datenerhebung (4.2 und 4.3) und Datenauswertung (4.4).

4.2 Die Ambulatorische Wanderforschung

Eine Maxime der qualitativen Sozialforschung ist, die Datenerhebung nicht als wissenschaftliches Experiment zu gestalten, sondern sich Untersuchungs-"Subjekten" in ihrem „alltäglichen Milieu" (Lamnek 1995: 68) zu nähern. Sind die gesuchten Personen nun aktive – sprich täglich weiterlaufende – Pilger oder Fernwanderer, wird es für eine Kontaktaufnahme notwendig, eine angepasste Form der Datenerhebung zu kreieren. So entstand die Methode der Ambulatorischen Wanderforschung.

Das lateinische Verb ambulare bedeutet reisen, hin- und hergehen, wandern. Die Ambulatorische Wanderforschung beinhaltet, sich den in den Fokus genommenen Wanderern nicht nur zu nähern, sondern sie auf ihrem Weg zu begleiten. Dazu ist zwingend erforderlich, dass auch der oder die ForscherIn wandernd unterwegs ist, im konkreten Fall auf den untersuchten Pilger- und Fernwanderwegen. Mit dieser wandernden Erforschung von „Land und Leuten" steht die Ambulatorische Wanderforschung in Verbindung zu früheren Wissenschaftswanderern wie Wilhelm Heinrich Riehl (1903 (1869), Gottlieb Schnapper-Arndt (1975) oder, populärwissenschaftlich, z.B. Landolf Scherzer (2005). Die aktive Teilnahme am Wanderalltag ergibt mehrere Vorteile für die Datenerhebung: eine problemlose Kontaktaufnahme mit potentiellen InterviewpartnerInnen, da die Wanderforscherin nicht als Fremdkörper, sondern als Teil des Feldes wahrgenommen wird (verbindender „Stall-"geruch); eine durch die Teilnahme mögliche Selbstbeobachtung und -reflexion, die das Tiefenverständnis der erhobenen Daten und die Sensibilität gegenüber bedeutsamen Facetten des Phänomens erhöhen; die teilnehmende Beobachtung des Feldes (inklusive Aufzeichnung im Forschungstagebuch) als zusätzliche Datenquelle. Mit diesem Vorgehen werden grundlegende Forderungen an qualitatives Forschen wie die Sammlung von vielen und tiefen Informationen zu wenigen Fällen, die Nutzung mehrerer Methoden und ein ganzheitliches Vorgehen erfüllt (Lamnek 1995: 8) und an die konkreten Rahmenbedingungen angepasst.

Die Erwartungen an die Ambulatorischen Wanderforschung haben sich bei der Durchführung erfüllt: sie ist eine dem Feld gut angepasste Methode, um Daten zu erheben. Anzumerken sind jedoch zwei Voraussetzungen, die den Erfolg maßgeblich bestimmen: Zum einen ist die Methode nur auf Wegen einsetzbar, die ausreichend frequentiert werden, um „laufend" überhaupt potentielle InterviewpartnerInnen zu treffen; zum anderen hat sich die Zeit nach dem Abendessen für Interviews als günstig erwiesen, da auch reine Wandertage ihre eigenen Rhythmen und Zeitengpässe haben. Diese Interviewzeit setzt voraus, dass die selben Unterkünfte aufgesucht werden und im besten Fall keine Separierung im Schlafraum oder am Esstisch herrscht. Günstige Voraussetzungen dafür bieten Hütten in den Alpen oder spezielle Wanderunterkünfte wie die „Gîtes d'étape" in Frankreich; herausfordernder ist die Interviewanbahnung und -durchführung bei kleinstrukturierten Unterkunftsformen wie z.B. „Bed and Breakfast" im ländlichen England.

4.3 Empirie

4.3.1 Wegewahl

Die Auswahl der Untersuchungswege folgt, wie die Auswahl der Interviewpartner (siehe 4.3.2), den Leitlinien des „theoretical sampling" (Strauss und Corbin 1990: 176f) der GTM. Ziel dabei ist, durch eine theoretisch begründete Stichproben-nahme (von Personen, Orten oder Ereignissen) Daten so lange zu sammeln, bis die zur Erklärung des untersuchten Phänomens notwendigen Konzepte deutlich werden und eine Fortsetzung der Erhebung zu Wiederholungen statt Ergänzungen führen würde. Der Umfang der Datensammlung kann im Vorfeld nicht benannt werden, sondern ergibt sich aus der „theoretischen Sättigung" der einzelnen Kategorien und abschließend der gesamten Theorie. Erst wenn dieser Zustand erreicht ist, kann die Studie abgeschlossen werden.

Das Vorgehen bei der theoretischen Stichprobennahme wandelt sich im Verlauf der Durchführung. Den Anfang bildet eine eher zufällige Wahl, um einen Einstieg in die Thematik zu erlangen. Nach der Analyse der ersten gesammelten Daten erfolgt die weitere Auswahl von Orten (und Personen) vermehrt theoriegeleitet (Strauss und Corbin 1990: 193). Entstehende Konzepte werden überprüft, indem man sie mit ähnlichen, teilweise modifizierten und möglichst stark kontrastierenden Beispielen untermauert, abgrenzt oder widerlegt, bis die Sättigung erreicht ist.

Mit der Empirie wurde auf der Via Alpina im Bereich des Karnischen Höhenwegs in Österreich begonnen (mehr zu den einzelnen Untersuchungswegen unter 4.5). Nach einer ersten Analyse der dort gewonnenen Interviews wurde ein Weg ausgewählt, der sowohl vom Wegcharakter als auch bezüglich der dort erwarteten Geher Gegensätzliches versprach: der Jakobsweg. Zur Auswahl kam ein Teilstück in Frankreich, auf dem zahlreiche Interviews mit sehr unterschiedlichen Läufern geführt werden konnten. Die tiefergehende Analyse aller Interviews legte eine weitere notwendige Kontrastierung nahe und führte zur Wahl des „Coast to Coast" in England. Die auf diesem dritten Weg gewonnenen Aussagen führten zu einer Untermauerung bisher fragmentarischer Konzepte und Klärung vormals undeutlicher Verbindungen. Dies führte zu der Überzeugung, eine ausreichende theoretische Sättigung erreicht zu haben und die Untersuchung beenden zu können.

Unterschiedliche Kennzeichen der Wege bzw. der sie verstärkt frequentierenden Wanderer, die in die Wegeauswahl einflossen, waren folgende:

- Wegausdehnung: national / international
- Wegentstehung: geschichtlich gewachsen / konstruiert
- Ausrichtung: spirituell-religiös / säkular
- Läufer:
  - erfahren / unerfahren
  - Genuss- / Leistungsorientierung
- Gelände: alpin / Mittelgebirge

Die unter 4.2 genannten Einschränkungen der Ambulatorischen Wanderforschung, wie die ausreichende Frequentierung des Weges und die Notwendigkeit „interviewstrategisch" günstiger Übernachtungsformen, führten dazu, dass die Begehung von zwei weiteren Wegen nur Hintergrundinformationen geliefert hat. Dabei handelt es sich um den Pilgerweg Loccum-Volkenroda und den Ökumenischen Pilgerweg von Görlitz nach Vacha (vgl. Kap. 4.5.4). Auf beiden konnten keine Kontakte zu potentiell zu interviewenden Pilgern hergestellt werden.

4.3.2 Interviews und Fragebogen

Die zentrale Methode der Datenerhebung war das qualitative Interview. Neben grundlegenden Kennzeichen wie Befragung im alltäglichen Milieu oder der Nicht-Standardisierung der Fragen war wichtig, dass die Interviewform an die Gegebenheiten des Wanderalltags angepasst war. Längeres Wandern kreiert eigene Regeln bezüglich des Zeitmanagements. Wenn auch den ganzen Tag über „nur" gelaufen wird und nur die grundlegenden Bedürfnisse erfüllt werden (müssen), so füllen diese Betätigungen doch den ganzen Tag und lassen den oder die WanderIn abends rechtschaffen müde sein. Zudem fordern Wetter, Etappenlänge oder Topographie eine eigene Art an Disziplin, so dass sowohl gefühlte als auch tatsächliche Muße begrenzt sind.

Die Wahl der Interviewtechnik fiel auf eine den Umständen der Ambulatorischen Wanderforschung angepasste Kombination aus narrativem Interview nach Schütze (Lamnek 1995: 70f) und problemzentriertem Interview nach Witzel (Lamnek 1995: 74f), das im Folgenden narrativ-zentriertes Leitthemeninterview genannt wird. Vom narrativen Interview wurde die Dominanz von Narrationen und der weiche Interviewstil übernommen, vom problemzentrierten Interview die „Legitimität" vorhergehenden Literaturstudiums und die bewusste Einschränkung auf kontextrelevante Bereiche vergangenen und aktuellen Erlebens. Durch diese Kombination war es möglich, in relativ kurzer Zeit (max. 30 Minuten pro Person) Erzählungen zu im Vorhinein festgelegten Themenkomplexen anzuregen (siehe Anhang), womit sowohl den praktischen Anforderungen unterwegs als auch der erzählerischen Tiefe Genüge getan wurde. Letzteres gelang insbesondere dadurch, dass die mit der Interviewerin geteilte Pilger- oder Wanderidentität dazu führte, dass die oft zähe Anlaufphase qualitativer Interviews gar nicht auftrat, sondern die Interviews mit dem ersten Anstoß in einer oft beeindruckenden Tiefe und Offenheit verliefen.

Eine besondere Herausforderung war, mögliche Orte zur Interviewdurchführung zu identifizieren. Gängige Plätze wie bei einem Interviewten daheim oder am Arbeitsplatz entfielen, da sowohl Interviewte wie Interviewerin Tag für Tag weiterliefen, jeden Abend neue Unterkunftsmöglichkeiten aufgetan, neue Schlafplätze bezogen und neue Möglichkeiten zur Nahrungsbeschaffung gefunden werden mussten. Entsprechend flexibel durchführbar musste das Interview sein. Die räumliche Flexibilität wurde einerseits durch eine sehr kleines, rucksacktaugliches digitales Diktiergerät erreicht, andererseits durch wechselnde Strategien, auch im halböffentlichen Raum eine vertrauensvolle Interviewatmosphäre herzustellen. Dies gelang beispielsweise durch die Nutzung unterschiedlicher Sprach(in)kompetenzen, so dass ein Interview auf französisch auch im Schlafsaal geführt werden konnte, wenn die weiteren Anwesenden nicht französisch sprechende Österreicher waren, oder auf deutsch im Essraum, wenn weitere Pilger nur französisch oder englisch sprachen. Eine andere Taktik war, inmitten lärmender Gaststuben oder Pubs zu interviewen, da die gesprochenen Worte nur bis zum Ohr bzw. Mikrophon durchdrangen – aber nicht bis zum Nachbartisch. Diesen wechselnden Umständen Rechnung tragend wurde auch davon abgesehen, ausschließlich Interviews mit Einzelpersonen zu führen. War das Setting günstig, erfolgte ein Interview mit z.B. zwei Wanderpartnern, nachdem sich in einem ersten Test gezeigt hatte, dass deren Erzähl- und Reflexionsfreudigkeit durch gemeinsames Erzählen eher stimuliert denn gebremst wird.

Die Auswahl der InterviewpartnerInnen folgte wie unter 4.3.1 beschrieben den Kriterien des „theoretical sampling". Erfolgten die ersten Interviews mit zufällig angesprochenen Personen, so stellte sich im weiteren Verlauf heraus, welche Person bzw. welches „Merkmal" gezielt mit einbezogen werden sollten (z.B. Alter, Geschlecht, Nationalität, allein oder zu zweit unterwegs, Länge der Tour, Wandererfahrung). Dieses Vorgehen intensivierte sich sowohl von einem Interviewblock zum nächsten als auch während der einzelnen Touren. Die Kontaktaufnahme verlief in der Regel so, dass auf ein erstes zwangloses Kennenlernen beim Laufen (Gruß, Frage nach dem Weiterweg, kurzes Gespräch übers Wetter,...) oder an einem Übernachtungsplatz die Anfrage für ein Interview folgte. Dies konnte wenige Stunden – oder auch erst Tage – später geschehen. Die Bereitschaft, sich interviewen zu lassen, war sehr hoch, was vermutlich auf die bereits angesprochene gemeinsame Wanderidentität zurückzuführen ist: Nur in zwei von 40 Fällen wurde ein Interview abgelehnt.

Ergänzend zu den narrativ-zentrierten Leitthemeninterviews wurde mit den Befragten ein Kurzfragebogen ausgefüllt (siehe Anhang). Damit wurden Daten zu Biographie und Tourengestaltung erhoben, deren gezielte Abfrage das Interview gestört hätte, ihre Kenntnis jedoch zur Einordnung der Gespräche und identifizierter Konzepte dienlich ist.

4.3.3 Teilnehmende Beobachtung

In Ergänzung zu Interviews und Fragebögen wurde die teilnehmende Beobachtung als dritte Erhebungsmethode eingesetzt. Ursprünglich im Kontext der Anthropologie, genauer der Ethnographie entstanden, wird die Teilnehmende Beobachtung zunehmend als ein Element im Methodenset qualitativer Forschung genutzt. Die Forschungsfrage führt dabei zu einer unterschiedlich starken Einbindung des Forschers als Teilnehmer respektive Beobachter. Die Möglichkeiten beinhalten nach Spradley (1980: 58f) Nicht-Teilnahme, passive Teilnahme, moderate Teilnahme bis hin zur kompletten Teilnahme; Gold (1958 zit in: Kawulich 2005: [21]) unterscheidet den kompletten Beobachter vom Beobachter als Teilnehmer, dem Teilnehmer als Beobachter und dem kompletten Teilnehmer.

In einem nach außen hin offenen und sich täglich wandelnden „Feld" wie dem der laufenden Wanderer auf gegebenen Wegen durch besiedelte Regionen besetzt die Ambulatorische Wanderforscherin zwei Rollen: zum einen die komplette Teilnahme mit allen Freuden und Strapazen des langen Fußreisens, die durch intensive Selbstbeobachtung als Teilnehmerin ergänzt wird, zum anderen die Rolle der Teilnehmenden als Beobachterin, die den Grund der Reise nicht verbirgt, Gespräche festhält und gezielt Dinge beobachtet.

Das umfangreiche Forschungstagebuch setzt sich entsprechend aus folgenden Inhalten zusammensetzen:

• Beobachtung des Feldes, informelle Interviews
• Selbstbeobachtung während der Teilnahme
• Strukturierte Beobachtungen zu den Kriterien Wegart, Markierung, Reaktionen auf Wanderer, Wegnutzung, Übernachtungsmöglichkeiten, Möblierung, Identität der Wandernden, Bekanntheit bei Lokalbevölkerung, Symbole
• Theoretische Überlegungen zur Forschungsfrage / erste Hypothesen
• Beschreibung von Problemen, die sich aus der Verbindung von Wandern und Forschen ergeben
• Persönliche Tagebucheinträge

Auf die weitere Nutzung des Forschungstagebuchs wird unter Punkt 4.4 eingegangen.

4.3.4 Durchführung und Sample

Die Datenerhebung fand zwischen August 2005 und August 2006 statt. In drei Wanderphasen (jeweils zwischen 2 und 3 Wochen) wurden auf den drei sukzessive ausgewählten Untersuchungswegen Via Alpina / Karnischer Höhenweg, Jakobsweg und Coast to Coast (siehe 4.5) Daten erhoben. Die Wanderforscherin lief dabei tägliche Etappen von ca. 15 bis 30 km, trug im Rucksack das benötigte Gepäck (ca. 11 - 13 kg) inklusive Forschungsutensilien zur Schrift-, Bild- und Tondokumentation, machte Beobachtungen, Aufzeichnungen und Interviews.

Insgesamt wurden 38 Personen aus 9 Nationen[38] interviewt, 24 davon auf deutsch, je sieben auf französisch bzw. englisch. Die Verteilung der Interviewten auf die Wege sieht wie folgt aus: Via Alpina 17, Jakobsweg 14 und Coast to Coast 7. Die Altersspanne der Interviewten umfasst 22 bis 74 Jahre, mit einem Mittelwert von 45,8 Jahren.[39] Die Geschlechterverteilung ist mit 19 Männern zu 19 Frauen ausgeglichen. 27 der Befragten waren zu zweit unterwegs (PartnerIn, guteR FreundIn), 10 alleine und eine im kleinfamiliären Rahmen. 28 der Befragten haben ihre Tour selbstständig geplant und durchgeführt und sechs haben einen individuell organisierten Gepäcktransport in Anspruch genommen. Vier Befragte haben für Organisation und Gepäcktransport auf die Dienste professioneller Wanderreiseanbieter zurückgegriffen. Die geplante Laufzeit variierte zwischen fünf Tagen und ca. drei Monaten. Bezüglich des Transportmittels zum Startpunkt dominiert das Auto vorn (17), gefolgt vom Zug (12) und der Kombination Flug plus Zug (7). Eine Person war die gesamte bisherige Strecke zu Fuß gelaufen – und plante für die Rückkehr eine Zugfahrt ein (ein Überblick des Samples befindet sich im Anhang).

Hinsichtlich des Ausbildungs- bzw. Berufsspektrums ist eine Häufung im pädagogischen Bereich (8) und von heilenden / helfenden Tätigkeiten (6) festzustellen. Des weiteren war eine breite Streuung der Berufe der Interviewten zu verzeichnen – von

---

38 Die Interviewten stammten aus folgenden Ländern: Deutschland (16), Österreich (7), England (5), Frankreich (4), Kanada / Quebec (2), Irland (1), Norwegen (1), Schweden (1) und Schweiz (1).

39 Die Verteilung nach Wegen ist wie folgt: Via Alpina: 40,6 Jahre, Jakobsweg: 53,4 Jahre, Coast to Coast: 43,1 Jahre. Erinnert sei jedoch daran, dass mit der Auswahl der Interviewten kein repräsentatives Sample erstellt werden sollte, sondern eine Gesamtschau zu unterschiedlichen Motiven, Wanderlebensläufen, u.v.m.

der Mechanikerin über die Bankangestellte zum Beamten, Studenten und Steuerbera-
ter bis zum Privatier.

4.4 Aufbereitung und Auswertung

Die Aufnahmen der Interviews wurden vollständig transkribiert. Von einer auf bestimmte Episoden begrenzten Transkription wurde abgesehen, da zu einem frü-hen
Zeitpunkt der Textauslegung hätte entschieden werden müssen, welches Material zur
Weiterverwendung genutzt wird – und welches nicht. Solch ein Vorgehen schien der
Offenheit des Untersuchungsansatzes nicht zu entsprechen. Bei der Trankskription
der deutschen Interviews wurden mundartliche Ausdrücke belassen (mir händ a Mur-
meltierle gsäe), bei französischen und englischen Texten wurde die Wiedergabe in
der Hochsprache präferiert. Füllwörter (äh, hmm,...) wurden übernommen, ebenso
Wortwiederholungen (und und ich äh also ich bin...) und Wortabbrüche (die er äh
meine erste Tour...). Grammatikfehler wurden nicht verbessert. Sprechpausen wurden
gekennzeichnet, des Weiteren Stellen markiert, bei denen gelacht und besonders laut
oder leise gesprochen wurde. Die Transkription erfolgte mit Hilfe des Programms „f4",
das es ermöglicht, digital aufgezeichnete Gespräche gleichzeitig wiederzugeben und als
Text zu verschriftlichen. Zur Steuerung der Wiedergabe („stopp", „zurück", „weiter")
wird die Tastatur oder ein spezieller Fußschalter eingesetzt.

Die Auswertung der Interviews folgte den Prinzipien der Inhaltsanalyse gemäß der
Grounded Theory Methodology. Diese geschieht wiederum „zirkulär" (siehe Kap.
4.1): Erhebung und Analyse wechseln sich ständig ab und beeinflussen den kommenden Arbeitsschritt. Grundschema bei der Analyse ist, einzelnen Datensegmenten (hier:
Wörtern, Satzteilen bis hin zu Absätzen) Kodes zuzuweisen, wodurch die Datenseg-
mente zu Indikatoren für dahinter verborgene Konzepte werden. Schritt für Schritt
– sprich durch weiteres Kodieren, Verdichten und Verknüpfen – können theoretisch
relevante Konzepte identifiziert werden, die durch weitere Kodierarbeit zu Kategorien in ihrer unterschiedlichen Dimensionalisierung aufsteigen können. Ziel dabei ist,
eine Kernkategorie aufzudecken, die in beschreibbaren Beziehungen zu allen anderen
herausgearbeiteten Kategorien steht. Das Gerüst für diese Arbeitsschritte liefert das
Kodierparadigma, mit dessen Hilfe Aussagen dahingehend eingeordnet werden, ob sie
Kontext, Bedingung, Strategie / Handlung oder Konsequenz einer Kategorie oder der
Kernkategorie selbst darstellen. Das letztendlich entstehende relationale Gefüge ist die
in den Daten begründete und aus ihnen entsprungene Theorie – die Grounded Theory
(Mey und Mruck 2007: 25).

Vorteil der Analyse gemäß der GTM in ihrer Modifizierung nach Strauss und Corbin (Strauss und Corbin 1990) ist die Verbindung von klaren Analyseschritten einerseits und größtmöglicher Offenheit andererseits im Umgang mit den eigenen Daten. So erfolgt das Kodieren als ein zwar verschachtelter, dennoch vom Vorgehen her klar definierter Prozess mit drei Kodierformen. Diese sind das offene Kodieren zum Aufbrechen des Materials (Fragen: was, wann, wozu, wer, warum,...), das axiale Kodieren zur Untersuchung empirischer Zusammenhänge und das selektive Kodieren zur Ausarbeitung und Validierung der vorhergehenden Kodierschritte (Mey und Mruck 2007: 29). Um die Frage zu beantworten, wann der Prozess der Datensammlung und folgenden Analyse beendet werden kann, weil die theoretische Sättigung erreicht ist, ist es wichtig, „Vertrauen in die Daten bzw. in die emergierende Theorie zu haben." (Truschkat, Kaiser et al. 2005 [43]) Daraus folgt, dass nach der Identifizierung der Kernkategorie auch nur noch diese Richtung weiter gesammelt wird / werden muss, um letzten Endes eine vollständige Sättigung zu erreichen.

4.5   Vorstellung der Untersuchungswege

4.5.1 Via Alpina / Karnischer Höhenweg (Österreich)

Als erster Untersuchungsweg wurde die Via Alpina im Bereich des Karnischen Höhenweges in Österreich ausgewählt. Die Via Alpina ist ein internationaler Weitwanderweg, der über ca. 5000 km auf 5 Teilstrecken und 341 Tagesetappen die acht Alpenstaaten Monaco, Italien, Frankreich, die Schweiz, Liechtenstein, Österreich, Deutschland und Slowenien verbindet. Seine Erschaffung wurde 1999 durch die „Grande Traversée des Alpes" (GTA), einem französischen Bergtourismusverein, angeregt. Im Folgenden wurden Nachfrage und Umsetzbarkeit in allen acht Ländern untersucht und schließlich eine handlungsfähige Organisation aufgebaut, die die GTA koordiniert. Die Finanzierung der Wegplanung und Unterhaltung speist sich aus staatlichen und privaten Töpfen und wird durch Mittel aus dem Interreg IIIb Programm[40] der EU ergänzt. Auf politischer Ebene wird die Via Alpina als Beitrag zur Umsetzung der 1991 unterzeichneten Alpenkonvention offiziell anerkannt. Seit 2003 sind die Wege als Via Alpina begehbar (Via Alpina 2003: 6).

---

40 Mittel aus dem Interreg IIIb Programm werden vergeben, um Vorhaben zur transnationalen Zusammenarbeit zu fördern, die Integration innerhalb der Union zu unterstützen, sowie eine nachhaltige und ausgewogene Entwicklung Europas anzuregen.

Wenn auch das Wegprojekt als Gesamtheit konstruiert ist, so wurden dafür keine neu-
en Wege gebaut, sondern existierende, bekannte und markierte Wanderwege genutzt
und durch eine Zusatzmarkierung als Via Alpina ausgewiesen.

Abbildung 1:   Die Wege der Via Alpina

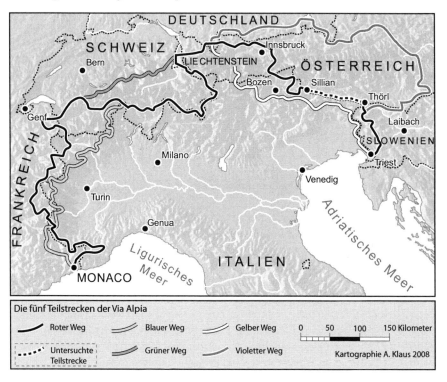

Ziel des Weges ist es, zugleich symbolisches Verbindungselement und praktisches Entwicklungswerkzeug (Via Alpina 2003: 3) für die durchquerten Regionen zu sein. Um
dem gerecht zu werden, wurden die „Philosophie des Weges" und der „Geist der Via
Alpina" (Via Alpina 2004: 5f) festgeschrieben und darauf geachtet, diese durch die
gewählte Streckenführung umzusetzen. Konkret bedeutet das:

- Stärkung des internationalen Erlebens, z.B. sind 60 Grenzüberschreitungen möglich und alle fünf Wege grenzüberschreitend angelegt,
- Wegführung mit Betonung der alpinen Identität, die Natur- wie Kulturstätten
  integriert,

- Öffnung für „alle" Wanderer, indem technisch schwierige Strecken vermieden werden,
- Förderung lokaler Entwicklung, indem durchquerte Regionen, Kantone und Gemeinden zusammengebracht werden,
- Optimierung der Angebotsqualität und
- vor Ort erweiterte Möglichkeiten für Bergführer, Begleiter, Hütten- und Gasthausbetreiber.

Bei der Wegprojektion wurde bewusst vermieden, neue Wege oder umweltbelastende Infrastruktur zu schaffen. Nachdrücklich sollten die Gegebenheiten in den 9 durchquerten Nationalparks, 17 Naturparks und 22 Naturschutzgebieten respektiert werden. Besonders profilieren möchte sich die Via Alpina durch maßgeschneiderte Dienstleistungen und Qualitätsstandards hinsichtlich Unterkunft, Verpflegung, regionalen Angeboten, Marketing und Projektmanagement. Damit soll auch die Zielgruppe erweitert werden. Nicht nur sportlich-erfahrene Wanderer sind im Blick der Wegentwickler, sondern auch Familien, Senioren und alle Wanderer, die Lust auf Entdeckungen im internationalen Alpenraum haben.

Untersucht wurde ein Teilbereich der Via Alpina, konkret die Strecke von Thörl-Maglern bis Sillian auf dem Roten Weg (10 Tagesetappen). Dieses gut 150 km lange Stück an der Grenze von Österreich zu Italien hat eine sehr lange und bewegte Geschichte. Dies zeigt sich unter anderem daran, dass die Strecke nicht nur als Karnischer Höhenweg, sondern auch Friedensweg Nr. 403, Österreichischer Weitwanderweg 03 und Südalpenweg bekannt ist. Die Erschließung der Karnischen Alpen begann anfangs im Geheimen durch Wilderer, später folgten Jäger und seit Mitte des 18. Jahrhundert Schmuggler, denen wiederum Zöllner folgten, die mit dem Einsetzen des Bergtourismus auch als Führer fungierten. Der Erste Weltkrieg beendete diese Entwicklung, und der Karnische Hauptkamm wurde zur Kriegsfront (Schaumann o.J. a). Im Mai 1915 erklärte das Königreich Italien Österreich-Ungarn den Krieg, woraufhin zum ersten Mal in der Geschichte die Hochregion der Alpen zum Kriegsschauplatz wurde. Logistische Notwendigkeiten erforderten den Ausbau eines gewaltigen Wegenetzes, das vom Ortler bis zur Adria die Verbindung der Talendpunkte mit den Höhenstellungen sicherstellte (Schaumann o.J. b). Steiganlagen, Schützengräben und zu Bunkern ausgeweitete Felskavernen entstanden in unzugänglichen Regionen zwischen 2000 und 2700 Metern Höhe, zu denen Munition, Waffen und das Nötigste zum Überleben transportiert werden musste. Bis 1918 fanden Kampfhandlungen an der Karnischen Front vom Hornischek bis zum Nassfeld statt.[41]

---

41 Um sich die aus heutiger Sicht kaum vorstellbare Kriegsfront inmitten der Berge ein wenig vorstellen zu können, folgen zwei Passagen aus einem Kriegstagebuch, dessen Schreiber 1916 in den Karnischen

Die extremen Bedingungen, unter denen nicht nur überlebt, sondern auch gekämpft werden musste, lassen sich höchstens im Ansatz anhand immer noch sichtbarer Spuren erahnen. Und dies auch nur, weil im weiteren Verlauf der Geschichte aus den Frontsteigen von einst ein Höhenweg, aus den Kriegsbaracken Hütten für Bergsteiger wurden (Schaumann o.J. c). Bereits 1921 wurden verfallene Baracken zu einfachen Unterkünften umgebaut und aus den alten Frontwegen ein zusammenhängender Höhenweg.[42] Wenn auch im zweiten Weltkrieg die Karnischen Alpen nicht erneut zum Kriegsschauplatz wurden, so führten Partisanentätigkeit und eine wirtschaftlich sehr angespannte Lage dazu, dass große Teile der Wege- und vor allem Unterkunftsinfrastruktur aus der Zwischenkriegszeit schwer beschädigt oder zerstört wurde (Schaumann o.J. c). Für viele der einfachen Alpenvereinshütten war eine Wiederherstellung nicht mehr möglich, was auch dazu führte, dass der nun stützpunktlose Höhenweg zunehmend verfiel. Erst 1970 wurde über eine Wiederinstandsetzung des Karnischen Höhenwegs ernsthaft nachgedacht. Ihren Ausgangspunkt fand die Idee bei Walther Schaumann, der als Bergsteiger, Obmann der Dolomitenfreunde sowie ehemaliger Soldat und Alpinreferent seit langem mit den Karnischen Alpen verbunden war. Die Idee fand zunehmend Anhänger und Fürsprecher, so dass die Wegeanlagen gesichtet und gesichert, Hütten erneuert und neu gebaut wurden und der Karnische Höhenweg 1976 offiziell eingeweiht werden konnte (Schaumann o.J. c). Die Beliebtheit des Weges hat dazu geführt, dass die maßgeblichen Stützpunkte in den vergangen Jahren vergrößert werden mussten bzw. noch müssen (Macher 2005: 4), um die Bergwanderer in den Sommermonaten aufnehmen zu können.

Betrachtet man die Umstände der Wegentstehung, die nicht zu trennen ist von Erstem Weltkrieg und militärischem (Irr-)glauben, so ist die Wandlung zum Friedensweg für Bergliebhaber sehr zu begrüßen. Die heutige Beliebtheit des Weges gründet jedoch auf eigenen Kriterien. Unvergleichliche Ausblicke, Abwechslungsreichtum, beschauliche Hütten, zahlreiche Zu- und Abstiegsmöglichkeiten, relativ sicheres Wetter, Naturschönheiten, geologische Besonderheiten oder die einwöchige Wandermöglichkeit ohne Talabstieg werden von Wanderern wie Touristikern gepriesen. Die Geschichte der Wegentstehung gerät dabei leicht aus dem Blick.

Alpen im Bereich des Polinik (Nähe Plöckenpass) eingesetzt war. 28. Januar: „Jetzt gibt es wieder schwere Arbeit. Eine Geschützstellung muss gebaut werden. Wir müssen erst den Schnee wegschaufeln, die Erde ist steinhart gefroren, weshalb die Arbeit sehr langsam vor sich geht. Am Abend heftiger Artilleriekampf, an dem wir jedoch mit unseren Geschützen unbeteiligt sind." 24. Februar: „Wir sind gänzlich abgeschlossen. Selbst die Telephondrähte sind mit Ausnahme der Brigadeleitung sämtlich zerrissen. Bis zum Abend sind die Hütten notdürftig freigelegt, doch wieder geht eine Lawine die steile Felswand hinunter und verschüttet wiederum alles." (Mörwald 1916: 20f)

42 Pioniere von damals sind auch heute noch in Hüttennamen am Karnischen Höhenweg lebendig, z.B. durch die Eduard-Pichl-Hütte / Wolayersee-Hütte oder die Dr.-Steinwender Hütte.

4.5.2 Jakobsweg (Frankreich)

Andere historische Wurzeln weist der Jakobsweg auf. Die Hintergründe des Pilgerns allgemein wurden bereits im Kapitel 3.1.2 „Pilgern seit dem Mittelalter" beschrieben, so dass an dieser Stelle nur auf die konkrete Wegentstehung eingegangen wird. Pilgert man heute auf einem beliebigen Stück Jakobsweg in Europa, ist man zumeist darauf bedacht, auf dem „richtigen", „authentischen", „historischen" Jakobsweg zu laufen. Diesen einen und ausschließlichen Jakobsweg gab es allerdings nicht einmal im Mittelalter. Erinnert sei daran, dass einerseits damalige Pilger die Reise zwangsläufig an ihrer Haustür beginnen mussten – also jeder Weg ein „Jakobsweg" werden konnte, und sich andererseits günstige Routen herumsprachen oder auch ab dem 12. Jahrhundert schriftlich niedergelegt wurden. „Günstig" war für den mittelalterlichen Reisenden allerdings etwas anderes als heute, zumal bei früheren Reisen auch nicht nur der direkte Weg zum Ziel gesucht wurde. Unterstützt wurde dies durch die Art der mittelalterlichen Straße, die – im Gegensatz zur römischen – von schlechter Qualität war und auch nicht unbedingt die kürzeste Verbindung zwischen zwei Orten darstellte, sondern ergänzende gesellschaftliche Funktionen erfüllte (Soulage und Le Goff 2003: 14). Ein „Umweg" oder eine Wegumlegung über ein Pilgerziel wurde dementsprechend nicht als Störung angesehen, sondern als Bereicherung durch Integration einer weiteren heiligen Stätte. Zudem haben gerade diese Umlegungen wirtschaftliches Überleben im Umfeld der Heiligtümer gefördert.

Im 20. Jahrhundert sind aus den „Wegen" häufig große Verkehrsadern geworden, die dem Fußläufer wenig dienlich sind, oder der Verlauf der ursprünglichen Wege ist nicht mehr bekannt (Ökumenischer Pilgerweg 2004: 8). Anhand des zweiten Untersuchungsweges, einem Teilstück des Jakobswegs, soll die Entwicklung bis zu seiner Wiedereinführung konkretisiert werden. Dabei handelt es sich um die Via Podiensis, die auf ca. 200km von Le Puy nach Conques in Zentralfrankreich (10 Tagesetappen)[43] begangen wurde. Es ist eine der klassischen Routen, der Pilger aus „Burgund" und „Deutsche" seit dem Mittelalter folgten (La Coste 1993: 238).

---

43 Eine Datensammlung auf „dem Jakobsweg", wie umgangssprachlich die letzte, ca. 800 km lange Strecke durch Spanien genannt wird, wurde aus forschungspragmatischen Gründen nicht angestrebt.

Abbildung 2:   Die Jakobswege in Frankreich und der Camino Francés in Spanien

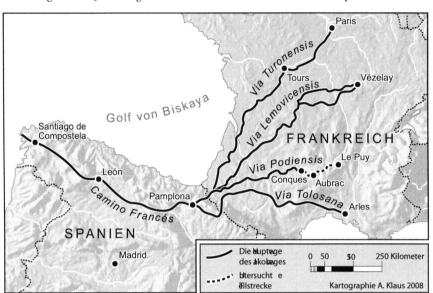

Heute gilt die Via Podiensis ab Le Puy als Standardstrecke durch Frankreich – als die Schönste, Älteste und Abwechslungsreichste. Um so erstaunlicher ist es, dass auch sie gerade erst vor 35 Jahren als Wanderweg ausgeschildert und beschrieben wurde (CNSGR 1975: 8). Einige Engagierte aus dem französischen Wanderverband (Comité National des Sentiers de Grande Randonnée) hatten sich des Weges erinnert und begannen, ihn Stück für Stück zu rekonstruieren, Spuren der mittelalterlichen Pilger ausfindig zu machen und eine für heutige Wanderer interessante Strecke zu kreieren (CNSGR 1975: 6). Von Pilgern sprach damals niemand,[44] Wanderer mit einem Faible für historische Bezüge sollten mit dem Weg angesprochen werden.[45] 1972 erschien die erste Auflage des Wanderführers, in dem der Wanderweg auf alten Pilgerspuren als erster seiner Art in Frankreich bezeichnet wurde. Noch weit entfernt war die Vision,

---

44 Wanderern jedoch, die einen Bezug zu Santiago herstellen wollten, wurde der Hinweis gegeben, dass sie sich bei Interesse an den Küster der Kathedrale von Le Puy wenden dürften (CNSGR 1975: 15).

45 Anzumerken ist hierbei, dass in Frankreich seit ca. 60 Jahren durch den Wanderverband FFRP, früher CNSGR, eine in Deutschland ungekannte Förderung von Fernwanderwegen besteht. Die „Grande Randonnées" sind Fernwanderwege, die mittlerweile auf 65.000 km praktisch ganz Frankreich erschließen (ffrandonnée 2008). Jeder Weg ist in einem speziellen Führer (Topo guide) beschrieben, der neben Kartenmaterial auch Informationen zu Übernachtung, Einkauf, Transport, medizinischer Versorgung,... bietet. Mit den „Gîtes d'étape" wurden spezielle Übernachtungsmöglichkeiten entlang der GRs kreiert, die den Streckenwanderern eine einfache Unterkunft samt Kochmöglichkeit bieten.

die Strecke, die zuerst nur von Le Puy bis Aubrac (140km) wiederbelebt wurde, bis zu den Pyrenäen fortzusetzen, wo ja die historischen Wege zusammentrafen... (CNSGR 1975: 8).

1986 ging der Führer in die vierte Auflage (FFRP-CNSGR 1986), die Verlängerung bis nach Saint-Jean Pied-de-Port an den Pyrenäen ist vollbracht. „Pilgern" ist aber nach wie vor nicht vorgesehen. Wandern auf alten Pilgerwegen, das durch mit Informationen zu historischen Kulturgütern bereichert wird, wird im Führer vermittelt.[46] Unterkunftsmöglichkeiten sind in bescheidenem Maß hinzugekommen, Einkaufsmöglichkeiten gibt es etwas weniger.

2005: Die komplette Neubearbeitung des Führers ist in die zweite Auflage gegangen (FFRP 2005), Pilgern ist „in". Wenn auch die Publikation der FFRP nach wie vor als Wanderführer auftritt, so hat sie mittlerweile Gesellschaft bekommen. Auf deutsch, französisch und englisch gibt es Pilgerführer, die den Schwerpunkt nicht (nur) auf Logistik und Wegführung legen, sondern Anleitung zum spirituellen Wandeln geben. „Man" ist nicht mehr Wanderer, sondern Pilger. Das Netz weltlicher wie christlicher Herbergen ist dichter geworden, Einkaufsmöglichkeiten sind hinzugekommen, vor allem durch eine Reminiszenz an die mittelalterliche Wegeentwicklung: Der Weg wurde umgelegt, um weitere Dörfer zu durchqueren – mit allen Konsequenzen, die das für die regional-rurale Wertschöpfung bietet (z.B. Saint Christophe sur Dolaison oder Sénergues) (FFRP-CNSGR 1986: 20/66, FFRP 2005: 34/94). Die „Entdeckung" des Jakobsgrabs im 8. Jahrhundert hatte maßgeblich die Geschicke von Städten am Weg, wie beispielsweise Conques, beeinflusst (Soulage und Le Goff 2003: 14). 13 Jahrhunderte später scheint sich dieser Vorgang im Kleinen zu wiederholen.

Eine letzte Entwicklung lässt sich hinsichtlich des Wegenetzes konstatieren. War Le Puy - Aubrac Anfang der achtziger Jahre des letzten Jahrhunderts ein Pionierweg, so folgte auf die Weiterführung bis zu den Pyrenäen auch eine Gangbarmachung der anderen drei großen Hauptrouten durch Frankreich. Die Route von Arles zum Somportpass wurde wieder erschlossen, der Weg aus Vézelay ist fertiggestellt, die Strecke von Paris über Tours ist teilweise begehbar bzw. in Arbeit; und die jeweiligen Verlän-

---

46 Aus eigener Anschauung kann dies die Autorin, die bereits 1990 von Le Puy nach Conques unterwegs war, bestätigen. Man wanderte auf einer landschaftlich ansprechenden Route mit historischen Wurzeln. Religiöse Motive oder transzendentes Erleben standen in keinerlei Verbindung zur Tour. Kirchen oder historische Relikte am Wegesrand machten die Wanderung abwechslungsreich – aber mehr nicht. Auch die Fremdwahrnehmung war eindeutig: Zwei Fernwanderer auf einem wenig begangenen Weg, die einen Schlafplatz und Nahrung brauchten und sich an Landschaft und Wanderleben erfreuten. Der moderne Pilger war noch nicht in Erscheinung getreten.

gerungen nach Italien, Belgien oder in die Schweiz existieren oder sind in Planung (FFRP 2005: 21).

Die große Beliebtheit der Via Podiensis und besonders des Teilstücks Le Puy - Conques wird mehreren Faktoren zugeschrieben. Der landschaftliche Abwechslungsreichtum ist beeindruckend und romanische Kirchen reihen sich dicht aneinander. Es ist ein spiritueller und historischer Weg nach Santiago, aber wer ihn derzeit begeht, erlebt nicht die Pilgermassen, die seit einigen Jahren auf dem Camino Francés in Spanien zu finden sind. Natur, Ruhe, eine beeindruckende Landschaft, gute Infrastruktur, die französische Küche und intensive Begegnungen sind Elemente, die religiöse wie weltliche Wanderer anziehen.

4.5.3 Coast to Coast Walk (Großbritannien)

Der dritte untersuchte Weg ist der Coast to Coast Walk in Großbritannien. Er durchquert den Norden Englands von einer Küste zur anderen – von St. Bees an der Irischen See bis Robin Hood's Bay an der Nordsee. Dabei durchläuft er auf rund 300 km (ca. 14 Tagesetappen) drei Nationalparks – den Lake District, den Yorkshire Dales und den North York Moors National Park. Zwei Elemente geben dem Coast to Coast Walk ein unverwechselbares Gesicht: die Person bzw. Persönlichkeit seines „Erfinders" Alfred Wainwright und das englische Wegerecht.

Abbildung 3:   Der Verlauf des Coast to Coast Walk

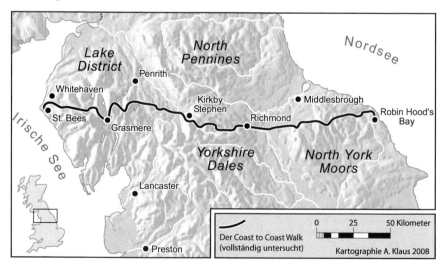

Wainwright, geboren 1907 am südlichen Rand des Lake Districts, hat sich in seinem „ersten" Leben vom Laufburschen zum städtischen Finanzdirektor hochgearbeitet und in seinem „zweiten" seine Leidenschaft für den Lake District ausgelebt, den er nicht nur systematisch erwanderte, sondern detaillierte Routenbeschreibungen erstellte und diese mit von Hand gezeichneten Bildern und Karten illustrierte. Die Karten enthalten sämtliche für den Fußläufer relevanten Informationen[47] und stellen die Topographie präzise dar (Wainwright 2003: 81ff). Im Jahr 1972 setzte Wainwright seine Idee um, einen Weg zu suchen und zu gehen, der unter Einhaltung der in England sehr differenzierten Wegenutzungsrechte[48] von der einen Küste zur anderen verläuft, im Optimalfall einer „beeline", also der Luftlinie, folgt und dennoch Städte und verkehrsreiche Straßen vermeidet. Das war der Ursprung des „Coast to Coast", der mittlerweile unter englischsprachigen Fernwanderern Kultstatus errungen hat.

Wainwright beschrieb seinen Gang von Küste zu Küste in bewährt akribischer, aber auch lapidar-sarkastischer, liebevoll-skeptischer Art, die Landschaft, Leute und auch Pubs bis heute treffend erfasst (Wainwright 2003). Wichtig war ihm dabei, potentiellen Nachahmern mit seinem Coast to Coast Walk keine fixe Strecke vorzuschreiben, sondern Läufern Informationen in die Hand zu geben, anhand derer sie ihre eigene Route entwerfen und begehen können. Die Verbindung von Wanderweg und Lebensweg, von Handlungsmustern im privaten und öffentlichen Leben standen ihm klar vor Augen. Er wollte dazu ermuntern, „not [to] be merely followers of other people's routes" (Wainwright 2003: iv), sondern sich, unter Achtung der Wegerechte, nicht nur sprichwörtlich „seinen eigenen Weg" zu suchen. Als Ziel für seine Tour quer durch das Land war ihm das Erreichen der Küste besonders wichtig, da sie ein unmissverständliches Zeichen sei, das Gewünschte erreicht zu haben: „The objective of this book is Robin Hood's Bay, on the Yorkshire coast: double satisfying, because it is not only an attractive place to finish a walk (...), but also very definitive: here land ends and sea begins. You can't walk on water, and Robin Hood's Bay is a definitive full stop, a terminus absolute." (Wainwright 2003: iv)

---

47 Seine Karten enthalten neben den üblichen Inhalten topographischer Karten auch Informationen über Mauern oder Zäune und deren Zustand, Angaben zur Qualität von Fußwegen und deren Sichtbarkeit bei z.B. Nebel, Markierungspunkte samt Steinmännchen und Tipps, wo Stiles (z.B. Mauerdurchlässe oder Holztreppchen) den Zugang zu einer Weide ermöglichen. Die große Bedeutung dieser Informationen wird einem Wanderer z.T. erst unterwegs bewusst.

48 Wanderkarten (z.B. Ordonance Survey) verdeutlichen das Wegerecht durch unterschiedliche Farbgebungen. Rot bedeutet Public footpath mit uneingeschränktem Wegerecht, bei lila verläuft der Coast to Coast auf Wegen mit zur Zeit erteilter Erlaubnis der Eigentümer, aber ohne allgemeinem Wegerecht (permissive path), und eine graue Farbgebung markiert kurze Passagen ohne Wegerecht.

Seine unkonventionelle Art, einen Wanderweg zu beschreiben, mag mit dazu beigetragen haben, dass rund um den Coast to Coast Walk einige Rituale entstanden sind, die erfüllen „muss", wer ein wahrer „Coaster" werden möchte. Sie gründen zumeist auf Kommentaren seiner Erstbeschreibung, wie beispielsweise das Eintauchen der Schuhe ins Meerwasser zu Beginn und Ende der Tour: „Proceed with decorum to the bottom of the hill, to the limit of the terra firma, where the tarmac ends at a shingly beach and the sea. Go forward and put your boot in the first salt water puddle. By this ritual you will have completed a walk from one side of England to the other." (Wainwright 2003: 161) Andere Rituale sind ein obligatorischer Besuch eines von ihm gelobten Fish & Chips-Imbisses in Richmond oder das Vermeiden (oder erst recht: Aufsuchen) eines Pubs in Danby Wiske, in dem er mit einer kleinen Packung Chips abgespeist wurde – und sich darüber im Führer beklagt.

Entsprechend der Wainwright'schen Philosophie des „Sich-selbst-den-Weg-Suchens" ist der Coast to Coast zwar beschrieben und in Karten verzeichnet – aber in natura nicht markiert. Die Wegsuche ist also Tag für Tag von den Wande-rern zu erbringen.[49] Diese Herausforderung wird nicht als Nachteil empfunden, sondern von immer mehr Wanderern gerne angenommen: Die Beliebtheit des Weges ist in den vergangen 35 Jahren ständig gestiegen.[50] Mit den Wanderern hat sich auch ein Netz an lokalen Kleinökonomien etabliert (Wainwright 2006), wobei besonders die Unterbringung von Wanderern Möglichkeiten für die rurale Wertschöpfung bietet. Das Bed and Breakfast-Angebot entlang der Route gedeiht, entweder als Zusatzverdienst eines Privathaushalts oder im Zuge der Multifunktionalisierung landwirtschaftlicher Betriebe. Gerade in sehr abgelegenen Gebieten ist die Beherbergung von Wanderern wichtig für die Betriebserhaltung geworden.[51] Neben B&B`s profitieren auch Pubs und Lebensmittelläden von den hungrigen Wanderern. Zusätzlich hat sich eine besondere Wanderdienstleitung am Weg etabliert: der „packhorse service", also Gepäcktransport. Mehrere lokale Unternehmen bieten den Dienst an, Wanderern ihr Gepäck von Etap-

---

49 Die oft einzige Markierung ist die Ausweisung eines Weges als „public footpath". Unter Umständen können solche Schilder an einem Pfosten in drei Richtungen weisen, ohne ein Ziel zu benennen. Gelegentlich ergreifen Landwirte, denen das traditionelle Recht von Fremden, ihr Land zu durchqueren, unlieb ist, eigentümliche Maßnahmen: Wege zuwachsen zu lassen, Stiles (Zaunübertritte) nicht zu reparieren oder Bullen auf öffentlich zugänglichen Weiden einzustellen, gehört zu solchen Protestformen (Brückner 2002). In den kommenden Jahren sind jedoch Veränderungen zu erwarten: Der „Countryside and Rights of Way Act" plant, den Zugang zu Freiflächen und unkultiviertem Land in England und Wales zu legalisieren (The Ramblers' Association 2004).

50 Zur Zeit ist von mehreren 10 000 Wanderern pro Jahr die Rede (Lake District News 2007).

51 Diese Einschätzung wurde der Autorin von Seiten mehrerer Anbieter auf dem Coast to Coast mitgeteilt, z.B. nahe Ennerdale Bridge am Rand des Lake District oder in der entlegenen Moorregion rund um Clay Bank Top.

penziel zu Etappenziel zu befördern,[52] so dass nur mit Tagesgepäck gelaufen wird. Je nach Anbieter gibt es eine feste Etappenaufteilung (verschiedene Gesamtlängen samt Unterkunftsreservierung), oder die Möglichkeit, die Tour selbst zu organisieren und lediglich den flexiblen Gepäcktransport zu nutzen.

Der augenscheinliche Erfolg des Weges hat aktuell eine Auswirkung, die sein Erfinder vermutlich nicht gutheißen würde: Die Wainwright Society und der Verlag Striding Edge lancieren eine Petition an Natural England, dem Coast to Coast den Status eines „National Trails" zuzuerkennen (Robson 2006). Mit dieser formalen Anerkennung würde der Weg einen offiziellen Charakter bekommen – und dank finanzieller Unterstützung auch durchgängig markiert werden. Diese Art der Institutionalisierung jedoch würde das Grundanliegen seines „Vaters" konterkarieren: Dass jede Person, die wandern möchte, auch wissen muss, wie sie den Weg findet, sei es bei einer Tagestour oder auf dem Coast to Coast, der sich von ersterer ja auch nur geringfügig unterscheidet: „It's a bit longer than most. That's all." (Wainwright 2003: iii)

4.5.4 Wege im Hintergrund: Der Pilgerweg Loccum-Volkenroda und der Ökumenische Pilgerweg durch Sachsen, Sachsen-Anhalt und Thüringen

Im Rahmen der vorliegenden Untersuchung wurden zwei weitere, relativ „junge", Wege erkundet, die noch dabei sind, ihre Identität zu festigen sowie wegbegleitende Logistik und Informationen zu erstellen. Dabei folgen die beiden evangelischen bzw. ökumenischen Pilgerwege unterschiedlichen Konzepten. Aufgrund der geringen Pilgerdichte war es der Autorin nicht möglich, zum Zeitpunkt der Begehungen (Frühjahr 2005 bzw. 2006) in der beschriebenen Weise Kontakte zu knüpfen und Interviews zu führen. Als Folge konnte nur die teilnehmende Beobachtung durchgeführt und dokumentiert werden. Die acht bzw. zehn Wandertage fließen auf diese Weise in die Arbeit ein.

Der Pilgerweg Loccum-Volkenroda

Dieser Weg verbindet auf rund 300 km die zwei ehemaligen Zisterzienserklöster Loccum (Tochterkloster / Niedersachsen) und Volkenroda (Mutterkloster / Thüringen). Nachweisliche historische Wurzeln hat der Weg nicht, allerdings ist bekannt, dass die Mönche der beiden Konvente sich regelmäßig visitierten. Der neugeschaffene Pilger-

---

52 Z.B. Sherpa Van in Richmond (http://www.sherpavan.com) oder Discovery Travel in York (http:// www.discoverytravel.co.uk/).

weg geht auf eine Wanderung von Jens Gundlach im Jahr 2002 zurück, die der damalige Redakteur der Hannoverschen Allgemeinen Zeitung in einer Artikelreihe beschrieb. Die große Resonanz auf die Pilgerberichte Gundlachs führte zu der Idee und schließlich zum Entschluss, den Weg zu institutionalisieren (Gundlach 2005). Offiziell eröffnet wurde der Weg im Jahr 2005 und wird seitdem von einer wachsenden Zahl von Gruppen- und Einzelpilgern begangen. Die Trägerschaft des Weges hat die Evangelisch-lutherische Landeskirche Hannover übernommen, die mit dem „eigenen" Pilgerweg Menschen bei ihrem Aufbruch aus dem Alltag begleiten möchte. Zeit und Raum für Stille, Meditation oder auch für Gespräche, eine Auszeit für die Seele oder einen Rahmen für Besinnung und Beschäftigung mit zentralen Lebensfragen möchten die Initiatoren mit Hilfe des Wegeprojektes zugänglich machen (Käßmann 2005). Gefördert wird der Pilgerweg durch die Klosterkammer Hannover. Zudem läuft von 2006-2008 ein Kooperationsprojekt über LEADER+,[53] das die regionenübergreifende Koordination stärken soll. Dies ist besonders wichtig, da z.B. Markierung und Wegeunterhalt dezentral von den durchquerten Kirchengemeinden vorgenommen werden. Eine eigene Unterkunftsstruktur strebt der Weg nicht an, allerdings werden von Klöstern und Gemeinden zunehmend Quartiere zu Verfügung gestellt.

Im Kontext des Weges werden besonders spirituelle Bedürfnisse der Pilger und Pilgerinnen berücksichtigt. Im Kloster Loccum wurde zum Beispiel die Stelle einer Pilgerpastorin geschaffen (Selmayr 2007), die unter anderem Pilger vor dem Start empfängt, den Pilgersegen spendet und verschiedene geistlich begleitete Pilgerwanderungen anbietet. Zudem wird daran gearbeitet, das evangelische Profil des Weges zu schärfen und ihn gleichzeitig für den Tourismus entlang der Wegstrecke interessant zu machen.[54]

Der Ökumenische Pilgerweg durch Sachsen, Sachsen-Anhalt und Thüringen

Einem anderen Verständnis vom Pilgern folgt dieser Weg durch Mitteldeutschland. Entstanden ist er auf Initiative von Esther Zeiher, einer Religionspädagogin, die während einer Pilgerreise in Spanien auf die Information stieß, dass ferne Ausläufer des Pilgerweges nach Santiago auch durch ihre damalige Heimat, Großenhain in Sachsen, führten. Auf diese Entdeckung folgte die Vision, den Weg zu revitalisieren. Es handelt

---

53 Der Weg durchläuft die fünf LEADER+-Regionen Westliches Weserbergland, Vogler Region, Weserbergland - Solling, Göttinger Land und Eichsfeld - Hainich. Impulse für den Wandertourismus und davon abgeleitete touristische Wertschöpfung werden erhofft und wurden z.T. bereits registriert.

54 Intensiv diskutiert wurde dieser Brückenschlag bei einer Tagung der Evangelisch-lutherischen Landeskirche Hannover und der Evangelischen Akademie Loccum unter dem Titel „Pilgerweg Loccum - Volkenroda zwischen Kirche, Kultur und Tourismus. Auf dem Weg zu einem gemeinsamen Leitbild" im Februar 2007 in Loccum (Laube 2007).

sich dabei um die Via Regia (Königsstraße), deren Anfänge bis ins Hochmittelalter zurückreichen. Als wichtige Ost-West-Verbindung ermöglichte sie den Handel mit Tuch, Fell und Wachs, mit Färberwaid und Bergbauprodukten und wurde auch von Pilgern, bezeugt aus Leipzig, Großenhain oder Erfurt, auf dem Weg nach Santiago de Compostela genutzt (Ökumenischer Pilgerweg 2004: 6). Aus der Vision wurde Wirklichkeit: Der historische Streckenverlauf wurde recherchiert, eine an Gangbarkeit, Spiritualität und Zielgerichtetheit orientierte Strecke dokumentiert und ausgeschildert.[55] Im Jahr 2003 wurde der Ökumenische Pilgerweg eingeweiht und auf der ca. 450 km langen Strecke von Görlitz bis Vacha können Pilger nun gelben Muscheln auf blauem Grund folgen. Die Ausschilderung des Weges und dessen Pflege werden von Mitgliedern des Vereins Ökumenischer Pilgerweg übernommen. Die Finanzierung dafür speist sich aus unterschiedlichsten Töpfen: In der Anfangsphase waren u.a. die Robert-Bosch-Stiftung, die Landeskirche Sachsen und die Deutsche Jakobusgesellschaft engagiert.

Als Besonderheit eines durch Deutschland verlaufenden Pilgerweges wurde entlang der gesamten Strecke ein nicht kommerzielles, auf der Geste der Gastfreundschaft beruhendes Herbergsnetz aufgebaut. Mittlerweile bieten ca. 70 Privatpersonen oder Kirchengemeinden Pilgern gegen eine freiwillige Spende eine Übernachtungsmöglichkeit an. Die Räumlichkeiten sind oft einfach, z.B. nur mit Waschbecken und Matratzen ausgestattet, aber entsprechen dem Zweck der Reise. Mit dieser Nicht-Kommerzialisierung des Weges wurden gute Erfahrungen gemacht, da häufig sie es ist, die für Pilger wie für Menschen vor Ort die Tür für Begegnungen öffnet (Burghoff und Kresta 2006) und damit den unverstellten Blick auf „den Fremden" zulässt.

---

55 Diese Aktivität von vornehmlich Esther Zeiher, damals Heiße, wurde deutlich gewürdigt: mit dem Deutschen Studienpreis (3. Platz) der Körber Stiftung im Jahr 2003 und der Verleihung des Bundesverdienstkreuzes durch Bundespräsident Horst Köhler im Jahr 2005.

5 Fernwandern und Pilgern im 21. Jahrhundert: Ergebnisse

Im Folgenden werden die Ergebnisse der empirischen Forschung vorgestellt. Unter 5.1 wird die entstandene Theorie als Modell präsentiert und die Kernkategorie des Phänomens im Handlungskontext benannt. In den Kapiteln 5.2 bis 5.4 werden Ausprägungsformen der Kernkategorie beschrieben. Den Abschluss bildet Kapitel 5.5 mit der Darstellung der beiden Dimensionen der Kernkategorie.

5.1 Theoriemodell und Kernkategorie „Belebung durch Wandel(n)"

Vereinfacht lässt sich das Phänomen der zunehmenden Beliebtheit des Pilgerns und Fernwanderns wie folgt beschreiben: Im Zeitalter der Spätmoderne scheint „die Gesellschaft" „dem Menschen" zwar sehr viel zu bieten, aber dennoch tiefgreifende Wünsche und Bedürfnisse unerfüllt zu lassen (im Kodierparadigma, vgl. Kap. 4.4, Kontext). Menschen unterschiedlicher Nationalität und Religion, verschiedenen Alters und Geschlechts, unterschiedlichen sozialen Status' und an verschiedenen Stellen im beruflichen wie familiären Lebenslauf kommen so (auch) zu dem Wunsch, für eine längere Zeit zu Fuß unterwegs zu sein (Ursächliche Bedingung). Sie brechen mit Rucksack und Wanderschuhen auf und sind für einige Tage bis hin zu mehreren Monaten unterwegs (Handlung).

Kennzeichnend für diese Zeit unterwegs ist die Vielfalt des Erlebens, das jedoch von Individuum zu Individuum stark divergiert. Bereits während der Tour beobachten Läufer Veränderungen an sich selbst und machen sich z.T. Gedanken über weiter reichende Formen eines Wandels (Konsequenz). Die hier denkbaren Wandlungen sind wiederum höchst unterschiedlich. Das überwiegend positive Erleben trägt schließlich mit dazu bei, den Kreislauf des Wanderns zu einem späteren Zeitpunkt von neuem zu eröffnen, so dass aus der Folge der aktuellen Fußreise die Grundlage für einen erneuten Aufbruch wird. Diese Verkettung von Bezügen stellt in der Terminologie der Grounded Theorie das Kodierparadigma dar. Es ist das Gerüst, anhand dessen die Analyse des Phänomens vonstatten geht.

Abbildung 4:   Das Kodierparadigma entlang des Handlungsgeschehens

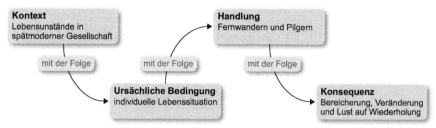

Als zentrale Kategorie, die mittels unterschiedlicher Relationen mit allen relevanten Kategorien entlang des Kodierparadigmas verknüpft ist, wurde die Kernkategorie „Belebung durch Wandel(n)" identifiziert. Dieser Begriff drückt auf zwei Ebenen die im Phänomen dominierende Verbindung inneren wie äußeren Erlebens aus. „Belebung" integriert konkrete körperliche Vorgänge, die durch die Bewegung entstehen (wie eine Steigerung körperlicher Kraft) und soziale Prozesse (wie erneuerte Freundschaften oder eine Belebung einer mitunter erstarrten Beziehung zum Göttlichen).

Mit „Wandel(n)" verhält es sich ähnlich. Auf der konkreten Ebene steht es für wandern, hin und her gehen, und weist somit auf die gemeinsame Wurzel der Worte wandeln und wandern im althochdeutschen wanton hin; es benennt die Bewegungsform unterwegs. Zudem drückt das daraus abgeleitete Wort „Wandel" Veränderung aus, beim Wandern zum Beispiel durch die alltagsfernen Lebensumstände unterwegs, aber auch die fortschreitenden innerlichen Wandlungen beim Laufen. Ausgearbeitet werden Kategorien zu ursächlichen Bedingungen („Ausgangslage"), zur Handlung, vertieft anhand der Kategorien Körperliches Erleben, Inneres Erleben, Naturerleben und Soziales Erleben („Unterwegs") und zur Konsequenz („Wirkung und Wandlung").

Abbildung 5: Das Theoriemodell zur Kernkategorie „Belebung durch Wandel(n)" (KK) mit
Kategorien (K), Relationen und Dimensionen

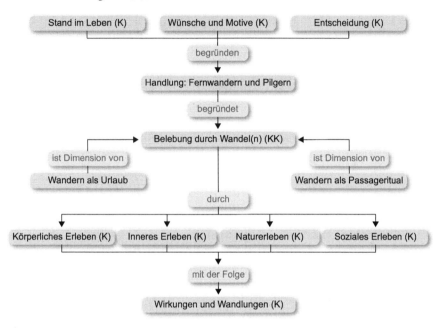

Bei der Analyse hat sich herausgestellt, dass sich zwei Dimensionen der Kernkategorie über alle Stationen des Kodierparadigmas hinweg anhand einer gegensätzlichen Polarisierung identifizieren und relational verketten lassen. Dabei handelt es sich um die Dimensionen „Wandern als Urlaub" und „Wandern als Passageritual". Sie unterscheiden sich ausgehend von der Hauptmotivation für eine längere Fußreise und sind die Grundlage dafür, dass Erwartungen unterwegs divergieren, sich die Perspektiven unterscheiden, Bedürfnisse variieren und letzten Endes auch die erstrebten Wirkungen an verschiedenen Polen des jeweiligen Spektrums angesiedelt sind. Vertieft wird diese Erkenntnis im Kapitel 5.5.

5.2   Die Ausgangslage

Die folgenden Unterkapitel behandeln – in der Terminologie der Grounded Theory – Kontext bzw. Ursächliche Bedingung. Es sind die Faktoren, die im Vorfeld einer Tour bedeutsam sind, die die Entscheidung beeinflussen und die auf die Art und Weise der späteren Durchführung einwirken.

5.2.1 Stand im Leben und Motive

Betrachtet man, wer zu Fuß unterwegs ist, fällt eine große Vielfalt auf, sei es im Hinblick auf Alter, Familienstand oder Alltagsform. Der jüngste der Interviewten ist 22, der älteste 74 Jahre (siehe auch 4.3.4). Nur Kindheit und Jugend sowie sehr hohes Alter scheinen Ausschlusskriterien für längere Fußreisen zu sein.[56] Dies dürfte zum einen auf noch nicht erwachtes Interesse, zum anderen auf eine in Kindheit und höherem Alter geringere körperliche Leistungsfähigkeit und Ausdauer zurückzuführen sein. Eigene Kinder spielen jedoch in anderer Hinsicht im Vorfeld einer Tour eine Rolle und werden dort erwähnt, wo es um eine Rechtfertigung der Entscheidung zum Wandern geht.

Kinder und Enkelkinder können ein Grund sein, längere Zeit nichts allein und für sich selbst zu tun:

„Ich hatte so das Gefühl, weil ich bin ja auch berufstätig gewesen, ich habe Kinder großgezogen und bin jetzt dann auch eingebunden gewesen in die Erziehung meiner Enkelkinder, dass ich endlich was für mich tun muss, ja." (JW3-w-70)[57]

Das Alter der Kinder kann ein Startschuss fürs Laufen sein:

« La dernière de mes enfants a dix-huit ans maintenant, j'ai sept enfants. Et puis c'était comme le temps de faire le point. » (JW11-w-53)[I]

Oder es geht darum, unterwegs einmal einige Zeit ohne die mit kleinen Kindern einhergehenden Zwänge verbringen zu können:

„Des is scho Abschalten. Keine Kinder und kein Kochen und nix." (VA3-w-40)

Die Nennungen von Kindern im Zusammenhang mit der Tour fallen durchweg von Frauen – ein Hinweis darauf, dass das Mitdenken und -leben in der Familie bei ihnen stärker im Vordergrund steht – und als Folge die Freizeitgestaltung der Mütter beeinflusst.

---

56 Gelegentlich gibt es Ausnahmen, wie Berichte über Wanderungen auf dem Jakobsweg mit Kindern zeigen (z.B. Thies 2005). Aus dem Gros der Läufer fallen diese jedoch heraus.

57 Der zu jedem Interview gegebene Ursprungsnachweis beinhaltet folgende Informationen: Auf welchem Weg das Interview geführt wurde (VA = Via Alpina, JW = Jakobsweg, CC = Coast to Coast); die folgende Zahl dient der eindeutigen Unterscheidbarkeit; der Buchstabe benennt das Geschlecht: weiblich (w) oder männlich (m) und die abschließende Zahl das Alter in Jahren. Übersetzungen der englischen und französischen Zitate finden sich im Anhang.

Ein anderer Blickwinkel ist der, dass nicht mehr die Kinder Fürsorge benötigen oder körperlich nicht ausreichend belastbar sind, sondern die älter werdenden Eltern, wie es diese Interviewte unterwegs erlebt:

> *"I'm on holiday with my parents. And they are getting elderly now, and I know my father finds the walking difficult. He may not be able to continue. And so for me, it is a very special holiday to share with my parents while they are still healthy."* (JW13-w-44)[II]

Im Hinblick auf die Motive gibt es zwei grundlegend unterschiedliche Kontexte: Zum einen gibt es die „Urlauber", die eine kürzere oder längere Phase ihres Jahresurlaubs unterwegs verbringen, zum anderen gibt es die Läufer, für die die Zeit unterwegs ein Passageritual darstellt, also im größeren Zusammenhang ihres gesamten Lebens zu sehen ist. Vertieft wird dieses Unterscheidung unter 5.5, wo die Dimensionen „Wandern als Urlaub" und „Wandern als Passageritual" in Gänze dargestellt werden. Hier ein Überblick zur unterschiedlichen Motivationslage, begonnen bei den „Urlaubern":

> *„Wir haben festgestellt, dass wir uns am Wochenende gut erholen, wenn wir bei uns in der Gegend a kleine Runde gehn. Gell. Und dann haben wir gedacht, ja wenn das für ein Wochenende funktioniert, dann muss das eigentlich, wenn man ne ganze Woche einfach weg ist aus dem Alltag, muss des an sehr guten Erholungswert bieten. Und das probieren wir aus."* (VA4-m-45)

Sich durch Abstand vom Alltag für diesen zu stärken ist bei vielen Interviewten Hintergrund der Entscheidung fürs Wandern. Bei anderen geht es nicht (nur) um Erholung, sondern um ein – teilweise diffuses – „Mehr":

> *„The long walks that we've done have been sort of ... marker points in my life. You know, at this particular stage. [...] And they, they come, they're sort of uh ... rites of passage."* (CC1-m-50)[III]

Der Begriff „Rites of passage" bzw. Passageritual, dem sich in diesem Interview erst umschreibend, dann zögerlich genähert wird, wurde bereits unter 3.2.2 eingeführt. Die folgenden Zitate sind Beispiele für solche biographischen Wendepunkte, die für circa ein Drittel der Interviewten Anstoß zur längeren Fußreise sind:

> *„When we decided to do this [the Coast to Coast walk] as a honeymoon..."* (CC4-m-33)[IV]

„Man ist 35. Die Hälfte des Lebens ist praktisch vergangen, jetzt die nächste Hälfte (lachen), so ne Zwischenbilanz zu haben..." (JW1-m-35)

„And in my case, I just retired. My job. I'm sixty." (CC2-m-60)[V]

Neben diesen umfassenden Bestimmungsgrößen gibt es untergeordnete Gründe, sich auf den Weg zu machen. Unterschieden werden können „innere" und „äußere" Beweggründe, wobei jeder Wanderer einer individuellen Motivlage und -mischung folgt. Diese Wünsche, gekoppelt mit Vorstellungen, was auf einem bestimmten Weg zu finden sein mag, führt zur Entscheidung, zu diesem Zeitpunkt gerade ihn zu begehen (siehe 5.2.4).

Unter äußeren Motiven wird im Folgenden das Körper- und Naturerleben, das Eintauchen in besondere Landschaften, die Auseinandersetzung mit Sprachen und Dialekten, mit der Geschichte einer Region oder das Unterwegssein zusammen mit Freunden oder der Familie verstanden. Innere Beweggründe finden sich in der Lust am Denken beim Gehen, am intensivierten Seelen(er)leben unterwegs, in der Heruntersetzung des Lebenstempos durch die langsame Gehgeschwindigkeit und der damit veränderten Zeitwahrnehmung oder in der bewussten Auseinandersetzung mit Glaubensfragen.

Sowohl innere als auch äußere Motive werden häufig in einem Kontext genannt, der als Kompensation bezeichnet werden kann. Dabei geht es darum, Bedürfnisse zu erfüllen, Erfahrungen zu machen oder sich auf als wichtig erachtete Dinge einlassen zu können, die im jeweiligen Alltag der Wandernden zu kurz kommen. Dieses Erleben unterwegs führt zu Zufriedenheit oder sogar Dankbarkeit.

Der hier gegebene Überblick zu den Motiven benennt bereits vorausschauend Kategorien der Kernkategorie „Belebung durch Wandel(n)". Die Erfüllung der Erwartungen nimmt in der tatsächlichen Wanderzeit eine zentrale Stellung ein und wird unter 5.3 „Unterwegs" im Detail dargestellt.

5.2.2 Einschränkungen: Zeit, Geld und Gesundheit

Verschiedenste Einschränkungen können die Durchführung einer Tour verzögern oder erschweren. Mit Hemmnissen sind viele Wandernde vertraut, doch haben sie sie, zumindest für die aktuelle Tour, hinter sich lassen können.

„Inzwischen brauchen wir nicht mehr arbeiten, und da können wir uns das erlauben, mal mehr als eine Woche zu machen." (VA8-m-60)

> *„Und dann lebte mein Hund eben noch und so lange er lebte hatte ich gesagt nein, gehe ich nicht. Und nun ist er tot und nun kann ich eben diesen Weg [Jakobsweg] machen." (JW3-w-70)*

> *« J'ai fait un pari avec mon chirurgien. J'ai été opéré du coeur. Et je lui ai parié que je pouvais le faire [le Sentier de St. Jacques]. » (JW4-m-66)[VI]*

Ergänzt werden diese Erschwernisse, besonders vor langen Fußreisen, durch eventuell mangelnden Mut zum Aufbruch.

> *„Den Jakobsweg zu gehen, ja, das hat sich jetzt ein paar Jahre hingezogen bis ich endlich den Mut hatte und das Geld hatte, das realisieren zu können." (JW1-m-35)*

Dass die Umsetzung einer solchen Unternehmung nichts Selbstverständliches ist, wird immer wieder reflektiert. Gesundheitliche Probleme sowie der Mangel an Zeit oder Geld werden hier als mögliche Restriktionen angesprochen. Gleichzeitig würdigt der folgende Interviewte, dass es ihm möglich ist, auf so eine Tour gehen zu können.

> *„Und dann gibt's auch viele Leute, die des gar net mache könne. Also mei Frau zum Beispiel die hat mit dem Fuß Probleme, die könnt den Weg gar net mache. Oder mei Schwager, der hat einfach die Zeit net, mit seine Kinder und so [...]. [Es gibt Leute, die es nicht machen können] weil sie einfach aus irgendwelchen Gründen gar nicht wählen können, gar kei Möglichkeit haben, des zu mache. Oder au finanziell, wenn du ne Familie hast, mit zwei Kinder, des mal vier ne Woche da zu viert..." (VA17-m-38)*

Dennoch ist vielen Interviewten bewusst, dass Langstreckenwandern nicht für jeden Menschen attraktiv ist. Desinteresse oder Unverständnis der gegenwärtigen Beschäftigung gegenüber wird immer wieder erlebt, was für manche Wanderer auch enttäuschend sein kann:

> *„Also das ist zum Beispiel nichts, was meine Kinder nun großartig interessiert. Meine Tochter fragte zwar heute [am Telefon]: Wo bist du denn jetzt, und ich hatte ihr neulich mal ne Karte hingelegt, aber das wollte sie gar nicht sehen, und ich hätte ihr heute sagen können, weißt du, du kannst ja mal auf die Karte gucken, dann weißt du ungefähr wo ich bin. Aber das ist so weit entfernt für sie ... also vom Kopf her." (JW3-w-70)*

5.2.3 Die Entscheidung

Die Entscheidung für einen Weg setzt Faktenwissen und zuallererst die Kenntnis, dass es eine spezielle Tour überhaupt gibt, voraus.

> *„Ja, das wusste ich aber noch gar nicht, dass die Jakobsgesellschaft jetzt ja auch die Wege aus Polen kommend aktiviert, und auch von Berlin über Halber-tadt, Holzminden oder Einbeck …" (JW3-w-70)*

Um sich für einen konkreten Weg zu entscheiden, muss man sich von dem, was man weiß, angesprochen fühlen. Besonders gut gelingt dies, wenn Informationen von Menschen geliefert werden, mit denen persönliche Beziehungen verbinden: Freunde, Verwandte oder Bekannte werden immer wieder als Ideengeber genannt, deren Rat man vertraut.

> *„Die Idee war von dieser Bekannten, und dann bin ich mehrfach einfach auch von Freunden und so bestätigt worden, dass des [der Karnische Höhenweg] ein total schöner Weg ist." (VA2-w-40)*

Zudem gibt es die klassische Verbreitungsform über Fachzeitschriften, Bücher oder Medienberichte, die Interesse weckt:

> *„Ja, wenn man halt so dieses Bergsteiger oder diese ganzen Zeitschriften oder des vom Alpenverein liest, dann wird er [der Karnische Höhenweg] ja immer wieder erwähnt." (VA17-m-38)*

> *„[Da] tauchte das [der Jakobsweg] mal in einem Buch auf. Und irgendwie tauchte es immer wieder mal auf, und dann sah ich auch etwas im Fernsehen, jedenfalls häufte sich das. Und dann hatte ich mir gesagt, na ja gut, ich möchte das auch mal machen, weil ich das Gefühl hatte, das hat ne bestimmte Faszination." (JW3-w-70)*

Eine weiterer Ursprung eines Wanderwunsches kann in der eigenen Erfahrung liegen, zum Beispiel wenn man bei einer Tour in die Nähe eines anderen Weges kommt:

> *"I wanted to do it [the Coast to Coast walk] for many years, ever since meeting people at Keld which is the place where the Coast to Coast and the Pennine way intersect. I remember meeting people at Keld who were doing the Coast to Coast, and it called my imagination. And I suggested it to XY about a year ago." (CC2-m-60)*[VII]

In dieser Passage wird zusätzlich ein anderes immer wiederkehrendes Element ange-sprochen: der zeitliche Abstand zwischen dem Wunsch, einen Weg einmal gehen zu wollen, und dessen Umsetzung. Auch hier gibt es eine weite Spannweite:

> « *J'ai fait le Chemin de Compostelle, mais à l'envers et en voiture, dans les années quatre-vingt. Et j'ai pensé depuis qu' il fallait que je fasse ça une fois pied. Vrai-ment.* » *(JW12-m-74)*[VIII]

Liegt bei dem hier zitierten Interviewten eine sehr lange innere Beschäftigung mit dem Weg vor dessen Erwanderung vor, so gibt es auch Herangehensweisen, die vom Spontan-Pragmatischen bis zur übersinnlichen Eingebung reichen. Letztere wird als bedeutende Komponente der Spiritualität auch unter 5.3.2.2 weiterverfolgt.

> *„Also bei uns ist es völlig Zufall, wir sind in Nürnberg losgefahren auf der Suche nach gutem Wetter (lachen) und haben jetzt hier [in den Karnischen Alpen] eben ein Schönwetterloch erwischt."* *(VA11-m-35)*

> « *Enfin il y a trois, il y a déjà quatre semaines, j'étais à Cologne, sur le JMJ.*[58] *Oui, j'étais là pour voir le Pape. [...] Et en fait c'est là que j'ai décidé de partir. A Saint Jacques.* » *(JW14-w-25)*[IX]

Doch was macht einen Weg interessant? Auch hier kommt, wie bei der Ausgangs- und Motivlage, Vielfalt zum Vorschein. Unterscheidbar sind dabei bewusste Vorlieben und pragmatische Überlegungen, denen bestimmte Strecken entgegen kommen. Ent-scheidungskriterien können z.B. Sprachkenntnisse sein, die im Folgenden die Ent-scheidung für eine französische statt spanische Strecke des Jakobsweges begünstigen, Wettervorlieben oder bestimmte Servicewünsche:

> *„... erstens kann ich Französisch bisschen, ich kann kein Wort Spanisch..."* *(JW10-w-57)*

> *„...ich bin nicht so der Sonnenmensch, hab ich gedacht lieber Frankreich als Spa-nien..."* *(JW7-m-30)*

> *„Der englischsprachige Bereich hat sich angeboten, weil es da die für uns günstigsten Angebote gibt mit Gepäcktransport und Unterkunft. Vor allen Dingen Gepäck-transport."* *(CC6-w-41)*

---

58 Katholischer Weltjugendtag, 2005 in Köln mit Papst Benedikt XVI.

Weitere Einblicke geben die folgenden Zitate, welche Kriterien die Entscheidung für einen bestimmten Weg gefördert haben. Die Wünsche betreffen die Bereiche Landschaft / Natur und Einsamkeit bzw. Geselligkeit. Sie beziehen sich nicht nur auf den Weg an sich, sondern schließen auch die dazugehörigen Unterkünfte mit ein.

« C'est un problème de paysage. » (JW4-m-66)[X]

„... mehr durch Kulturlandschaft, [...] durch kleine Dörfchen, mit Infrastruktur, wo man auch mal bleiben kann, und das Conques mit Kunstgeschichte und so...“ (JW10-w-57)

„Es gibt halt viele Touren, wo du dann zwischendurch mal wieder absteigen musst ins Tal, und das wollten wir nicht.“ (VA16-m-33)

„Im Gespräch war ja auch der Stubaier Bereich, aber der war eher abschreckend, weil viele das eher Alpenhotels genannt haben, und da oben halt dieses gemütliche Hüttenflair einfach nicht mehr gegeben ist.“ (VA13-w-26)

„Ab und zu mal ein paar Leute treffen, mit denen man sich unterhalten kann, wobei jetzt nicht so, dass man andauernd irgendwelche Leute da treffen möchte.“ (VA14-m-26)

Ein weiterer Schwerpunkt hinsichtlich der Entscheidungsfindung liegt im imaginären Bereich. Dabei geht es um einen „Mehr-Wert“ des jeweiligen Weges, der in der Geographie, der Geschichte oder der Spiritualität gefunden werden kann. Vor allem der Jakobsweg und der Coast to Coast Walk bieten für solche Vorstellungen verschiedene Anknüpfungspunkte:

"All I wanted to do was the walk ... ACROSS BRITAIN." (CC1-m-50)[XI]

« Parce que [La Via Podiensis] c'était le plus ancien. C'est le plus vieux. Moi, j'étais très attachée à avoir l'impression de marcher dans les pas des autres pèlerins. » (JW11-w-53)[XII]

„I discovered that Le Puy is a pilgrimage site in its own right and that there they honour the black virgin, and I like the idea of a pilgrimage to a female figure to begin with, and then to a male figure, to Saint Jacques at the end.“ (JW13-w-44)[XIII]

5.3   Unterwegs

Die bisher thematisierten ursächlichen Bedingungen begründen und rahmen die nun tatsächlich durchgeführte Handlung, das Fernwandern und Pilgern. Nun, „Unterwegs", werden andere Dinge bedeutsam: tägliches Laufen über viele Stunden, täglicher Quartierwechsel, das Tragen des benötigten Gepäcks – und all das bei praktisch jedem Wetter, für eine Woche oder zwei bis drei Monate. In das Zentrum der Aufmerksamkeit rückt nun, was und wie etwas unterwegs erlebt wird. Beim Unterwegs-Sein handelt es sich in der Terminologie der GT um eine Handlung, mittels derer die „Belebung durch Wandel(n)" erfolgt. Die im Folgenden herausgearbeiteten Kategorien sind Eigenschaften der Kernkategorie und werden in ihren jeweiligen Ausprägungsformen dargestellt. Verschiedenste Bereiche des menschlichen Lebens und Erlebens werden dabei angesprochen. Daraus kreiert und realisiert jeder Wanderer und jede Wanderin eine eigene Kombination aus Möglichkeiten, die für ihn / sie in ihrer Gesamtheit die „Belebung durch Wandel(n)" darstellt.

5.3.1 Körperliches Erleben

Der Körper hat beim ausgedehnten Fußlauf eine zentrale Rolle. Die körperliche Befindlichkeit ist ein entsprechend häufiges Thema bei Wandergesprächen – wer Blasen hat, wie sie gepflegt oder vermieden werden und welche weiteren Leiden während der Tour auftreten. Dies verweist nicht nur auf die starke Belastung, die der Körper auf einmal zu tragen hat, sondern auch auf eine veränderte Bedeutung im (Wander-)Alltag: Der eigene Körper hat die ureigenste Rolle des Transport-Mittels zurückgewonnen und erfährt entsprechend Fürsorge und Wertschätzung. Belebt wird beim Wandern nicht nur die körperliche Kraft, sondern auch die Wahrnehmung und Achtung des Körpers. Damit einher geht eine gesteigerte Bewusstheit von Sinneseindrücken und Nutzung der Sinnesorgane. Einer Veränderung unterliegt auch das Raumerleben, das – für viele ungewohnt – direkt durch den Körpereinsatz erwächst und zu einer unmittelbaren Aneignung des durchquerten Raums führt. Immer wieder ist dabei auch eine Wechselwirkung von äußerer und innerer Bewegung zu erleben, oder wie eine Interviewte es metaphorisch ausdrückt:

> *„Na, ich seh das so mit dem Körper, dass man den viel mehr durchlebt und viel mehr durchbewegt. Und dass dadurch viel mehr in Gang kommt, in einem sel-ber".* (JW10-w-57)

5.3.1.1 Körpererleben und Gesundheit, Kraft und Erfolg

Zu Beginn einer Tour steht eine Phase, in der der Körper sich an die neue, tägli-che Bewegung gewöhnen muss. Wenn man im Alltag körperlich nicht sehr aktiv ist, stellt diese Phase eine große Herausforderung dar, die auch Schmerz „und alles Mögliche" beinhaltet.

« Ecoute, j'en avais mal partout. [...] Et je continue mon chemin, malgré le mal et tout ça. » (JW14-w-25)[XIV]

„Die erste Woche muss man natürlich kämpfen, um seinen Körper in die Gerade zu kriegen, die Beine tun weh und alles mögliche..." (JW10-w-57)

Nur in einem Fall wird berichtet, dass die körperlichen Leiden so belastend wur-den, dass ein Abbruch der Tour für den nun ehemaligen Wanderpartner notwendig wur-de.

Ist diese Phase des Einlaufens überwunden, stellt sich bei vielen Läufern ein Wohl-befinden bzw. harmonisches Körpergefühl ein, das sie aus dem Alltag nicht kennen. Das ungewohnt „gute" Gefühl im und mit dem Körper beruht darauf, dass Wandern eine Vielzahl an körperlichen Prozessen anregt, die – anders als das Alltagsleben – zu einer Harmonisierung und Stärkung des Gesamtorganismus führen. Das beschriebene Glück erinnert stark an das von Csikszentmihalyi beschriebene Flow-Erlebnis (Kap. 3.2.3):

« Le plus important ... c'est lorsque je suis bien dans mon corps. Lorsque je marche, je me sens heureux de marcher. Ça, c'est le plus important. » (JW4-m-66)[XV]

"You know, it is quite physically tiring. And it is really nice to sleep when you're properly tired. Properly tired at the end of a day. [...] In normal life, at work, at the end of a day, you might be tired, but your brain is fussy, and it's hard to get to sleep." (CC5-w-33)[XVI]

Die Wege zu dem hier genannten positiven Selbsterleben sind zahlreich und führen teils über bewältigte Leistung, die in Höhenmetern, Stunden oder Kilometern gemes-sen und verglichen wird („sportliche Herausforderung" / VA9-m-60), teils über ein unvoreingenommenes Sich-Einlassen auf die Anforderungen und Notwendigkeiten des Wanderalltags.

„Also [es] geht um das Körperliche, gucken, was man da hinkriegt, wie gut man das hinkriegt, ob man das bewältigt, und was es mit einem macht." (JW9-m-52)

Mit dem erlebten Genuss durch die körperliche Selbstbewegung tritt auch Sorge um und Fürsorge für den Körper auf, da seine Unversehrtheit und Stärke eine unverzichtbare Grundlage für die Wanderschaft sind. Starke gesundheitliche Belastungen sind, wie bereits beschrieben, ein Ausschlusskriterium für eine lange Fußtour. Wo allerdings die Grenzen des Machbaren liegen, muss zum Teil erst herausgefunden werden. Manche erproben ihre Grenzen unterwegs, andere beginnen damit bereits bei der Vorbereitung.

„Die [Kinder] wissen, dass mein Herz nicht mehr das beste ist, dass ich an der Wirbelsäule operiert bin, und jetzt mit dem schweren Rucksack unterwegs bin und machen, sicher machen sie sich Sorgen. Und ich musste ja auch 25 Kilo-meter zur Probe laufen mit Gepäck, damit ich das überhaupt meinem Sohn be-weisen konn-te, dass ich dazu in der Lage bin." (JA3-w-70)

Damit eng verwandt ist der Aspekt der Sicherheit. Einsamkeit oder das Begehen anspruchsvoller oder ausgesetzter Wege liefern Stoff für Spekulationen. Je nach Persönlichkeit kann daraus Sorge erwachsen

« Si je me casse une cheville, si je tombe, puis qui, qui va me ramasser dans le bois toute seule? » (JW11-w-53)[XVII]

oder ein eher rationales Im-Blick-Haben.

„Wichtig ist, dass man eben gesund wieder heimkommt, dass die Knochen heile geblieben sind, naja, dass kann ja sehr leicht passieren. Ja ich mein, ein falscher Tritt, nicht... Ein einziger, ja. Das reicht." (VA9-m-60)

Das Gefühl, nicht unverletzlich zu sein, ist unterwegs immer wieder deutlich zu empfinden. Es ist ein Element des Körpererlebens, dessen Gegenpol in der Stärkung insgesamt, aber auch der erlebten Regenerationsfähigkeit unterwegs, liegt. Wie erstaunlich schnell sich Anstrengung und Genuss abwechseln können, beschreibt diese Interviewte:

„Also was mich fasziniert, wenn man so steil raufgeht. Und man is total gschafft, san ja schon Strapazen. Da sitzt man oben am Gipfel, und das ist sofort weg. [...] Also wenn ich mir denk, was ich gestern vielleicht amal gjammert hab, weils so

hoch gange is, sobald man oben is, is des weg. Da sieht man nur noch das Schöne."
(VA5-w-40)

Gesteigerte Kondition, Wohlbefinden und das Wissen, was der eigene Körper bzw. man selbst mit dem eigenen Körper erreichen kann, sind Erfolge, die aus der Belebung und Bewegung des Körpers beim Wandern erwachsen können.

5.3.1.2 Sinneswahrnehmungen

„...[es ist] Inspiration, also dass ich einfach wieder daheim mehr wahr nehm. Also dass ich meine Sinne schärf". (VA17-m-38)

„Sinne schärfen" benennt anschaulich, welche Belebung die Sinne unterwegs erfahren. Sie werden einerseits mit weniger Reizen konfrontiert, andererseits wird das, was den Wandernden umgibt, intensiver bzw. deutlicher wahrgenommen. Geschmacks- und Geruchssinn werden in der freien Natur stimuliert, der Körper wird direkt mit den Elementen konfrontiert – Regen, Wind und Sonne, Wärme und Kälte werden „hautnah" erlebt. Und das tut gut, wie die folgende Interviewte schwärmend erzählt:

„... dass ich mich ganz frei fühlte, irgendwo in der Sonne saß und unheimlich glücklich war." (JW3-w-70)

Zwei Bereiche der Sinneswahrnehmung werden besonders häufig von Wandernden thematisiert: Hören und Sehen. „Hören" beginnt beim „Nichts-Hören", wobei mit Ruhe in der Natur auch Frieden verbunden wird,

"I love the peace and quiet." (CC3-w-38)[XVIII]

oder kann sich auf konkrete, charakteristische Geräusche von Tieren beziehen:

„Gerade die Rufe der Moorschneehühner, das Kleckern, das ist ein Laut, der ist für mich mit vielen Wanderungen verbunden." (CC7-m-47)

Auch auf Mitmenschen wird gehört. Beispielsweise geht es um die mit Interesse verfolgte Vielfalt an Dialekten, die bei längeren Wanderungen erlauscht werden kann. Das eigene Vorankommen wird hier auch anhand von Veränderungen der Sprache realisiert:

"And gradually I find it fascinating on a long walk to see the little changes, the changes in dialects, the changes in the way people speak." (CC2-m-60)[XIX]

Die nonverbale Sprache ist eine weitere Facette dessen, was gehört wird, wobei im folgenden Zitat der Wandel nicht die „Sprecher", sondern die Zuhörer betrifft:

> „Ich merk auch, früher hat mich das furchtbar aufgeregt, wenn ich in irgendeinem Saal schlafen [musste] und die Leute schnarchen. Das juckt mich eigentlich nicht mehr arg." (JW10-w-57)

Ob nun mehr gelauscht oder geschaut wird, hängt von der individuellen Disposition ab, also ob eine Person mehr über optische oder akustische Reize wahrnimmt. Zwei befreundete Wanderer bringen es lachend auf den Punkt:

> *"XY is an eyes person. I'm an ears person (laughing). I forget what I see, but I remember what I hear. He is the other way around."*
> *"I'm the other way around (laughing). I forget everything I hear."* (laughing)
> (CC1+2, mm, 50+60)[XX]

Und zu sehen gibt es unterwegs eine Menge. Das Alltägliche neu sehen ist ein Aspekt, für den nun Zeit und Muße vorhanden ist und der zu einer Quelle der Freude und des tiefen Erlebens wird.

> « ... prendre le temps de s'arrêter pour regarder quelque chose ... tout simple, l'autre jour nous sommes restées devant un troupeau de vaches qui meuglaient parce qu'elles attendaient leur repas, alors on est restées là, on s'est arrêtées devant une poule qui était en train de becqueter. Donc il y a tous ces petits, tout ce qui fait le quotidien, et maintenant, on prend le temps de regarder un paysage qui nous plaît, un ruisseau,... » (JW5-w-57)[XXI]

Im Laufe einer Tour kann sich jedoch die Wertschätzung von Gesehenem verändern. Was zu Anfang beeindruckend sein mag, verliert an Reiz; dafür gewinnen andere, vielleicht erst im Laufe der Tour erkannte Eindrücke an Wert. Im folgenden Fall findet der Wandel von Dingen, die man sieht, hin zu Menschen, deren Gesichter man sich einprägt, statt:

> « Sûrement, c'est au début, on commence, on est très enthousiasmée, oh, ouah, je suis au Moyen Age, c'est tout extraordinaire. Mais quelques jours plus tard, on les voit plus. On entre dans les villages, puis on les voit même plus, les vieilles affaires. »[XXII]

Und im weiteren Verlauf:

> « *Ce que je trouve agréable, c'est de revoir des visages. On n'a pas besoin d'aller plus dans le trop profond, juste de voir des êtres humains qu'on a déjà vus. Un sentiment d'appartenance sacrée! Ouah! C'est là que je dis le chemin évolue.* » (JW11-w-53)[XXIII]

Eine herausragende Stellung nehmen beim „Sehen" die Fernblicke ein. Diese verdeutlichen den Wandel im Landschaftsbild und das Erhebende, das besonders in Berglandschaften erlebt wird. Der Blick auf die Natur ist hier mitunter mehr als ein Seh-Genuss und führt zu tiefergehender Inspiration (siehe auch 5.3.3.3).

> *"I like looking at the landscape changes, particularly."* (CC1-m-50)[XXIV]

> *„In jeder Pause, wo man sich so das Bergpanorama anguckt, das reicht eigentlich schon aus ..."* (VA14-m-26)

> *„Also ich geh halt auch gern in die Berge und dann net so in die Gegenden, die ich schon kenne, sondern ich suche mir explizit dann Stellen aus, an denen ich noch nicht war. Weils eben dann interessant ist, wieder was Neues zu sehen, auch die Perspektive zu wechseln."* (VA11-m-35)

Erfahrung von früheren Touren und der Rückblick auf gerade vergangene Wandertage bestärken die herausgehobene Bedeutung visueller Eindrücke beim Laufen. Sie prägen sich tiefer ein als Ansichten, die im Vorüber-Fahren entstanden sind. Der Einsatz von Zeit und Kraft, der notwendig ist, sich diese originären Bilder zu erwandern, wird mit bleibenden Eindrücken belohnt, oder wie eine Interviewte den nicht leicht zu formulierenden Unterschied zu einem Urlaub mit dem Auto darstellt:

> *„Also die die die Bilder und die die die ich im Kopf hab, und die Erinnerungen an einzelne Orte und auch Landschaften und Eindrücke sind viel stärker noch da. Präsent."* (CC6-w-41)

5.3.1.3 Der Körper: Transportmittel zur selbständigen Raumaneignung

Der Körper erlangt beim Fernwandern und Pilgern eine im Dasein des modernen Menschen ungewöhnliche Rolle. In vielen Berufen und Lebensphasen ist körperliche Kraft und Geschick kaum noch gefragt, und der Fußgang als Möglichkeit, eine Strecke von A nach B zu überwinden, wird selten genutzt.[59] Auch ist der Körper immer weniger Transportmittel. Anders beim Wandern oder Pilgern. Hier wird der Körper zum Medium, Lasten zu transportieren, sprich das Gepäck, das für jeden Läufer im Wanderalltag notwendig ist. Im Rucksack finden sich folglich Kleidung für verschiedene Wetterlagen, Nahrungsmittel, Hygieneartikel, Weginformationen und mehr. Alles ist auf das Notwendige beschränkt – dennoch in einer gewissen Menge unverzichtbar, um über Tage und Wochen in z.t. infrastrukturell ausgedünnten Gegenden mit dem Nötigsten bestückt zu sein. Wurden zudem Hilfsmittel zur Orientierung wie Landkarten, Kompass und u.U. Höhenmesser eingepackt, steht der Raumaneignung nichts mehr im Wege.

Immer wieder ist Erstaunen und Verwunderung zu hören, wenn es um die Möglichkeiten der Bewegung im menschlichen Maß geht.

„Ich fand das dann so faszinierend, was man mit seinen Füßen erreichen kann. Dass man unten im Tal steht und guckt dann hoch und sagt da oben müssen wir jetzt hin und das ist ja eigentlich unglaublich was man so schafft und ob man's überhaupt schafft, nicht, und nach zwei, drei, vier Stunden ist man oben." (VA9-m-60)

„Naja, langsam und langsam. Ich bin ja erstaunt, wie schnell man eigentlich Strecken hinter sich legt." (JW10-w-57)

Der Rucksack hat bei dieser Form der Unternehmung für manchen eine ambivalente Rolle. Ist er für routinierte Wanderer kaum ein Thema, wird mit Erfahrung leicht gepackt und symbolisiert den „Reduktionsurlaub" (VA7-w-52), so stellt er für andere eine wortwörtliche Belastung dar. Die „Entlastung" führt in jedem Fall zu großer Zufriedenheit.

„Jede Pause, wo man hier den Rucksack runterschmeißt, das äh, diese Leichtigkeit wieder fühlt (lachen), das ist schon was." (VA14-m-26)

---

59 Zum Gehverhalten eine Übersicht, die das Bundesministerium für Gesundheit im Rahmen der Kampagne „Die Prävention – 3000 Schritte extra" angibt: „Eine Rezeptionistin legt durchschnittlich 1.200 Schritte am Tag zurück, ein Grafikdesigner 1.400 Schritte, ein Manager 3.000 Schritte, ein Verkäufer 5.000 Schritte, eine Hausfrau mit Kindern 13.000 und Postboten gehen immerhin 18.000 Schritte pro Tag."(Bundesministerium für Gesundheit 2007) Bei einer durchschnittlichen Schrittlänge von 80cm entsprechen 3000 Schritte 2,4km; ein gängiges Wanderpensum ist ungefähr das Zehnfache pro Tag.

„Dann kann ich den Rucksack abschmeißen, also ankommen, den Rucksack weg-schmeißen, irgendwie duschen, sich hin also flachlegen und dann das genießen, was man hinter sich hat oder sich erholen." (JW9-m-52)

Wie ein Rucksack optimal gepackt ist, was nötig ist und was nicht – darüber gibt es unendlich viele Ansichten. Ein Punkt intensiver Beschäftigung ist das Packen – und damit verbunden die Auseinandersetzung mit Bedürfnissen und Möglichkeiten – alle-mal. Besonders im Pilgerkontext wird im reduzierten Rucksackgepäck auch eine gei-stige Übung gesehen: sich beschränken, sich von Dingen trennen, sich von Gewohn-heiten lösen. Die Auseinandersetzung damit beginnt schon im Vorfeld einer Tour:

„Und ich hab mir unglaublich genau überlegt, was ich mitnehme und alles ab-gewogen und habe immer noch zuviel, fürchte ich." (JW3-w-70)

Dieses „zuviel" kann auch unterwegs bereinigt bzw. sich wandelnde Bedürfnissen an-gepasst werden. Eine Pilgerin erzählt, dass sie durch tägliches Aussortieren und zu-meist Wegwerfen von Dingen ihren Rucksack um sechs Kilogramm erleichtert hat.

Auf das Tragen des Rucksacks zu verzichten und zum Beispiel Serviceangebote wie ei-nen Gepäcktransport von Quartier zu Quartier in Anspruch zu nehmen, gilt dennoch für viele als ehrenrührig und widerspricht dem Gefühl, alles für die Unternehmung Notwendige selbst zu schultern. So erzählt eine 70-jährige rucksacktragende Pilgerin von folgender Begegnung:

„Und sie [andere Wanderer] hatten relativ leichtes Gepäck und ich fragte, wieso sie denn mit so leichtem Gepäck unterwegs sind, und da sagten sie, naja, sie lassen also jeden Tag ihr Gepäck ne Station weiterbringen. Und so kommen sie eben auch gut voran. Und das find ich dann auch wieder nicht in Ordnung. Merkwürdig, ja? Warum nicht, eigentlich?" (JW3-w-70)

Andere sind allerdings froh über Angebote dieser Art. Besonders in Fällen, wo es nicht um Komfort oder eine gekaufte Erleichterung geht, sondern die Möglichkeit des Ge-päcktransports darüber entscheidet, ob eine Tour überhaupt machbar ist. In diesem Fall gab es am französischen Jakobsweg diesen Service, der es der Interviewten ermög-lichte, mit ihren schon älteren Eltern auf die Pilgerreise zu gehen.

"I don't think I would do it in Spain with my parents because you can't have the luggage moved on, and also Transbagage will take people as well, so that has been very important, because my father hurt his knee and he couldn't walk. For a few days. So that we could put him on Transbagage and continue." (JW13-w-44)[XXV]

Zu Körper und Raum gehört abschließend auch das Thema was geschieht, wenn die Raumdurchquerung, sprich Wegsuche und Begehung, nicht wie geplant verläuft. Verlaufen kann schnell zur Gefahr für die körperliche Unversehrtheit werden:

> *"... he [another walker] was struggling. And I think he had very little idea of how to read the guidebook or the map. And would have been possibly quite dangerously lost." (CC2-m-60)*[XXVI]

In anderen Fällen entstehen gerade durch unvorhergesehene Situationen Erlebnisse, die eine ungewohnte Selbstwahrnehmung ermöglichen. Im folgenden Zitat beschreibt ein Interviewter noch ganz ungläubig eine als sehr misslich empfundene Begebenheit, die jedoch genau von so einer erstaunt registrierten Veränderung begleitet wurde.

> *"And the other thing that is interesting, while we were lost, we completely forgot about any bodily aches and pains. [...] I mean I, ... my feet are my sort of vulnerable point and XY's knees his vulnerable point. But we both agreed that when we were lost on the top, we forgot all about feet and knees." (CC2-m-60)*[XXVII]

Ob nun mit oder ohne Rucksack, auf dem „richtigen" Weg oder nicht, – wandern bleibt eine schweißtreibende Angelegenheit. Die Selbstbewegung ist mit Anstrengung verbunden, doch die Belohnung folgt auf dem Fuße.

> *„Aber in der Tat, laufen, ja... Die intensivste Austauschform, weil man seinen Schweiß und anderes abgibt, und dafür was Anderes aufnimmt. Ja. Ist ja ne höchst, ne hohe Form des Austauschs." (JW9-m-52)*

Die in diesem Zitat beim Sprechen entwickelte Idee der Aufnahme von „was Anderem" geht über die bisher thematisierte körperliche Belebung hinaus, indem körperliche Vorgänge mit Elementen inneren Erlebens in Verbindung gebracht werden. Der Gedanke des hier als „Austausch" beschriebenen Prozesses wird im nächsten Kapitel aufgenommen.

5.3.2 Inneres Erleben

Unter „innerem Erleben" wird all das subsummiert, was bei längerem Gehen bedeutsam ist, sich jedoch, im Gegenzug zu den nach außen gerichteten Kategorien Körper und Natur oder der über das Individuum hinaus gehenden Kategorie „Soziales" auf innerlich stattfindende Prozesse bezieht. „Inneres Erleben" wurde in den Interviews in drei Bereichen ausgemacht: erstens in der Wechselwirkung zwischen monotonkonstantem Gehen und dem Fluss der Gedanken. V.a. bei Pilgern spielt ein zweiter Bereich eine große Rolle: die Vertiefung in Glaubensfragen oder ein intensiviertes Erleben von Spiritualität. Weniger gelenkt ist hingegen der letzte Bereich, der mit dem Laufen einhergehende Änderungen von Stimmungslagen und der Selbstwahrnehmung umfasst. Gerade positives psychisches Erleben, das – zunächst verkürzt – mit Stärkung und Glück durch Gelassenheit benannt werden kann, klingt oft in den Gesprächen heraus und wird im dritten Abschnitt zum inneren Erleben vertieft.

In den folgenden Unterkapiteln werden fast ausschließlich Interviewzitate wiedergegeben, die auf dem Jakobsweg gewonnen wurden. Dass die Beschäftigung mit Spiritualität und Glaubensfragen verstärkt hier auftritt, liegt in der Natur des Pilgerns. Dass jedoch auch die Neigung, sich überhaupt inneren Prozessen beim Gehen zuzuwenden, also Gedanken Raum zu geben oder psychische Veränderungen zu erkennen und zu reflektieren, ebenso fast ausschließlich auf dem Jakobsweg auszumachen ist, verweist auf tiefergehende Zusammenhänge. Auf diese wird unter 5.5, dem Kapitel zu den Dimensionen der Kernkategorie, eingegangen.

5.3.2.1 Gehen und Denken

Beim längeren Gehen kann man seinen Gedanken ausführlich nachgehen. Zum einen ist die Zeit dafür da, zum anderen hilft der Abstand zum Alltag, Dinge aus der Distanz zu betrachten. Das sprichwörtliche „In-Gang-Kommen" weist auch darauf hin, dass Außenbewegung und Innenbewegung einander beeinflussen (können). Einige der Wanderer thematisieren dies.

> *„Also einfach dadurch, dass ich halt wie gesagt sehr gut denken kann im Gehen, das auch tue, und ich dann ja 14 Tage lang am Stück gehe, ist das ne wahnsinnige Zeit die ich da auch Zeit habe und denken kann, einfach sich so bisschen zu sortieren, das ist meine Idee." (JW7-m-30)*

Dieses „Sortieren" ist in unterschiedlichen Facetten zu finden. Dies kann eine Auseinandersetzung mit konkreten Fragen sein, wie dem weiteren Berufs- oder Beziehungsleben, aber auch eine Rückschau auf das eigene (Berufs-) Leben oder ein bedachtes Innehalten, um Zukunftsideen entstehen zu lassen. Diese Fragen werden in den folgenden drei Zitaten angesprochen und illustrieren innere Auseinandersetzungen unterwegs:

> *« Est-ce que je continue avec mon travail ? Est-ce que je continue avec mon mari ? Où ma vie va aller maintenant ? » (JW11-w-53)*[XXVIII]

« *Je réfléchis beaucoup en marchant. Et c'est un petit peu ce dont je me réjouissais. Si vous voulez. C'est d'avoir plus de temps pour réfléchir. [...] Réfléchir aussi à toute la pratique que j'ai eue, dans ma carrière et les caractéristiques de cette pratique. Et qu'est-ce que j'en pense avec le recul.* » *(JW12-m-74)*[XXIX]

„*Die Motivation ist auch noch gewesen hier jetzt so, man ist 35. Die Hälfte des Lebens ist praktisch vergangen, jetzt die nächste Hälfte (lachen) so ne Zwischenbilanz zu haben, sich bisschen zu besinnen und ... wo soll's denn vielleicht noch mal hingehen...* " *(JW1-m-35)*

Die hier angesprochenen Themen, die beim Laufen durchdacht werden und beim Formulieren immer wieder nur stockend benannt werden können, zeichnen sich durch eine große Tragweite aus. Es sind keine unbedeutenden Entscheidungen, die problemlos gefällt werden können, sondern sie umfassen wichtige Bereiche des zukünftigen oder vergangenen Lebens. Der große Abstand zum Alltag ermöglicht Überlegungen, für die sonst kein Raum ist. Um die tiefgreifenden Gedanken unterwegs in Gänze zu erfassen, werden von einigen Interviewten neue „Bewusstmachungsrituale" genannt, die bei der Verarbeitung oder Würdigung dessen, was im Laufen durchdacht wurde, helfen. Zwei Beispiele:

« *Chaque jour, je fais le bilan de ce que j'ai appris sur moi-même. A la fin de la journée.* » *(JW8-w-61)*[XXX]

„*Dann [abends] ess ich in der Regel und dann geh ich meist nochmal irgendwo hin und trinke noch ein Bier. Mein Reflektionsbier.* " *(JW7-m-30)*

Es ist allerdings nicht so, dass „nur" gezielte Gedanken verfolgt werden oder Wandernde nur über sich und ihr Leben nachdenken. Oft ist die Interaktion mit der Umwelt Anlass, neue Fragen zu stellen und Antworten zu suchen.

„*Ich bin eigentlich Landschaftsarchitekt, das hab ich aber lange nicht mehr gemacht, aber jetzt fängt's mich wieder an zu interessieren, weil ich mir plötzlich Gedanken mache, wie ist denn die Landschaft entstanden und was ist das jetzt da für Gestein, bei Le Puy, das ist Vulkan, und was ist das Hochland von Aubrac, aha, das sieht ja aus wie in Schweden, ist da eventuell Granit... also es wird richtig interessant jetzt.* " *(JW10-w-57)*

Das Spannungsfeld Alltag – Wandern, Wandern – Alltag wird in unterschiedlichsten Kontexten thematisiert. Für manche Wanderer sind auch unterwegs Probleme des nicht ganz so fernen Alltags präsent, die dann in Gedanken oder Träumen Gestalt annehmen.

« Moi, je suis très, très perturbée parce que j'ai un gros souci familial qui s'est pro- duit pendant ce séjour, alors là, j'ai beaucoup de mal à rester dans ce que j'étais venue faire. Ma tête est souvent ailleurs. On rêve la nuit, j'ai des cauchemars, euh, ça monte en marchant » (JW6-w-64)[XXXI]

Andere wiederum sind skeptisch, ob nicht neue „Wanderalltags-Gedanken", die sich z.b. um die Quartiersuche drehen, den Höhenflug der Gedanken zu sehr auf den Bo- den der Tatsachen zurückholen.

„Das ist auch ein bisschen so meine Sorge, ich mein, man findet immer was [zum Übernachten], aber trotzdem ist das ein Gedanke, den ich oft habe, also welches nehm ich denn jetzt, welches ist das bessere und so. Manchmal machen diese Ge- danken schon bisschen kaputt, dass ich denk, ich komm gar nicht mehr zu meinen anderen Gedanken, die ich auch haben will, weil ich so ein bisschen mehr auf diesen Versorgungsaspekt aus bin." (JW7-m-30)

Ob und wie sich die Richtung der Gedanken unterwegs verändert, ist bei den aktuell Wandernden eher Spekulation denn Gewissheit. Immer wieder wird dabei ein Prozess angesprochen, der sich von körperlichen Notwendigkeiten am Anfang über gedank- liches Loslassen in der darauf folgenden Phase bis hin zu einer kompletten Ankunft im Wander- oder Pilgerdasein erstreckt. Der zweite Schritt wird von dieser Pilgerin mit folgenden Herausforderungen beschrieben:

„In der zweiten Woche muss man seinen Gehirnkasten da (lacht) abstellen. Ich merk das ja auch wenn ich gehe, dann geht hier immer irgendein Programm los. Dann schreib ich irgendwelche Briefe im Geist und dann red ich mit irgend jemand und so... Ich könnt mir vorstellen, dass das alles mal aufhört. Dass man vielleicht noch mehr null gestellt wird." (JW10-w-57)

5.3.2.2 Glaube und Spiritualität

Gelingt früher oder später das oben genannte „Auf-Null-Stellen", wird Raum für an- deres frei. Besonders auf Pilgerwegen sind Themen wie Religion, Glaube und Spiri- tualität präsent, können aber von Fall zu Fall auch auf säkularen Wegen thematisiert werden. Das Ziel von Pilgern und Pilgerinnen ist nicht oder nicht nur in der Errei- chung eines äußeren Ortes zu sehen. Auffällig ist jedoch, dass schon das Verständnis dessen, was Religion, Spiritualität, ja, auch was nun ein spirituelles und was ein profanes Erlebnis ist, weit divergieren und vor allem ganz individuelle Bilder des Religiösen oder Spirituellen geschaffen werden. Die Bedürfnisse und Ziele beim Pilgern mit denen eines regelmäßigen Kirchgangs zu vergleichen, fällt schwer. Zu individuell unterschiedlich, was gesucht wird, zu unterschiedlich, welche Offenheit an Zugängen zum Glauben erwartet oder umgesetzt wird. Doch gerade die Offenheit und die Deutungshoheit darüber, was für einen Pilger, eine Pilgerin religiös oder spirituell aufgeladen ist, führt dazu, dass im eigenen Alltagsleben verschüttete Wünsche, Gefühle oder Sehnsüchte erkannt werden und durch das Pilgern ihren Ausdruck finden; dass sich neue Zugangswege zum Religiösen auftun – oder ein bereits gelebter Glaube erweiterte Ausdrucksformen findet.

Die beiden folgenden Zitate gehören zu den stärksten Aussagen des Samples, mit denen Menschen beschreiben, was sie auf den Weg gebracht hat. Von der erste Pilgerin wird ein von ihr selbst unverstandenes Geschehen beschrieben, das dazu geführt hat, dass sie laufen muss – obwohl sie in ihrem ganzen Leben selbst kürzere Strecken zu Fuß vermieden hat. Die zweite Interviewte spricht von einem inneren Ruf, der sie seit Jahren auf verschiedenste Weise gelockt hat, ohne dass sie überhaupt vom Pilgerweg nach Santiago wusste, und dem sie jetzt folgt.

> *« Tu vois, je voulais pas marcher. Je vois quelque chose qui s'est passé, je sais pas pourquoi. Il faut que je marche. » (JW14-w-25)*[XXXII]

> *„De venir? Je sais pas. J'avais l'impression que depuis des années ... j'avais un appel, un appel intérieur, en effet. » (JW11-w-53)*[XXXIII]

Ein anderer herausragender, diesmal expliziter innerer Beginn ist das Gelübde. Als Dank für Hilfe in schwierigen bis aussichtslosen Lebenslagen wird versprochen, die Pilgerreise nach Santiago anzutreten. Dieser Anstoß zum Aufbruch war im Mittelalter stark verbreitet, ist aber auch heutzutage anzutreffen. Ihn auszusprechen fällt schwer, was bei der Tragweite der Bedrohung durch die Krankheit sowie den Glauben, der hinter diesem Gelübde und dessen Einhaltung steht, verständlich ist.

> *« Mais au départ c'est ... Mon mari etait très malade l'an passé, il a eu un cancer, et puis a promis que si ... il guérissait de son cancer ... on ferait le chemin. ... Ça fait que on remplit notre promesse en faisant le chemin. » (JW8-w-61)*[XXXIV]

Für die Mehrzahl heutiger Pilger sind die religiösen oder spirituellen Dimensionen des Weges weniger deutlich. Es geht um ein Ausprobieren, ein Sehnen, eine Offenheit, die zwar religiöse Komponenten beinhaltet, dennoch nicht eindeutig einzuordnen ist.

Selbst nach einigen Wochen auf dem Weg ist die Motivation oder das Besondere des Weges nur schwer in Worte zu fassen, wie beim folgend zitierten Pilger. Dennoch wird die Bedeutung eigenständigen religiösen Erlebens auf dem Jakobsweg ersichtlich.

> *„Und jetzt dann Jakobsweg. Ja, es ist natürlich, es ist auch ne religiöse Komponente mit neingespielt. Also ich bin zwar gläubig, aber ich bin jetzt nicht praktizierend als Christ, sondern gehe halt ab und zu mal in die Kirche aber ... und jetzt einfach auf dem Jakobsweg mich da ein bisschen mehr drauf zu konzentrieren und mehr Zeit haben, mich drauf einzulassen und in Kirchen zu sitzen und einfach .. die Nähe Gottes zu spüren, so in der Richtung. Und einfach neugierig sein, was da mit einem passiert." (JW1-m-35)*

Selbst ohne religiöse Bezüge übt der Jakobsweg eine Anziehungskraft aus, die nicht unbedingt verstanden, der aber dennoch gefolgt wird.

> *„Und ich bin nicht religiös. Überhaupt nicht. Und es hat trotzdem ne gewisse Faszination." (JW3-w-70)*

Die hier umrissene Vielfalt findet ihre Fortführung im Selbstbild der Menschen unterwegs. Es ist jede denkbare Kombination von Glaube und Atheismus, Pilgeridentität und Wandererselbstbild zu finden; DEN Pilger gibt es nicht, DAS Verständnis von Religiosität auch nicht, und auch nicht DIE geteilte Motivation. Die folgenden zwei Zitate stammen von einem „schlechten", da spirituell desinteressierten, Pilger und einem nicht religiösen Pilger, der dennoch einen spirituellen Weg verfolgt. Mit dem Terminus „Pilger" können sich beide identifizieren.

> « *Je suis un très mauvais pèlerin (rire). Spirituellement parlant. Non, euh, c'est pas ma motivation.* » (JW12-m-74)[XXXV]

> « *Je suis pèlerin, mais je ne suis pas religieux. Je ne suis pas croyant. [Mais] il y a bien un côté spirituel. Moi, je n'accepte pas les dogmes, donc j'ai un chemin spirituel hors dogme.* » (JW4-m-66)[XXXVI]

Eine weitere Interviewte sieht sich als Wanderin auf einem Pilgerweg, wobei sie ihre Motivation (auch) aus der Beschäftigung mit existentiellen Fragen zieht:

> *„Also ich geh jetzt den äh Compostela nicht, um jetzt in jeder Kirche auf die Knie zu fallen und zu beten und an jedem Kreuz, das interessiert mich überhaupt nicht die Bohne. Aber ich geh ihn natürlich schon, weil ich gerne mehr an mich dran kommen will. Weil ich gerne mehr wissen will. Wer bin ich, was will ich, und so."*

Und weiter: „Wenn ich meinem Bruder jetzt schreib, ich schreib nicht, ich bin auf einem Pilgerweg. Ich schreib ich wandere in Frankreich." (JW10-w-57)

Wieder anders der folgende Interviewte, der sich als passionierten Fußläufer sieht und gläubig ist, aber nicht deswegen auf dem Jakobsweg unterwegs ist.

„Also ich wollte jetzt nicht unbedingt spirituelle Erfahrungen machen, auf dem Weg, aber ich bin offen dafür." (JW7-m-30)

Für andere hingegen ist es ganz klar, dass sie religiös motivierte Pilger sind; sie möchten keinesfalls für Wanderer gehalten werden:

« C'est vraiment un pèlerinage qu'on fait. Ici, c'est pas de la randonnée! » (JW8-w-61)[XXXVII]

Und für diese wahrhaftigen Pilger können die vielen „Wanderer" unterwegs auch eine Störung sein, die jedoch auch als Prüfung ausgelegt werden kann, wie es diese Interviewte darstellt:

« Surtout il est important qu'on accepte. Au début je me suis dit : bouah, les randonneurs, bouah, bouah... » (JW14-m-25)[XXXVIII]

Ein anderer Aspekt, der gewissermaßen mit der eben beschriebenen Vielfalt an Pilgeridentitäten einhergeht, ist, wie Religiosität bzw. Spiritualität unterwegs gelebt und erlebt werden. Kirchen spielen dabei für viele Interviewte eine wichtige Rolle, jedoch geht es dabei selten um Gottesdienste oder angeleitete Übungen. Beispielsweise steht, wie im folgenden Zitat, das Gebäude als sakraler Raum an sich im Vordergrund, in dem Kräftigung erlebt wird:

« Les églises, pour moi ça a une importance parce que je vais me chercher de l'énergie. Puis je me fâche tellement des églises barrées, je peux comprendre, mais j'aime pas ça, parce que moi j'ai besoin des églises pour m'arrêter, pour prendre de l'énergie, et puis pour prier. » (JW8-w-61)[XXXIX]

Eine andere Art, sich mit Kirchen am Weg auseinander zu setzen, beschreibt der folgende Interviewte, der von der Architektur der Kirchen am Weg inspiriert wird, jedoch nicht von der Gestaltung des Innenraums:

„Also wenn ich in Kirchen reingehe und das sind so tolle, alte Steinkirchen, ich finde das ist teilweise Theologie pur, also wie die gebaut sind und was die aussagen

und was die ausdrücken, das finde ich hat teilweise ne ganz tiefe theo-logische Bedeutung, die Architektur selbst. Und dann kommt da wieder so eine, ist da so verkitscht mit irgendwie so eim Devotionalienscheiß, da denke ich, das ist so schade. Deshalb geh ich auch selten in Kirchen rein. " *(JW7-m-30)*

Eher distanziert beschreibt ein weiterer Interviewter, wie Kirchen positiv auf die sie Besuchenden wirken können – auch wenn er selbst sich davon nicht angesprochen fühlt:

«*Dans ce village [Conques] on comprend très bien les gens qui vont méditer par exemple dans les églises ou comme ça, parce que l'église est un lieu qui échappe aux pressions extérieures. Une fois que vous êtes à l'église, les pressions extérieures sont plus là.* » *(JW12-m-74)*[XL]

Neben Kirchen am Weg sind es vor allem die Unterkünfte, die für Pilger oder Wanderer auf Pilgerwegen wichtig sind. Nicht nur als Schutz für die Nacht, sondern besonders, wenn sie wie viele christliche Unterkünfte zu Orten der Begeg-nung und inneren Einkehr werden. Für manche verkörpern gerade sie den Unterschied zwischen Wandern und Pilgern, für andere sind sie eine wichtige Bereicherung ihres Pilgerdaseins, wie aus den folgenden beiden Interviewpassagen hervorgeht:

« *Je trouve que par exemple des haltes comme celle-ci [Couvent des Ursulines de Malet], ces témoignages de rencontre, des gens qui sont dans leur foi, qui la vivent, pour moi c'est intéressant, parce que c'est très différent de ce que je vis dans mon quotidien.* » *(JW6-w-64)*[XLI]

« *Je suis pas catholique. Mais c'est dans les accueils où il y a la foi que je suis mieux quand même.* » *(JW11-w-53)*[XLII]

Ein letztes in diesem Kontext wiedergegebenes Zitat gibt die Einstellung wieder, dass keine besonderen Orte oder Menschen notwendig sind, um religiöses Erleben zu evo-zieren. Hier wird der Begriff des Religiösen auf die natürliche Umwelt ausgeweitet und die räumliche Fixierung auf die Kirche in Frage gestellt:

„Ich hab mir da [in der Kirche] nur gedacht, ach all das, was die haben, so die-sen Prunk und dieses... Das war vielleicht früher so, dass es außerhalb war. Aber in unserer Zeit finde ich ist es nötig, dass wir das in uns rein kriegen. Also man müsste eigentlich die Kirche in sich tragen, selber. Und für mich ist genauso Land-schaft und Kultur, das ist für mich auch mehr, das ist für mich auch fast Religion. " *(JW10-w-57)*

Die Begegnung mit dem Spirituellen unterwegs kann also sehr unterschiedlich aussehen. Förderlich für spirituelles Erleben ist in jedem Fall die beim Pilgern präsente Verbindung von monotoner Bewegung, Phasen der Einsamkeit oder Einkehr, der Zeit zum Denken und immer wieder erfahrener körperlicher Anstrengung bis hin zur Erschöpfung. Ein Pilger drückt die Bedeutung von Grenzerfahrungen so aus:

> *„Und ich glaube, dass du die größte Spiritualität dann erlebst, wenn du an deine körperlichen Grenzen kommst.“ (JW7-m-30)*

Wann oder ob Spiritualität unterwegs erlebt wird, hängt nicht nur von äußeren Umständen des Laufens ab, sondern vor allem auch von der inneren Einstellung des einzelnen Pilgers oder Wanderers. Sie entscheidet darüber, inwiefern man dafür empfänglich ist – egal, wie nah man Erschöpfung oder Bedrängnis ist. Dabei stellt sich die Frage, inwieweit die innere Haltung auf das äußere Erleben einwirken kann. Dies lässt sich aus den Interviews besonders dort gut herausfiltern, wo von überraschenden Begebenheiten erzählt wird. Es geht dabei um Erlebnisse, die den Läufern ihre Grenzen, ihre eigene Verwundbarkeit und ihre existentielle Gefährdung vor Augen führen, wie in der folgenden Episode auf dem Jakobsweg:

> *„Ich bin von Aumont Aubrac los, also über die Hochebene da, Aubrac, wo ja im Führer steht, da kann man nichts mehr einkaufen bis Nasbinals, und hoch und wild und was weiß ich, und dann hab ich mir da zu Essen gekauft, nach ner Weile hab ich gedacht, iss das mal, so ganz pikanter Wurstsalat, so scharf und salzig, und dann hab ich gedacht, ist am Besten, ich trink gleich was, sonst muss ich wieder den Rucksack runter tun. Und da seh ich, ich hab meine Wasserflasche vergessen. .. Dacht: um Gottes Willen. Jetzt über die Höhe, kein Wasser, da ist ja nirgends fließendes Wasser gewesen. Nur stehendes, wo die Kühe draus trinken. Was soll ich machen. ... Kannst du nichts machen, reiß dich zusammen und geh weiter. Und eine Minute später seh ich da im linken Graben so eine große Plastikflasche liegen, voll mit Wasser. Heb ich die auf, unter dem Papier da waren so kleine Viecher schon, haben sich da angesetzt gehabt, mach ich die auf und trink ein Schlückchen und geh erst weiter. Denk, mal sehen, ob ich's überlebe. Und ich hab's überlebt! Das Wasser war super. Also da hat's mich wirklich, da hat's mich bissle geschleudert (lacht). ... Ja, da krieg ich Gänsehaut. Das fand ich schon .. das war . ja.“ (JW10-w-57)*

Eine Durchquerung der kargen Hochfläche des Aubrac ohne Wasser ist nicht nur unangenehm, sondern kann gefährlich werden. Der erstaunliche Fund einer vollen Wasserflasche genau zur richtigen Zeit könnte durchaus als göttliche Vorsehung oder ein diffuses Gefühl des Beschützt-Werdens gedeutet werden, was allerdings von der Interviewten nicht getan wird. „Da hat's mich geschleudert" und konkret die „Gänsehaut" als eine physiologische Reaktion auf die Begegnung mit dem Numinosen wird nicht als dezidierte Begegnung mit dem Göttlichen erlebt. Die Episode wird als „beeindruckend" rekapituliert – aber nicht als Berührungspunkt mit etwas Übersinnlichem. In einem vergleichbaren Fall, wo bei einer längeren Etappe ohne Nachschubmöglichkeit vergessen wurde, für ausreichend Proviant zu sorgen, ist die Deutung der in diesem Fall gefundenen Nüsse zur Stillung des Hungers anders:

« Je dis que le chemin nous, apporte toujours ce qu'il faut au moment où on en a besoin. » (JW8-w-61)[XLIII]

Hier führt das Erlebte zu einer Stärkung im Glauben und der Gewissheit, dass er – der Weg als Personifizierung des Göttlichen – für die Pilger sorgt, die auf ihm voranschreiten.

Diese Unterschiede weisen darauf hin, dass nicht nur Umfeld und Geschehnis einen Beitrag zum spirituellen Erleben erbringen, sondern immer auch die individuelle Disposition die Wahrnehmung beeinflusst. So kann Profanes spirituell erlebt werden – und umgekehrt. Für beides bietet eine längere Fußreise zahlreiche Anlässe.

Religiöses und spirituelles Erleben auf dem Jakobsweg war Thema der letzten Seiten und wird abschließend um einen Gedanken erweitert. Bisher ging es um Pilgern auf einem Pilgerweg, doch stellt sich die Frage, ob es zum „Pilgern" in all seinen Facetten, die ihm von den einzelnen Akteuren zugesprochen werden, eines expliziten Pilger-Weges bedarf. Für viele mag dies eine unabdingbare Voraussetzung sein. Für andere sind bedeutsame Elemente des Pilgerns auch auf säkularen Wegen zu finden, wie folgender Dialog aus einem Coast to Coast Interview zeigt:

"I would think there is a sense, not particularly religious, but there is a sense of pilgrimage. All this moving on, you know." "And I think that pilgrimage is right. I think there is a sense in which you are walking towards something. In this case, we're walking towards Robin Hood's Bay." (CC1+2-mm-50+60)[XLIV]

Pilgern auf einem Wanderweg, Wandern auf einem Pilgerweg, religiöses Erleben bei profanen Ereignissen, profanes Erleben bei religiösen Ereignissen, Gelübde und innerer Ruf, diffuse Suche und ungelenkte Neugierde. Es gibt wenig, was unterwegs nicht zu finden ist. Unübersehbar ist jedoch die Wichtigkeit der individuellen Deutungshoheit und deren Umsetzung zu dem, was jedeR für sich als Pilgern ansieht. Nur dann wird möglich, dass das gefunden, was gesucht, das erlebt, was entbehrt wird.

5.3.2.3 Psychisches Erleben

„Körper, Geist und Seele, weil das für alle entspannend ist, stundenlang über die Berge zu gehen und man redet nicht viel und man schnauft und … es ist einfach total entspannend." (VA7-w-52)

Das Zitat benennt mit einfachen Worten die Wohltat des Wanderns. Mit dabei, neben Körper und Geist, ist auch die Seele, die beim langen Laufen entspannt – und sich dabei stärkt. Glück und Gelassenheit sind beim psychischen Erleben zentral. Der im Zitat genannte Dreiklang führt zu im Alltag selten erlebten Stimmungen und ungewohntem Selbsterleben. Des weiteren geht es darum, eigene Grenzen oder Schwächen zu erkennen – und zu lernen, damit umzugehen, aber auch Stärken wahrzunehmen und diese wertzuschätzen. Beides tritt beim Wandern in häufigem Wechsel auf, Wechsel nicht nur zwischen Stärke und Schwäche, sondern auch zwischen Körper und Psyche. Die positive Wirkung von Langstreckenwandern auf letztere ist eindeutig – was sich sogar bei schweren psychiatrischen Erkrankungen nachweisen lässt.[60]

Glück unterwegs kann sein:

„Mir fällt nur ein, dass ich sehr viel mehr gelacht habe als ich das eben zu Hause tue." (JW3-w-70)

« Lorsque je marche, je me sens heureux de marcher. » (JW4-m-66)[XLV]

„… das immense Glücksgefühl hinter diesem Caravanpark [der Punkt am Coast to Coast, an dem das Ziel zuerst sichtbar ist]. Direkt auf den Klippen zu stehen und jetzt wirklich wieder an der Küste zu sein, das war schon ein großartiger Moment; den ich bestimmt auch nie vergessen werde, weil das einfach, ja, das war schon .. Stolz und Rührung und .. Befriedigung in einem." (CC7-m-47)

Die erlebte Zufriedenheit beim Laufen kann dazu führen, dass im Alltag bedeut-same Regeln an Wichtigkeit verlieren oder z.B. das Bestreben, alles in der Hand zu haben, relativiert wird. (Sich) gehen lassen, gelassen werden, loslassen können; das Unplan-bare, Unvermeidliche, Unabänderliche zulassen; sich überraschen lassen. All das ge-hört dazu, um sich auf das Unterwegs-Sein ganz ein-lassen zu können.

---

60 So beschreibt Nolte (2004) Erfahrungen des Jakobuswegprojekts am Marienhospital in Herne, bei dem psychiatrische PatientInnen unter therapeutischer Anleitung Jahr für Jahr ca. zwei Wochen auf dem Jakobsweg laufen. Neben kurzfristigen Effekten (z.B. reduzierte Medikation unterwegs) lassen sich auch langfristige Wirkungen aufzeigen, die unter den Schlagworten Salutogenese und Empowerment subsumiert werden.

"And that is part of the story, you know. You go out in the morning and you don't know where you come to." (CC1-m-50)[XLVI]

„ Was für mich sich so durchzieht jetzt in diesen Tagen, dass du dich im Grunde immer wieder überraschen lassen musst. Du kannst so schwer was planen oder wenn du meinst, dorthin müssen wir, biegst um die Ecke und weißt, nicht dorthin, sondern dahin geht der Weg. Weißt, ja, dass es eigentlich voller Überraschungen ist und du dafür offen bleiben musst. " (VA2-w-40)

Dieses "Sich-Einlassen" kann sich wie oben auf „den Weg" beziehen und sich im Verlauf einer Tour wandeln oder auf das, was unterwegs oder daheim an Unvermeidlichem auftritt.

„Oder wenn da ein Typ rumrennt mit so ner Lampe auf der Stirn und will rücksichtsvoll sein aber es leuchtet so, dass man ja schier..., ich find das jetzt lustig. Dann denk ich mir aha, was stellt er denn jetzt an. Und früher hätte ich mich aufgeregt oh, dieser Idiot. Ja, es kommt so ne Gelassenheit. " (JW10-w-57)

„Ich bin einfach fröhlich, obwohl ich weiß, dass daheim meine Brombeeren am Busch vertrocknen werden, weil niemand sie runternimmt und niemand Apfelgelee kochen wird oder Holunderbeergelee. Ja, aber dann gibt's halt dieses Jahr keines. Es ist einfach unglaublich, dass ich mich über verschiedene Dinge hinwegsetzen kann, was ich vorher überhaupt nicht konnte. " (JW3-w-70)

Auf einer anderen Ebene geht es darum, sich selbst neu oder in einem anderen Licht zu sehen. Hilfreich ist dazu der Wanderalltag, der andere Forderungen als der normale Alltag stellt, damit aber auch Möglichkeiten eröffnet, andere Fähigkeiten an sich wahrzunehmen oder Seiten zu stärken, die auch im Alltag nützlich sein können. Förderlich dazu kann der Weg sein, der als „Konstante" Sicherheit und Freiheit zugleich bietet sowie ein anderes Selbst- und Zeiterleben unterwegs:

„Ich finde die Konstante ist das erste und wichtigste, der Weg, und was man dann, wie man sich das aneignet, gut, das weiß man eben nicht. Das ist das, was mit einem passiert. " (JW9-m-52)

„Wo man eigentlich nicht viel erlebt hat, aber das ist alles so intensiv gewesen, was man erlebt hat, jede Kleinigkeit, die man dann erlebt hat unterwegs, war bedeutungsschwer, oder hat so viel Inhalt gehabt. " (JW1-m-35)

Als erlebte Stärkung werden unterschiedliche Dinge genannt, so in den folgenden vier Zitaten moralische Stärke, Selbstsicherheit, Selbsterkenntnis, erlaufene Lebensweisheit und das Erkennen der eigenen Grenzen:

« Et puis ça donne de la force. De la force morale. » (JW4-m-66)[XLVII]

„... dass man zum Beispiel lernt, eine große Aufgabe in kleine Etappen zu unterteilen. Dass man sich Zwischenziele setzt. Und es gibt natürlich auch bisschen was an Selbstsicherheit dazu, wenn man weiß, man kann es schaffen. " (VA12-w-35)

"You have a goal, but it is a long way off. And you will advance towards it in very gentle slow stages. And if you try to go too fast, you will damage yourself. So that's on the walk, that's true walking. But I think that's a lesson for life." (CC2-m-60)[XLVIII]

« J'apprends à respecter mes limites sur ce chemin-là, ce que je fais pas normalement. Et je trouve que sur le chemin chaque jour on apprend des choses sur nous-mêmes. » (JW8-w-61)[XLIX]

Zusätzlich gibt es auch konkrete in den Interviews angesprochene Bereiche, die auf eine Stärkung bestimmter psychischer Kräfte unterwegs hinweisen. Dabei geht es um Ängste oder Phobien – im Hinblick auf Schlangen oder Hunde, die Höhe, menschliche Nähe oder soziale Überforderung. Einschränkungen wie allgemeine Ängstlichkeit oder Phobien werden unterwegs z.T. anders erlebt bzw. können punktuell sogar überwunden werden.[61]

„Und was ich auch denke .. man geht ja da manchmal durch Gebiete, da ist ja wirklich kein Mensch, keine Siedlung, nix. Könnte man doch mal Angst kriegen. ... Aber ich muss sagen, ich hab .. krieg ich nicht. Und ich wundere mich darüber." (JW10-w-57)

"At one point, I was very proud of myself because I have a severe phobia of snakes, and there was one part where I had to walk past a sign saying adders very large, in the heather, and, uh, it took me half an hour to physically step past that site, .. because I was so frightened. Basically. And I did it, and I walked through it, and the sense of achievement of doing that was just amazing." (CC3-w-38)[L]

---

61 Für eine vertiefte Auseinandersetzung zur Wirkung des langen Laufens auf die Psyche sei nochmals auf das Jakobusprojekt am Marienhospital in Herne verwiesen (siehe auch Fußnote 60).

Manchmal jedoch stimmt das Selbsterleben beim Laufen nicht mit dem alltäglichen Selbstbild überein. Im folgenden Fall hat eine als bedrohlich erlebte Einsamkeit und Verlassenheit auf dem Jakobsweg dazu geführt, neue Elemente im Selbst zu erkennen – und Stück für Stück zu akzeptieren:

> *« Puis j'étais pas une personne insécure, je suis venue ici toute seule parce que je pensais que j'étais forte pour le faire. Alors là, je repars en me disant je suis une faible femme, insécure, large, paresseuse (rire). Je m'entraîne de toutes sortes de choses, je suis contente, mais j'ai accepté ces faiblesses-là aussi. » (JW11-w-53)*[LI]

Die Belebung durch Wandeln kann folglich auch eine Richtung einschlagen, die so nicht erwartet wurde und kaum gewollt ist. Wie eine solche Wandlung langfristig wirkt, kann auf Grund der angewandten Erhebungsmethode in dieser Arbeit nicht vertieft werden.

5.3.3 Naturerleben

„Die Natur" wird von vielen Wanderern als Hauptgrund genannt, der zum Aufbruch führt. Stellt man jedoch die Frage, was genau daran so reizvoll ist, wird es schwierig, da mit Konkretisierungen sehr zurückhaltend umgegangen wird. Bei der Spurensuche in den Interviews zeigen sich wie so häufig verschiedenste Details, deren jeweilige Mischung dazu führt, dass das In-der-Natur-Sein als etwas Belebendes, Wohltuendes, Bereicherndes oder Interessantes gesehen wird. Gemeinsam ist dem Erleben des Natürlichen, dass es um Dinge geht, die im urbanen oder Berufsalltag fehlen, und deren Erleben oder Wahrnehmen wenn auch nicht immer deutlich vermisst, so dennoch dankbar aufgenommen wird. Im Folgenden werden drei Aspekte vertieft. Dabei geht es um Beobachten oder Erkennen von Pflanzen und v.a. Tieren, um die Bedeutung von und den Umgang mit dem Wetter beim Laufen und schließlich um den Einfluss von Landschaften auf das Erleben unterwegs.

5.3.3.1 Pflanzen- und Tierbegegnungen

Der direkte Kontakt zu Pflanzen und Tieren ist im Alltag zumeist auf domestizierte Arten beschränkt. Zu erwarten ist, dass Begegnungen „in freier Wildbahn" besonders locken oder Spuren hinterlassen. Die Interviews bestätigen dies nur zum Teil. Besonders auffällig ist dabei die Diskrepanz, die zwischen dem expliziten Naturgenuss und der Detaillierung liegt. Mögen Tiere und Pflanzen „natürlich" zum gewünschten Naturerleben zählen, so ist v.a. die konkrete Nennung von Pflanzen selten – seien es nun

Blumen, Bäume oder Sträucher. Wenn sie überhaupt erwähnt werden, geschieht dies in einem Kontext der Nützlichkeit, indem sie wie in diesen beiden Beispielen Nahrung oder Schatten spenden:

« *Il y avait toujours des fruits, et on achetait moins de choses à manger en chemin, parce que il y avait toujours une figue ou une poire ou une pomme ou une noix.* » *(JW8-w-61)*[LII]

„*Und ich bin schon jemand, der ein bisschen Wald braucht, auch gerade wegen der Sonne halt. Dass ich nicht zu viel Sonne habe.*" *(JW7-m-30)*

Beobachten, entdecken, der Genuss des Schauens oder Riechens von Blumen findet keine Erwähnung. Hierzu ist jedoch zu fragen, ob „Natur" tatsächlich eher als Umfeld denn im Detail wahrgenommen wird, oder ob dieses Thema durch die mehr anstoßende denn nachfragende Gesprächsführung zu wenig Raum erhielt.

Differenzierter wird es bei den Tieren. Hier wird die Freude klar ausgedrückt, die bei der Begegnung mit ihnen entsteht – und zwar vor allem dann, wenn es sich um für die jeweils durchquerte Landschaft charakteristische „Bewohner" handelt. In den Alpen sind dies Murmeltiere und Steinböcke, in den ausgedehnten Mooren Nordenglands das Moorschneehuhn. Das Glück zu haben, ihnen in natura zu begegnen, steigert den Wert einer Tour.

„*Heute haben wir ein Murmeltier gesehen. Bisher haben wir sie immer nur pfeifen hören. [...] Und heute haben wir auch mal eins gesehen. So eins, hab ich gsagt, möcht ich unbedingt sehen.*" *(VA5-w-40)*

„*Bei meiner Mittagspause [...] steht da so Luftlinie fuffzig Meter ein Steinbock. Und schaut mich an. Und ich schau ihn auch an. Und dann sind wir ne Weile so gstanden. [...] Das war gut.*" *(VA15-m-40)*

„*Aber auch das Moorland mit den Moorschneehühnern, die fand ich sehr, sehr beeindruckend, weil das für mich ne Vogelart ist, die ich zwar schon gesehen hab vorher, aber nicht so lange, nicht so gut und das hatte nicht diesen Erlebniswert wie hier.*" *(CC6-w-41)*

Neben wenigen Fällen, wo Tiere Angst hervorrufen (siehe auch 5.3.2.3), wird auch die landwirtschaftliche Nutzung reflektiert. Dies besonders dort, wo Wanderwege ausgedehnte Weidegebiete queren oder landwirtschaftlich geprägte Unterkünfte Einblick in den Alltag von Mensch und Tier erlauben. Im folgenden Zitat wird über die Wirkung der Maul- und Klauenseuche im Lake District nachgedacht, die fünf Jahre zuvor grassierte und deren Folgen besonders für den querenden Fußläufer nach wie vor deutlich sichtbar sind – wenn auch anders, als erwartet.

> *"In 2001 there was a terrible outbreak of foot and mouth disease and because the Lake District for about, probably about a year, was almost closed off. [...] And that, I think, probably, had quite a longterm effect. Yes. It is interesting because everybody said that it would take years and years to repopulate the sheep. And now the sheep all seem to be fine. The sheep are back, but the people... Because the animal killing, the killing of animals, was terrible, during that time. But the animals are all back, but not the people. It seems to take longer for them to come back."* (CC2-m-60)[LIII]

In anderen Fällen dienen auch Nutztiere als Anstoß zur Reflektion oder als Motiv, die Gedanken schweifen und sich selbst Zeit zur Begegnung zu lassen...

> « *Le Chemin de St. Jacques, moi je le vois comme un moment de prendre le temps... [...] Tout simple, l'autre jour nous nous sommes restées devant un troupeau de vaches qui meuglaient parce qu'elles attendaient leur repas, alors on est restées là. On s'est arrêtées devant une poule qui était en train de becqueter... »* (JW5w57) [LIV]

Tiere und Pflanzen unterwegs bereichern in unterschiedlichem Ausmaß das Erleben unterwegs. Ohne sie würden entscheidende Erlebnisformen fehlen, dennoch scheinen sie eher als variierender Hintergrund denn als konkretes Ereignis wahrgenommen zu werden.

5.3.3.2 Die Bedeutung des Wetters

Die direkte Konfrontation mit dem Wetter als Komponente der natürlichen Umwelt ist ein weiteres zentrales Element des Wanderns. Wurde Wetter unter 5.3.1.2 bereits als Quelle unmittelbarer Sinneswahrnehmungen angesprochen, so geht es hier darum, wie es das Erleben des Wanderns beeinflusst.

Die oft bemühte Aussage, es gebe kein schlechtes Wetter, sondern nur ungenügende Ausrüstung, wird von den Fernwanderern nur bedingt übernommen. Gelassengleichgültige Aussagen wie

> „*Das Wetter ... egal. Das muss man nehmen, wie's kommt.*" (VA1-w-49)

gibt es selten. Hingegen spielen Wetterkriterien und gezielt die Hoffnung auf gutes Wetter bei vielen Wanderern eine große Rolle. Dies beginnt bereits in der Planungsphase einer Tour, wenn es um die Entscheidung des „wann" und „wohin" geht.

> *„Und auf Grund der Wettersicherheit irgendwie sammer dann nach Kärnten und Osttirol gekommen."* (VA5-w-40)

> *„Und da hab ich halt gefunden, dass dieser Weg [Jakobsweg in Frankreich] toll ist, weil ich aus Schweden komm, und da ist es jetzt schon kalt, und grausig, und hier ist halt noch Sommer. Ich verlängere den Sommer damit."* (JW10-w-57)

Bei sehr langen Fußreisen allerdings stößt die Planung früher oder später an ihre Grenzen, so dass nur ein Sich-darauf-Einlassen hilft:

> *„Naja, [in ca. zwei Monaten] da wird's ja da oben schon kalt, in Galizien. Sicherlich. Zu der Zeit wird's da auch regnen."* (JW3-w-70)

Nur kurzfristig kann „schlechtes" Wetter umgangen bzw. die Tour modifiziert werden.

> *„Wenn das Wetter nicht so besonders ist, dann sagt man, komm, am frühen Nachmittag, mach Feierabend, weil wenn du jetzt noch zwei Stunden läufst, dann läufst du im Regen und das tut dann nicht nötig, ne."* (VA8-m-60t)

> *"Particularly in the Lake District, we tried to find what the weather was going to be like. Especially for the high passes, and to decide if we are going to do high routes or low routes, or whatever."* (CC3-w-33)[LV]

Dabei kann „schlechtes" Wetter nicht nur Ungemach, sondern auch ein nicht unbeträchtliches Sicherheitsrisiko sein. Neben eigenem Können spielt dabei die Exposition eines Weges eine Rolle, worin sich alpine Wege oder nebelanfällige Passagen im Lake District von technisch weniger anspruchsvollen Strecken auf beispielsweise dem Jakobsweg unterscheiden. Die subjektive Gefährdung ist maßgeblich für Wetterentscheidungen und Wetterempfinden, führen widrige Wetterlagen doch sehr eindrücklich die eigene Verwundbarkeit vor Augen. Die Gefahr, sich zu verirren oder zu verletzen, ist bei „schlechtem" Wetter größer und kann zu durchaus schwerwiegende Folgen führen, wie hier antizipiert:

"[In the mist] he was clearly … he was struggling. And I think he had very little idea of how to read the guidebook or the map. And would have been possibly quite dangerously lost." (CC2-m-60)^LVI

Auf der anderen Seite scheint die latente Bedrohung in ungünstigen Wetterlagen auch zu besonders eindrücklichen Erlebnissen zu führen, und etwas spekulativ könnte man „schlechtes" Wetter sogar als eine Art Katalysator für tiefgehendes Erleben bezeichnen. Hier eine Passage zum Verirren im Nebel, bei der die Gefährdung zu einem erstaunlichen Zusammenhalt von Unbekannten geführt hat. Beeindruckt wird rekapituliert:

"I thought it was quite interesting that actually we four, we only knew these people for maybe at the most three hours, three hours, but it was all very intense. … Very dramatic. And sort of, we were very dependent on each other. And we had to share quite a hard time and then … we all went separate ways." (CC2-m-60)^LVII

Die Verbindung "Wandern" und "schlechtes Wetter" scheint zweischneidig zu sein. Auf der einen Seite wird vieles dafür getan, vorrangig bei „gutem" Wetter unterwegs zu sein und „schlechtes" Wetter zu vermeiden. Auf der anderen Seite scheint es aber gerade das nicht vermeidbare „schlechte" Wetter zu sein, das die Erlebnistiefe steigert – und das nicht nun hinsichtlich ungewöhnlicher Eindrücke, wie oben beschrieben, sondern auch bezüglich des Selbsterlebens.

„Oder wo dann [auf dem Hochplateau des Aubrac] die Stürme drüber gefegt sind, da war, da ist was passiert. Jedenfalls ist das ne neue Seite der .. der Wahrnehmung." (JW9-m-52)

„Man muss also weiter, ganz egal wie das Wetter ist und wie man sich fühlt und so. Und .. also gestern war ich schon ein Stück stolz." (CC6-w-41)

5.3.3.3 Landschaft als Kulisse und Inspiration

Wahrnehmung und Erleben von „Landschaft" ist ein weiterer Wert des Wanderns. Dabei tritt in den Interviews hauptsächlich die Unterscheidung zwischen bergig-alpiner und „normaler" Landschaft auf, wie auf den folgenden Seiten vertieft wird.

Das „In-den-Bergen-Sein" wird von vielen Läufern sehr positiv bewertet und dahingehend differenziert, ob das Relief eine Möglichkeit bietet, Leistung zu erbringen oder das Gefühl vermittelt, weg zu sein („dieses weg-Sein ist ja das Ziel, dieses weg-Gefühl", VA17-m-38), allein zu sein, es also einen Gegenentwurf zu Zivilisation und Alltag darstellt. Der Wert der Berge liegt dabei auch darin, Inspiration von außen zu liefern. Wandern im Flachen halten Bergwanderer für langweilig, Inspiration zur Innenschau wird von ihnen im „reinen" Gehen (wie z.b. von vielen Pilgern) weniger gesucht.

Eine möglichst ununterbrochene, ungestörte Bergzeit wird folglich als etwas Positives erlebt:

> *„Ich find's total schön, am Berg oben bleiben zu können. Also wenns du a Woche Zeit hast, find ich scho genial. Nit immer wieder runter gehn zu müssen." (VA2-w-40)*

> *„Wir wollten einfach mal länger weg sein. Von allem. Also weg von Städten, Zivilisation, einfach mal sieben Tage in den Bergen. [...] Also man guckt sich die Landschaft an, klar, aber was wichtig war für uns war, glaub ich, dass man wirklich .. ne Woche oben bleiben kann in den Bergen." (VA16-m-33)*

Eine Steigerung findet das Bergerlebnis also in der Zeit des Oben-Seins, aber auch in der Zivilisationsferne, die sich nicht nur auf Urbanes bezieht, sondern auch auf soziales Frequentiert-Sein:

> *„Also ich würd net sagen, ich geh zum Beispiel ins Großglocknergebiet, und geh da die Gipfel nauf, weil ich weiß, da gehen vor mir vierzig Leute, die diesen Gipfel machen..." (VA4-m-45)*

> *„Und auch net durch Skigebiete kommen." (VA17-m-38)*

Ein anderer alpiner Aspekt ist der der Leistung. Nicht immer länger, sondern immer schwieriger ist hier der Verlauf der Entwicklung, der das Selbsterleben steigert.

> *„[Ich bin] ein richtiger Bergfan geworden. Und wir haben uns dann auch weiterentwickelt, es fing vom normalen Bergwandern an und dann haben wir uns so in die Klettersteige gewagt, haben vor fünf Jahren mal eine Tour gemacht in den Dolomiten, und da haben wir innerhalb von 10 Tagen drei Gipfel bestiegen..." (VA9-m-60)*

Es geht darum, das den eigenen Fähigkeiten entsprechende Maximum an „Berg" zu finden und zu erleben.

„Also es ist einfach so, wenn man keine Erfahrung hat, dann sucht man sich eher was Einfacheres, ja? Und trotzdem wollt ich net heuer nur über Wiesn kraxeln. [...] Also net nur flach gehen, weil des ja eher dann langweilig wird." (VA4-m-45)

Die Umwelt dient dabei vor allem als Kulisse für Erleben und Erbauung. Ein definiertes Ziel oder eine bestimmte Region ist dazu nicht nötig – es geht hauptsächlich um die Bewegung in ansprechendem Raum.

„Es geht uns im Prinzip auch nicht darum, genau DORT hinzugehen, sondern einfach zu gehen. Ein gutes Stück zu gehen. Der Rest is egal." (VA4-m-45)

Der größte Genuss beim Gehen entsteht dann, wenn sich das oben beschriebene „net nur flach gehen" mit äußerem Naturgenuss und angepasster körperlicher Herausforderung optimal verbindet. Wie das aussehen kann, beschreibt folgender Interviewte:

„Zum Beispiel dieser Weg [Porzehütte zum Hochweißsteinhaus] ist aus meiner Sicht einer der schönsten überhaupt. Vom Panorama her, die Wegstrecke ist nicht übermäßig schwierig, ist aber auch nicht ganz leicht, also ne Rangordnung, man fühlt sich auch nicht unterfordert." (VA8-m-60)[62]

Wo allerdings dieses Optimum erlebt wird, ist von Wanderer zu Wanderer verschieden und ändert sich mit Können und Kondition.

Neben den Bergen lockt das Meer als gegensätzliche geographische Besonderheit die Wanderer. Auch hier geht es um eine natürliche Grenze: Wo es auf dem Gipfel nicht höher geht, geht es an der Küste nicht weiter. Dies scheint auf Läufer eine besondere Anziehungskraft auszuüben und wurde in fast alles Interviews vom Coast to Coast angesprochen.

„Was es [den Coast to Coast Walk] besonders attraktiv gemacht hat, war eben von Küste zu Küste, sozusagen ein Land zu durchqueren. [...] Diese konkreten Endpunkte, diese Grenzpunkte, dass man wirklich von einer natürlichen Grenze zu einer anderen natürlichen Grenze geht, und wo es, wo man wirklich nicht mehr weiter kommt." (CC6-w-41)

Mit der Betrachtung des Meers kommt nun der nicht-alpine Bereich ins Blickfeld. Hierbei fällt auf, dass das Landschaftserleben in den Nicht-Bergen neue Facetten ein-

---

62 Auch hierbei handelt es sich um die Beschreibung eines Flow-Erlebnisses (siehe 3.2.3). Der Aspekt der Angemessenheit einer Anforderung wird dabei gut deutlich.

bringt. Es geht einerseits um ein tieferes Sich-Einlassen auf die durchquerte Region, andererseits auch um einen stärkeren Austausch zwischen äußerer und innerer Natur. Ein weiterer Aspekt ist der pure Genuss des Laufens.

Die Anziehungskraft bestimmter Regionen wird beispielsweise an Landschaftstypen oder regionaltypischen Strukturen festgemacht:

> « C'est vraiment par attrait pour une randonnée longue, hein, et puis c'est extrême-
> ment intéressant de parler des paysages, de traverser les petites villes. Le style, le
> style général, c'est surtout ça qui m'intéresse. Et c'est vraiment le côté de marcher. »
> (JW12-m-74)[LVIII]

Landschaftliche Vorlieben, die in die Tourenplanung mit einfließen, können auch die Vegetation oder das Relief sein:

> « C'est un problème de paysage. Je voudrais visiter l'Aubrac. Moi, j'habite près
> d'Arles, mais c'est tout plat. Donc ça ne me plaît pas. J'aime monter, descendre,
> monter, descendre. Donc j'ai pris le choix de départ, c'était plus ou moins un prob-
> lème de paysage. » (JW4-m-66)[LIX]

> „...hab ich gedacht lieber Frankreich als Spanien, ich glaube Spanien ist ein biss-
> chen karger einfach das Land, und Frankreich soll schöner sein vom von der Na-
> tur." (JW7-m-30)

Immer wieder sind Bezüge zu einer bestimmten Landschaft oder Region zu erkennen, die den Wunsch wecken, sich eine bereits bekannte Gegend erneut und zu Fuß anzueignen. Frühere Reisen oder die eigene Vergangenheit können dafür Anknüpfungspunkte sein, wie die folgenden beiden Zitate beschreiben:

> „Wir wollten die Landschaft und das Land, das wir oft auch durchreisen mit dem
> Auto, ziemlich schnell, zu bestimmten Zielen in Frankreich, das wollten wir lau-
> fend nochmal, also wirklich zu Fuß uns aneignen." (JW9-m-52)

> "The last part of the walk, which is the North Yorkshire Moors [...], I know very
> well from my childhood because I grew up in the North East of England. So that
> will be, uh, bring back some memories." (CC2-m-60)[LX]

Dieses Sich-Einlassen oder Auf-neuem-Wege-Aneignen hat teilweise unerwartete Folgen. Dabei geht es um ein neues Wohlfühlen draußen, in Landschaften, die einem gut tun, eine ungekannte Abneigung gegenüber Städten bis hin zu einem neuen Zugehörigkeitsgefühl zur Natur.

„Also für mich ist überraschenderweise die Landschaft [wichtig], weil ich gar kein Landschaftsmensch bin, eigentlich.[...] Also ich fand das Aubrac oder da oben ... auf einmal geben mir die Städte nichts, oder die Ortschaften, die flieh ich eigentlich eher schnell, oder meide ich und das war vorher vollkommen anders. [...] Also Kulturlandschaften fand ich schon immer interessant, aber das da oben ist ja nur noch Natur." (JW9-m-52)

„Die Verbindung von der Natur mit .. mit mir. Dass ich mich da eben eins gefühlt habe." (JW3-w-70)

Eine weitere Komponente ist der Austausch zwischen äußerer Natur und innerem Erleben, zwischen Gedanken unterwegs und Gedanken im Alltag. Hier werden Verbindungen aufgezeigt, die weit über das alltägliche Wandererleben hinaus gehen und (wahrscheinlich) auch nach der Tour deutliche Spuren hinterlassen. Besonders ist an diesen Zitaten, dass eine durchlaufene Landschaft mit ihren jeweiligen Charakteristika spezielle Gedanken oder Gefühle hervorbringt und in Kombination mit dem jeweiligen Wanderer zu einer nicht austauschbaren oder beliebig wiederholbaren Belebung und Wandlung führt. Askese und die Reflexion über Vergängliches und Unvergängliches sind hierbei Themen:

„Ich arbeite [als Physiotherapeutin] mit den Menschen und sie fragen: Was ist wichtig? Ich sage das Einfache, das Primitive. Kein Luxus, das ist gut. Sehr gut! Eben wie hier [im Aubrac]. Ganz ähnlich in der Hardanger Vidda [Hochplateau in Norwegen]. Da kann man das lernen." (JW2-w-58)

"When I'm in a landscape like the Lake District, it helps me to put all of the things I put up with in my working life into perspective. And it becomes much less important. You know, I can worry and fret about my work, but actually at the end of a day, the landscape will still be here tomorrow, it won't change. Yes, there is a sense to it. Puts everything back into perspective." (CC1-m-50)[LXI]

Erstaunlicherweise wird jedoch das Natur- und Landschaftserleben in der Rückschau auf vergangene Wandertage oft von Erlebnissen überdeckt, deren Relevanz für die meisten Wanderer überraschend kommt. Dabei geht es um zwischenmenschliches Erleben, zumeist zufällige Kontakte, die aber tiefe Spuren hinterlassen, oder wie es zwei Wanderer ausdrücken:

"But it is interesting, the first things that come to my mind are people." "Yes, I think that's right. I think more about them than the landscape that I walk through, that's true." (CC1+2, mm, 50+60)[LXII]

5.3.4 Soziales Erleben

Wandern wird zumeist mit „Natur" und „Körper" assoziiert. Dass es zusätzlich zu dem im letzten Unterkapitel beschriebenen inneren Erleben noch eine vierte bedeutsame Komponente gibt, erschließt sich zumeist erst auf den zweiten Blick. Dabei geht es um das soziale, das zwischenmenschliche Erleben unterwegs – sei es in Bezug auf die Menschen, mit denen man aufgebrochen ist, aber auch im Hinblick auf ungeplante Bekanntschaften, die gerade das Laufen auf längeren Wegen oft bereichern. Eine weitere Gruppe, die große Wertschätzung erfährt, sind die Unterkunftsgeber – seien es Hüttenwirte in den Alpen, Landwirte im Lake District oder christliche Bruderschaften am Jakobsweg. Die Bedeutung von Begegnungen mit Menschen unterwegs wird oft erstaunt erwähnt und führt zu besonders eindrücklichen Erinnerungen. Dabei sind diese Begegnungen weder geplant, noch planbar. Gerade dadurch scheinen sie eine besondere Bereicherung darzustellen.

5.3.4.1 Wanderpartner und -innen

Etwas mit Anderen gemeinsam unternehmen – auch das ist Wandern. Zwischenmenschliche Beziehungen können durchs Wandern auf vielfältige Weise profitieren, und unterschiedlichste Dinge werden von den Wandernden in dieser Hinsicht genannt. Man hat Zeit füreinander, aber kann die Nähe variieren. Man teilt Erlebnisse, kann aber auch zu zweit mal allein sein, um dann wieder Gedanken auszutauschen. Von der eher spontanen Idee, etwas Gemeinsames zu unternehmen bis zur bewussten „Beziehungspflege" reicht die Palette, wie Wanderschaft Freundschaft belebt. Dabei ist „Beziehung" nicht auf Partnerschaft begrenzt, sondern meint auch z.B. langjährige Freundschaft, die die Grundlage für die gemeinsame Wanderschaft bildet.

Die Mischung aus gemeinsamem Ziel und Wunsch nach gemeinsamer Unternehmung variiert entsprechend und umfasst junge Freundschaften mit geteiltem Ziel, ältere Freundschaften mit dem Wunsch nach einer Unternehmung zu zweit, das Paar-Wandern als Einstieg ins Eheleben oder eine Familientour mit umgekehrten Rollen. Vier Zitate bilden diese Möglichkeiten ab:

« Et puis surtout c'est parce que j'ai rencontré aussi XX qui avait aussi cette envie, [de faire le Chemin de Compostelle] et nous deux et nos deux envies se sont rencontrées. Et voilà, on a décidé donc de le faire. » (JW5-w-57)[LXIII]

„Eigentlich war das Entscheidende, dass wir [drei] miteinander was haben machen mögen: wandern." (VA2-w-40)

"We thought it would make a nice honeymoon. A long time, just you two together... you walk, you know. It is just lovely." (CC5-w-33)[LXIV]

"I'm on holiday with my parents. And they are getting elderly now, and I know my father finds the walking difficult. He may not be able to continue. And so for me, it is a very special holiday, to share with my parents while they are still healthy." (JW13-w-44)[LXV]

Wie beständig Wanderpartnerschaften und Freundschaften sein können, illustriert das folgende Beispiel einer langjährigen Freundschaft und Wanderpartnerschaft, die in der Zeit des Studiums begann und bei der Verrentung des Älteren der beiden nach wie vor lebendig ist. Ob hierbei die Freundschaft zu gelungenen gemeinsamen Wandertouren führt oder sie es sind, die die Freundschaft beleben, ist nicht zu sagen. Die besondere Bedeutung, die beide Interviewte den Touren beimessen, ist jedoch deutlich zu erkennen:

"We live quite a long way away from each other, XY and I, so, our friendship, we've been friends for now thirty, thirty two years, and these walks are one way of sustaining our friendship. And we both have enjoyed walking all the time, really. [...] It deepens a friendship, certainly. Sharing on the walk, but also in the evening. Having meals, just being with a very good friend. For a week like this." (CC1-m-50)[LXVI]

"I think in this case it is about the friendship still being okay. Because if you don't see somebody, you know, for a period of time, you don't know whether you have drifted apart. And that's very important and that's the very important part to me." (CC2-m-60)[LXVII]

Zeit füreinander haben, Dinge gemeinsam erleben und teilen, sich darüber austauschen, sich Tag für Tag wechselnden Herausforderungen und Gegebenheiten stellen und sich einem gemeinsamen Ziel nähern, sind Dinge, die beim Laufen zu zweit oder in einer Gruppe Bedeutung haben. Sie werden im vorhinein gewissermaßen erwartet, bestimmen die Imagination und fließen in die Tourenplanung mit ein.

5.3.4.2 Weggefährten und -innen

Von den eben beschriebenen WanderpartnerInnen lassen sich Wanderer unterscheiden, denen man unterwegs begegnet. Die Treffen sind ungeplant und führen bei vielen Läufern zu Erstaunen und großer Resonanz.

"Doing something that other people are doing." *(CC1-m-50)*[LXVIII]

ist der gemeinsame Nenner, wenn sich Wandernde treffen. Diese Begegnungen sind zufällig und führen Menschen zusammen, die für kürzere oder längere Zeit dem selben Weg folgen. Auf vielen Fernwander- und Pilgerwegen entsteht so ein Dazu- oder Zusammengehörigkeitsgefühl der Wandernden, ohne jedoch für den Einzelnen verbindlich zu sein. Ein gemeinsamer Weg, vergleichbare Herausforderungen, ähnliche Interessen oder verwandte Ziele führen zu einer geteilten, temporären Identität als z.B. „Coaster" auf dem Coast to Coast oder Pilger auf dem Jakobsweg. Nicht selten erwachsen aus diesen Begegnungen – sei es bei einer Pause, einem geteilten Nachtquartier oder in loser Reihung immer wieder – Eindrücke, die mit zu den nachdrücklichsten einer Tour gehören. Manchmal überschreitet das Dazugehörigkeitsgefühl auch die zeitlichen Grenzen der Gegenwart. Gerade das Laufen auf alten Pilgerpfaden schafft eine Verbundenheit, die über das aktuelle Erleben hinausgeht und Vergangenheit, Gegenwart und Zukunft integriert. Dieser Gedanke wird zum Abschluss dieses Unterkapitels thematisiert.

„Gleichgesinnte", „Zusammenhalt", „Gemeinschaft", „Geselligkeit", „cameraderie" oder auch „common humanity" sind Begriffe, mit denen das Erleben von und mit anderen unterwegs benannt wird. Dabei zeigt sich, dass trotz starker Gemeinsamkeiten durchaus unterschiedliche Wahrnehmungen und Wünsche existieren.

„Man sollte auch die Gemütlichkeit herausstellen, auf den Hütten, so wenn es alles Gleichgesinnte untereinander sind und man kann sich austauschen und kann die Route für den nächsten Tag festlegen und ja, diese ganze Atmosphäre, so diese ich sag mal in Anführung Hüttenromantik, ja, die ist schon schön." (VA9-m-60)

„Also abends die Geselligkeit fand ich toll. Unglaublich toll. Dieser Zusammenhalt, man hat sofort ein Gespräch, es ist ein gleiches, ein ähnliches Hobby..." (VA11-m-35)

Bei diesen Zitaten von Bergwanderern wird deutlich, dass allein das „Auf-der-Hütte-Sein" dazu führt, dass Anwesende zu Gleichen werden. Unterschiede im Alltag, wie z.B. die soziale Hierarchie, werden unwichtig, die Alltagsidentität mit Sorgen und

Zwängen interessiert nicht. Das in einem Gespräch geäußerte „ich will Probleme gar nicht hören" (VA16-m-33) bringt das auf den Punkt. Dennoch entsteht auf Hütten, Bergen und Wegen eine Verbundenheit, die im Alltag nur selten gefunden und entsprechend gewürdigt wird. In den folgenden Interviews wird dieses besondere Erleben unterwegs reflektiert:

> „Des is, wenn man so unterwegs ist, dass man eigentlich vielmehr aufeinander zugeht. Ja, wenn man mit den Leuten dann redet, mit denen man unterwegs ist, die man trifft... Des heißt, man hat schneller so Anknüpfungspunkte oder Bindungsarten. [...] Im Alltag is man allein, immer weniger eigentlich kommt man zusammen. Und eigentlich da oben, ja, da kommt sofort a Gemeinschaft. Und des is .. des is, denk ich amal eine Erfahrung, die es gut ist, wenn man macht." (VA4-m-45)

> "Maybe 'cause you're sharing things and everybody is going the same way, you're more open to talking to people. And to make friends." (JW13-w-44)[LXIX]

Förderlich für die geteilte Wander- und auch Pilgeridentität ist, dass nicht nur soziale Unterschiede weniger bedeutsam werden, sondern zusätzlich eine stärkere körperliche Nähe toleriert werden muss. Nur in Ausnahmefällen gibt es auf Hütten oder in Pilgerherbergen Doppelzimmer oder Zweiertische und im Mittelgebirge fällt es positiv auf, wenn Nähe z.B. durch große Frühstückstische „erzwungen" wird. Kontakte werden dadurch fast zwangsläufig geknüpft, wenn es auch für manche zuerst gewöhnungsbedürftig ist.

> „Ich meine dieses hier, so ne gewisse Nähe zulassen, das ist schon was ganz Neues. In solchen äh Massenquartieren, ja, das ist schon auch was ganz Ungewöhnliches." (JW3-w-70)

Dennoch gibt es auch bei Wanderern und Pilgern eine Vorstellung, wen, wie viele und wann man andere Menschen man treffen möchte. Dabei gibt es verschiedene Wünsche:

> „Ab und zu mal ein paar Leute treffen, wobei jetzt nicht so, dass man andauernd irgendwelche Leute da treffen möchte." (VA14-m-26)

> „... wo man dann die Sandalentouristen, sag ich mal, oben auf dem Gipfel trifft ... einfach die Masse macht's und das ist dann nicht mehr so was Schönes." (VA13-w-26)

> *„Oder auch net unbedingt an hohen Gipfeln, wo dann plötzlich Stützpunkte sind von so Wanderer, die jetzt auf den Gipfel wollen, weil da a große Unruhe dann ist, bei den Bergsteigern, ne riesen-Hütte, wo se dann morgens um drei alle hochgehen."* (VA17-m-38)

> *« J'ai eu beaucoup de plaisir à rencontrer des gens qui avaient une certaine discrétion, une certaine distance et puis en même temps un contact assez amical. »* (JW12-m-74) LXX

Nicht zu wenig, nicht zu viele, nicht die „Falschen", die nicht die nötige Energie aufbringen oder einen anderen Ehrgeiz haben. Ein weiteres Kriterium ist der „richtige" Zeitpunkt für den Kontakt, wobei sich das auf die Tageszeit generell oder die eigene Kraft zu bestimmten Zeiten beziehen kann:

> *« Autant j'aime être seul en marchant, autant j'aime bien discuter le soir. Et donc, suivant les rencontres, il y a des soirs qui sont tristes et des soirs qui sont bien. »* (JW4-m-66)LXXI

> *"Sometimes when I'm tired and I want to, to just to be private. And not to have to talk to anybody."* (CC5-w-33)LXXII

Wenn eine Begegnung zur ganz besonders passenden Zeit kommt, kann sie sogar als ein Geschenk erlebt werden. Hier wird ein Wiedersehen als Geschenk beschrieben, das materielle Erinnerungen, für die im Rucksack kein Platz ist, ersetzt oder unnötig macht.

> *"Je suis très contente parce que j'ai vu les Lyonnais [Pilger aus Lyon, die vor einigen Tagen getroffen und dann aus den Augen verloren wurden]. C'est pour moi un beau cadeau, en plus tu vois, j'ai rien acheté. »* (JW14-w-25)LXXIII

Das gemeinsame Wegerleben – mit allen Höhen und Tiefen – führt dabei zu einer Verbundenheit, die sich auch in Verantwortung für Mitwanderer niederschlägt. Allerdings wird sie auf unterschiedlichen Wegtypen unterschiedlich erlebt, wie die folgende Interviewte aus Erfahrung weiß:

> *"I think usually people will help, but there isn't the same bonding and togetherness. Yes. And maybe that is because it's a pilgrim route. Rather than a high Pyrenees pass route where I think people can be more competitive. You know, I did more today, I went faster, I went higher (laughing)."* (JW13-w-44)LXXIV

Diese Verbundenheit beruht auch auf einer Eigenart der Fernwander- und Pilgerwege, nämlich dass viele Menschen sich über eine längere Zeit auf der selben Strecke bewegen. Sie können als Passagiere bezeichnet werden, die den Weg als Passage nutzen. Diese Besonderheit führt dazu, dass lockere Kontakte über Tage und Wochen vertieft werden können – oder auch nicht; dass man sich trifft und wiedertrifft, dass man zusammen isst oder sogar ein paar Tage gemeinsam läuft, bis man sich wieder aus den Augen verliert. Allein das Wissen, dass andere Menschen den selben Weg gehen, hat für viele etwas Beruhigendes und gibt Sicherheit. Diese Art des passageren, zufälligen und unplanbaren Kennenlernens und Wiedertreffens kommt überraschend, folgt eigenen Regeln – und hinterlässt bleibende Eindrücke.

„Was ich als Erfahrungen schön fand, dass man sich dann auch aus den Augen verliert, und irgendwann doch wieder trifft. Und das kann manchmal Tage dauern, manchmal dauert das zwei Stunden oder so, und am ehesten passiert es, wenn man sein eigenes Ding durchzieht. [...] Wenn man jetzt versucht sich abzusprechen, dann wird das total anstrengend und klappt überhaupt nicht." (JW7-m-30)

„Hier ist es nie forciert gewesen, letzten Endes beruhte alles auf Zufall, einige Leute traf man öfter, andere hat man vielleicht nur ein, zwei mal gesehen. [...] Aber ich sag mal, das hat sich dann eben ergeben, nicht so wie wenn man mit ner Gruppe läuft, wo man dann gezwungenermaßen mit bestimmten Leuten äh zu tun hat." (CC7-m-47)

Diese besondere Art der Begegnung führt teilweise dazu, dass sich unterwegs Erwartungen ändern bzw. das, was in Vorhinein befürchtet wurde, zunehmend erwünscht wird.

"I think that more than I thought, hem, the people we met on the way. Because before I was thinking, I hope we don't meet many people, because you know, anyway. But actually, it is really nice, seeing people, that is quite nice. And then hearing, see what others do, hear about somebody else ... oh you met them, we saw them..." (CC5-w-33)[LXXV]

Die Kontakte, die sich dabei ergeben, sind unterschiedlicher Natur. Für manche werden sie über die Zeit störend, da sie als immer gleich verlaufend empfunden werden, wie von dieser Frau:

« Mais à la longue, c'est toujours le même discours qui revient parce qu'on rencontre des nouvelles personnes. Puis c'est toujours : oh la Québécoise et bouah bouah. [...] On n'allait jamais profondément dans la conversation. [...] Mais je trouve que c'est

un peu superficiel. On s'attache, parce que ah, oui, je t'ai vu, tu as vu, tu vas où, tu viens d'où, et mais rien de très personnel. » (JW11-w-53)[LXXVI]

Für andere hingegen sind spezielle Begegnungen unterwegs äußerst bewegend und bereichernd. Sie werden bereits im Laufen als wertvolle Erinnerung gehütet und als Erlebnis angesehen, das lange Zeit Bedeutung haben wird. Die folgende Interviewte sieht es so:

> *« Nous, on a fait un début de chemin très fort. On a fait des rencontres très fortes, ça veut dire émotionnellement. Oui. Qu'on emportera avec nous. On a rencontré des personnes avec une personnalité qui nous a beaucoup touchés, on a cheminé avec eux, et … on sait que c'est pour certains on ne les reverra plus, parce qu'ils ont marché beaucoup plus vite que nous, donc ils sont bien loin. Mais ça fait rien. On va les garder dans notre souvenir, on en parle de temps en temps sur le chemin. »*
> *(JW5-w-57)*[LXXVII]

Gespräche, Freundschaften, Hilfe und vieles mehr auf dem Weg sorgen dafür, dass sich die Wanderer in der Fremde heimisch fühlen. Nicht nur in der Fremde, sondern in der Bewegung durch die Fremde, während der Passage, die durch täglichen Wechsel an Umfeld, Personen, Quartieren und Verpflegungsmöglichkeiten gekennzeichnet ist. Es ist eine Beständigkeit und auch Zugehörigkeit zu einer Kette von Menschen. Dabei kann diese Kette als etwas Gegenwärtiges gesehen bzw. über die Grenzen der Zeit hinaus in Vergangenheit und Zukunft imaginiert werden.

> *„Also ich fühle mich verbunden durch das Wissen, dass andere Leute diesen Weg vor mir gegangen sind, auch wenn ich die nicht kenne, auch andere ihn nach mir gehen werden, das finde ich ist ein wichtiger Punkt."* (JW7-m-30)

> *« Moi, j'étais très attachée à avoir l'impression de marcher dans les pas des autres pèlerins. […] J'ai eu l'impression de … d'être à la même place que ceux du Moyen Age. »* (JW11-w-53)[LXXVIII]

Die letztgenannte Verbindung zu mittelalterlichen Pilgern beschreibt deutlich, welche Kraft aus der Verbundenheit mit anderen hervorgeht – seien sie nun real oder nicht. In jedem Fall führt dieses Erleben zu einer Entlastung des Passagiers durch Integration in eine weit gefasste Gemeinschaft von Menschen.

5.3.4.3 Unterkunftsgeber und -geberinnen

Überlegt man, welche Elemente beim Thema Unterkunft für Wandernde wichtig sein könnten, kommen neben pragmatischen Überlegungen – „einfach ne Unterkunft, schlafen, essen, wieder fit für den nächsten Tag" (VA12-w-35) Gedanken an Luxus oder Komfort. Viele der Befragten haben jedoch noch etwas anderes im Blick, wenn es darum geht, sich unterwegs gut aufgehoben zu fühlen: Es betrifft die Person bzw. Persönlichkeit des oder der Unterkunftsgeber/in. Besonders bei widrigen Wetterlagen, Einsamkeit oder extremer Anstrengung scheint es das unverfälscht Menschliche zu sein, das unterwegs am meisten geschätzt und benötigt wird. Fühlt man sich geborgen und als Wanderer / Pilger anerkannt, fällt es leicht, über eventuelle Unannehmlichkeiten hinwegzusehen. Die größte Wertschätzung erfährt nicht austauschbarer Luxus oder erlernbarer, standardisierter Kundenumgang, sondern individuell erfahrene, „echte" menschliche Wärme. Diese Aussage gibt es in vielen Variationen.

In den Bergen, wo Hütten bzw. Hüttenwirte oft im weiten Umkreis die einzige Möglichkeit bieten, für die Nacht ein Dach über den Kopf zu bekommen, sind folgende Wünsche zu hören:

„Ich freu mich, wenn die Leut nett san. [...] Also wenn ich merk, ich bin willkommen, jetz auf nem Ort. Und dann is mer schnurzpiep, es gfallt mir natürlich, wenns amol a Dusche gibt, aber ich hätt sie nie erwartet." (VA2-w-40)

„Der nette Empfang durch die Wirtsleute. Das ist wichtiger als der Komfort." (VA6-m-55)

Kein Komfort, wenig Ansprüche – aber ein netter Empfang ist bei Alpenhütten ein stets wiederkehrendes Motiv. Dafür wäscht man sich auch am Brunnen oder teilt ein Matratzenlager mit zahlreichen Anderen. Es ist jedoch nicht so, dass diese Mischung aus materieller Anspruchslosigkeit und Ansprüchen an das Menschliche auf die Berge beschränkt ist. Auch in gemäßigteren Wanderregionen wie Nordengland findet sich Ähnliches.

"It is the warmth of the welcome, whether you feel that somebody is welcome. You're here in their home, or whether actually, you're just a business." (CC1-m-50)[LXXIX]

"I think what is important, certainly what we got here yesterday, was a sense of genuine warm warmth of welcome. I think particularly after the day we had yesterday, very long and hard... Just a lovely sense of somebody you don't know who welcomes you in. And offers you tea and cake." (CC2-m-60)[LXXX]

"[It is mportant] that people appreciate that you're walkers and, you know, then you might come in. You don't want luxury because you feel awkward. You need some-where where you know you can relax, or feel at home in." (CC3-w-38)[LXXXI]

Freundlich und als Wanderer begrüßt werden, sich daheim fühlen („staying with friendly parents" / CC5-w-33) – solche persönlichen Noten einer Unterkunft und ihrer Betreiber vermögen es, dass normalerweise wichtige Bedürfnisse sekundär werden. Das Menschliche wiegt Nachteile auf, wovon die folgende Interviewte erzählen kann:

„Für mich persönlich ist wichtig, dass es einigermaßen leise ist. Wobei, also da haben wir diesmal eigentlich auch ne sehr positive oder bizarre Erfahrung gemacht, wo wir also zu einer Unterkunft kamen, die mehr oder weniger neben einer vier-spurigen Straße lag. [...] Und wir sind relativ kaputt und im Regen angekommen und dann die Straße lang [...] und haben gesagt das gibt's doch nicht... [...] Und dann war es aber ganz toll, weil die Frau einfach unheimlich nett war. Uns sehr herzlich begrüßt hat, und eigentlich von allen Unterkünften hier in England diejenige war, die am meisten persönliches Interesse gezeigt hat und erstmal Tee gekocht hat und mit uns zusammen Tee getrunken hat und wo man einfach so ein bisschen mehr erzählt hat von sich. Also die war, das war klasse." (CC6-w-41)

Hier hat die Freundlichkeit der B&B-Betreiberin dazu geführt, dass für die bereits durch Regen und einen langen Wandertag geforderte Wanderin eine sonst durch ihre ungünstige Lage abgelehnte Unterkunft zu einer der erinnerungswürdigsten der Tour wurde.

Geht man weiter zum Jakobsweg, so ergibt sich auch hier ein ähnliches Bild der Wert-schätzung von Menschen und Menschlichem. Eine Ergänzung sind hier noch Wün-sche nach Herbergsgebern, die auch den spirituellen oder innerlichen Bedürfnissen der Pilger entgegenkommen.

« ... ou alors un accueil comme là, [Konvent von Ursulinen] parce que cet accueil ici, c'est un lieu de parole. En effet, nous, ce qu'on recherche ce sont des lieux de parole. » (JW5-w-57)[LXXXII]

Von einem ganz speziellen Unterkunftserlebnis auf dem Jakobsweg berichtet der fol-gende Interviewte. Auch hier führt die Verbindung aus Individualität, menschlichem Austausch, Spiritualität und regionaler Identität zu einem besonderen Erlebnis:

„... ein Monsieur hat das [Unterkunft am Jakobsweg] geleitet, und ihm war sehr wichtig, dass man zusammensitzt und isst, gut isst. [...] Und wir haben halt schön

gegessen, er hat gekocht gehabt, Sachen aus der Region und guten Wein und so, und dann wie das Essen zu Ende war, nach zwei Stunden oder so, hat er uns alle in die Kapelle gebeten. Also das Haus hatte einen kleinen Trakt, das war ein älteres Gemäuer, und in diesem Gemäuer, ich weiß nicht, ob das mal ein Stall war, hat er eine Kapelle eingerichtet gehabt. Und da hat dann jeder so .. kurz was sagen sollen zum Tag, wie das für ihn gewesen ist, ja, und das war halt ein sehr berührender Moment, weil... Und sie war sehr liebevoll eingerichtet, die Kapelle, ganz einfach und ja, und wie gesagt, wie ein Stall hat's gewirkt, also man hat sich so ein bisschen an Bethlehem erinnert gefühlt, man hat da zusammengesessen und das war alles bloß mit Kerzen ausgeleuchtet und .. das hat schon sehr berührt... " (JW1-m-35)

Es sind selten mit Geld erhältliche oder standardisierte Dienstleistungen, die eine Übernachtung unterwegs wertvoll und im Nachhinein erwähnenswert machen. Zum Wohlfühlen braucht es mehr als eine Dusche – und manchmal nicht einmal diese. Auf allen untersuchten Wegen sind die Menschen der Schlüssel dazu, ob man sich in der sich stets wandelnden Fremde heimisch fühlt und aus dem Erleben ein Erlebnis wird.

5.4 Wirkung und Wandlung

Aus der Handlung Fernwandern und Pilgern resultieren, getreu der Terminologie der GT, Konsequenzen, konkret die nun vorgestellten Wirkungen und Wandlungen. Eine Interviewte auf dem Jakobsweg drückt ihre Erwartungen so aus:

„Also ich bin da eigentlich von überzeugt, dass das ein Umbau wird. Im Körper und in der Seele und was weiß ich und so. Dass sich schon was ändert... Ob das jetzt Compostela ist oder nicht, aber gehen, gehen, gehen, gehen, gehen. Jeden Tag gehen, gehen, gehen, gehen, morgens los, immer wieder gehen. Und das zwei, drei Monate machen, das kann doch nicht spurlos vorbei gehen. " (JW10-w-57)

Welche Wirkungen und Wandlungen auftreten oder erwartet werden, unterscheidet sich je nach Weg, Motivation oder Länge der Unternehmungen. Im Folgenden werden drei Bereiche vertieft: die Wandlung unterwegs, die Wandlung in der Zukunft und die Wechselwirkung zwischen Wanderzeit und Alltag. Zur Verdeutlichung wird dabei gelegentlich auf besonders eindrückliche Zitate zurückgegriffen, die bereits bei schon beschriebenen Kategorien herangezogen wurden.

Dem vorangestellt werden zwei Gedanken dazu, dass Pilgern oder Wandern schon vor der eigentlichen Reise einen Wandel herbeiführen kann. Wenn diese Aspekte zwar zeitlich im Vorfeld einer Tour angesiedelt sind, so ist ihre relationale Einbettung dennoch eine Konsequenz der Handlung und wird deshalb an dieser Stelle thematisiert. Zum einen geht es um das Verhältnis Nahestehender zum Aufbrechenden. Wenn auch mittelalterliche Verhältnisse längst hinter uns liegen und die sichere Heimkehr der Pilger kaum noch in Frage gestellt wird, so können besondere Rahmenbedingungen auch heute dazu führen, dass eingefahrene Verhaltensmuster im Vorfeld des Aufbruchs ins Wanken kommen. Bei der hier zitierten 70-jährigen Pilgerin hat bereits der Plan, alleine auf eine mehrwöchige Pilgerwanderung zu gehen, zu Veränderungen in der Mutter-Sohn-Beziehung geführt:

> *„Also mein Sohn hatte sich total verändert, ja. Also ich mein er ist er wird ja schon 51, aber der wurde plötzlich richtig zärtlich. Das das das das war eigentlich was ganz Neues für mich. Ja. .. Denn er hat ja Frau und Kind und äh ich fühlte mich schon wie ein Möbelstück ... das man erst registriert, wenn es weg ist."* (JW3-w-70)

Der zweite Gedanke dreht sich ums Packen: Da das Gepäck von den allermeisten selbst getragen wird, ist Packen auch eine intensive Auseinandersetzung mit den eigenen Bedürfnissen. „Was brauche ich zum Leben" ist die elementare Frage, die sich hierbei stellt und von jedem beantwortet werden muss. Eine Interviewte beschreibt das so:

> *„Das hab ich in irgend so einer Pilgerzeitung gelesen. Das Pilgern fängt schon an beim Rucksack packen. Man muss ja wirklich sich reduzieren. Und das war für mich von zu Hause aus überhaupt nicht möglich. Ich konnte es mir nicht vorstellen. Also ich wollt nicht mehr haben als sieben, acht Kilogramm. Ich hatte natürlich mehr..."* (JW10-w-57)

Nach diesen Eingangsüberlegungen werden nun die drei zentralen Bereiche des Wandels vertieft.

5.4.1 Wandlung unterwegs

Eine leicht und oft zu beobachtende Veränderung unterwegs betrifft den Körper. Viele Stunden an der frischen Luft und die tägliche Forderung hinterlassen Spuren, die gerne gesehen werden:

> *"I'm definitively looking, it may not look like it to you, but I'm very brown for me (laughing). So I think, you know, my family and friends will notice."* (CC5-w-33)[LXXXIII]

"Kondition, klar. Man fühlt sich fitter. Sicher. Und ist gut erholt." *(VA7-w-52)*

Als Pendant zur körperlichen Stärkung tritt die Anerkennung von körperlichen Grenzen auf. Dies geschieht oft erst im Verlauf einer Tour, wenn eine bessere Kenntnis der Signale des Köpers dazu führt, diese zu spüren. Die Selbsterfahrung beim Laufen führt dann dazu, nicht nur Kräfte, sondern auch Schwächen als Teil des Selbst anzuerkennen.

« J'apprends à respecter mes limites sur ce chemin-là, ce que je fais pas normalement... » *(JW8-w-61)*[LXXXIV]

« Alors là je repars en me disant, je suis une faible femme, insécure, large, paresseuse (rire). [...] J'ai accepté ces faiblesses-là aussi. Oui, je me dis ça fait partie de moi aussi. » *(JW11-w-53)*[LXXXV]

Es wandeln sich auf dem Weg auch Vorlieben und Verhaltensweisen. Dinge, die im Alltagsleben oder zu Beginn der Tour wichtig waren, verlieren an Bedeutung und werden durch Neues ersetzt. Das erstaunt, vor allem wenn solche Erfahrungen nicht zum bisherigen Selbstbild passen:

„Also für mich ist überraschenderweise die Landschaft [wichtig], weil ich gar kein Landschaftsmensch bin, eigentlich, ich bin gern in Städten oder Orten und find Natur eigentlich eher langweilig. Aber das hat sich auf diesem Weg geändert." *(JW9-m-52)*

„Ich bin einfach fröhlich, obwohl ich weiß, dass daheim meine Brombeeren am Busch vertrocknen werden, weil niemand sie runternimmt und niemand Apfelgelee kochen wird [...], ja, aber dann gibt's halt dieses Jahr keines. Es ist einfach unglaublich, dass ich mich über verschiedene Dinge hinwegsetzen kann, was ich vorher überhaupt nicht konnte." *(JW3-w-70)*

Dieses Gelassen-Werden, die neu erworbene Fähigkeit, loslassen zu können, bezieht sich auf unterschiedliche Bereiche. Es kann das Verhältnis zu vertrauten Verhaltensweisen, aber auch zu Erwartungen an Mitpilgern betreffen. Eine besondere Form findet sich in Bezug zu den eigenen materiellen Bedürfnissen; was ist wichtig, was braucht man unterwegs. Registrieren, reflektieren und handeln sind für diese Bereiche ausschlaggebend.

« Sur la route j'ai appris à séparer les choses aussi. Je suis à huit kilos [de sac à dos] maintenant. J'étais à quatorze kilos au début (rire). » *(JW14-w-25)*[LXXXVI]

„Und das ist einfach nur wegtun, rausschmeißen, jemand anderem geben, San-
dalen hab ich weggeschmissen, also ich hab eigentlich im Durchschnitt jeden Tag
irgendwo was rausgetan. Weg. Brauch ich nicht, brauch ich nicht. Die Materie
brauch ich nicht, weg. Das finde ich interessant.“ (JW10-w-52)

Eine letzte Form der Wandlung unterwegs ist die der Verschiebung von Schwerpunkten. Beim Pilgern betrifft dies besonders die Bedeutung der Spiritualität. Denn das Sich-Einlassen-Können auf Spirituelles unterwegs braucht Zeit und erfordert eine gewisse Sensibilisierung, die nicht erzwungen werden kann, sondern sich nach Aussage von Interviewten Stück für Stück in den Laufalltag einschleicht. So kann die dann erlebte Spiritualität mit der Zeit wichtiger werden oder sogar das Selbstbild ändern:

"[The spiritual] is not necessarily the initial draw. And I think having done this far,
it's becoming more important. But not to start with, not really." (JW13-w-
44)[LXXXVII]

« J'avais rencontré deux dames, elles disent à la fin, tu sais, j'ai commencé en tant
que randonneur, là je finis en tant que pèlerin. » (JW14-w-25)[LXXXVIII]

Auch andere Bedürfnisse wie der Austausch mit anderen im Gegenzug zur anfänglich gesuchten Innerlichkeit und Einsamkeit werden u.U. erst im Laufe der Zeit wach, wie die folgende Allein-Pilgerin beschreibt:

« Ça change. Ça évolue avec le chemin. Je fais le chemin toute seule, et au début,
j'essayais de rester plus seule, de rester plus intérieure. Et puis le long du chemin ...
puisque j'étais toute seule toute la journée, le soir j'aimais ça, rencontrer quelqu'un
pour parler. » (JW11-w-53)[LXXXIX]

Plakativ und vereinfacht formuliert wird der Wanderer zum Pilger, der Stadtliebhaber zum Landschaftsliebhaber, der Materialist zum pragmatischen Idealisten und wird aus Zwang Gelassenheit. Diese Wandlungen können bereits unterwegs registriert werden.

5.4.2 Wandlung in der Zukunft

„Ich komme sicherlich verändert wieder." (JW3-w-70)

Die mögliche Verbindung von Wandern und Wandeln ist vielen Wandernden bewusst und wird besonders von Läufern auf dem Jakobsweg reflektiert. Für manche ändern sich nach dem Wandern die gesamten Lebensumstände, konkret bei solchen, die die

Tour als Passageritual nutzen: als Hochzeitsreise, als Start in den Ruhestand oder als Neuorientierung im Job. Die Tour wird als bewusste Zäsur des Lebenswegs eingesetzt, um sich danach auf einen neuen Lebensabschnitt einlassen zu können.

> *„Also ich hab meine Arbeitsstelle die ich hatte, die hab ich aufgekündigt gehabt, ich bin ja Altenpfleger, und dann wollt ich mir halt wenn ich zurück komme wieder was Neues suchen. Ne neue Stelle. Also von daher steht für mich die Frage im Hintergrund, was da noch werden soll im Leben. .. Jetzt keine konkreten Fragen, was sich ändern soll. Sind mehr so neue Ideen, die sich vielleicht bemerkbar machen."*
> *(JW1-m-35)*

Die Wandlung ist dabei einmal direkt fassbar: Eine neue Arbeitsstelle muss gesucht und angetreten werden, zum anderen wird Möglichkeiten freier Lauf gelassen: Schauen, was sich unterwegs bemerkbar macht. Anderes verfolgen Menschen, die unterwegs bewusst Lebensfragen im Kopf bewegen wollen. Diese können eher allgemein sein oder Dinge betreffen, für sie im Alltag keine Antwort finden.

> *« Est-ce que je continue avec mon travail ? Est-ce que je continue avec mon mari ? Où ma vie va aller maintenant… »* *(JW11-w-53)*[XC]

> *„Ich geh ihn [Jakobsweg] natürlich schon, weil ich gerne mehr an mich dran kommen will. Weil ich gerne mehr wissen will. Wer bin ich, was will ich, und so weiter."* *(JW10-w-53)*

Immer wieder geht es auch um allgemeine Ziele: sich über verschiedenste Dinge Gedanken machen, sich selbst ein wenig näher kommen, verborgene Eigenschaften entdecken und stärken. Die Möglichkeiten des langen Laufens werden ganz unterschiedlich genutzt – im Sinne des sokratischen „Erkenne Dich selbst", als zwangloses inneres Sortieren „ab von der Welt" oder zur Steigerung des Selbstbewusstseins, wie die folgenden Zitate zeigen:

> *« Vous connaissez la phrase du Socrate […] c'est un petit chemin vers soi, pour peut-être un peu mieux se connaître soi-même. »* *(JW4-m-66)*[XCI]

> *„Dass ich für mich einfach so paar Themen mal sortiere und mal von mehreren Seiten gucke und so über mehrere Tage ohne Druck zu haben und ohne dass ich jetzt jemanden die Entscheidung mitteilen kann. Weil ich erstmal so ein bisschen ab von der Welt bin."* *(JW7-m-30)*

„Also das ist natürlich auch ein Hintergedanke, bei dem Weg, dass man so persönlich sich weiterentwickelt, und das ist halt bei mir auch der Wunsch gewesen... Selbstbewusster, sicherer ... eigentlich die beiden." (JW1-m-35)

Wohin diese Entwicklung geht, entzieht sich der Kenntnis bzw. der Lenkung der Läufer. Sie lassen sich darauf ein und sehen, dass Dinge oder Gedanken in Bewegung kommen. Wohin der Weg geht, bleibt offen. Immer wieder wird dabei der Weg und was darauf geschieht als Entwicklung oder Prozess gesehen, der nicht zu radikalen Änderungen führt, aber dennoch etwas anstößt:

« Non, je ne pense pas qu'il y aura un changement radical, je pense qu'il y a une évolution, une évolution vers je ne sais pas quoi, mais plutôt comme, moi je le vois comme une continuité. » (JW5-w-57)[XCII]

Eine Erweiterung des Wünschens, Denkens oder der Entwicklung unterwegs benennt das folgende Zitat, das die Verbindung der Wandernden mit den daheimgebliebenen erwachsenen Kindern aufgreift. Die hier angesprochene Wandlung wird weniger für die eigene Person antizipiert, als für die Angehörigen. Ihnen soll die lange Abwesenheit der Mutter eine Botschaft sein, die verbal nur schwer zu vermitteln ist: die Unabänderlichkeit der Endlichkeit, der jeder Mensch und entsprechend auch die mittlerweile 70-jährige Mutter unterworfen ist.

„Aber eben sich auch mal klar machen, dass das Leben endlich ist. Es ist ja nicht unendlich. ... Und auch so ne Mutter ist nicht unendlich. Und ich glaube, das wollte ich meinen Kindern irgendwo vielleicht mal vermitteln. Ich konnte es ihnen nicht so sagen." (JW3-w-70)

5.4.3 Wechselwirkung: Wandeln und Wandel, Reise und Alltag

Wie können Wanderweg und Lebensweg verknüpft werden? Im letzten Unterkapitel geht es um die Frage, wie sich Bilder von unterwegs in den Alltag integrieren lassen und welche Lebensweisheiten man sich erwandern kann.

„I will really miss walking once I'm back at work." (CC4-m-33)[XCIII]

drückt fast traurig aus, dass der Wanderalltag früher oder später vom normalen Alltag abgelöst werden wird. Etwas von den belebenden, wohltuenden Erfahrungen mit hinüberzuretten, ist immer wieder ein Wunsch der Wandernden. Dabei geht es nicht nur um die Bräune im Gesicht, sondern um Sichtweisen, Selbsterleben, Gelassenheit und Erinnerungen, die unterwegs entstehen, aber besonders im Alltag wertvoll sind. Ein Versuch des Festhaltens besteht darin, unterwegs Tagebuch zu schreiben, um dem Erlebten zumindest auf Papier Dauer zu verleihen. Eine andere Möglichkeit sind Fotos, um Bilder zu behalten, oder der Tausch von Adressen – in der Hoffnung, die in der Auszeit entstandenen Kontakte in die Alltagszeit mitnehmen zu können. Diesen eher dokumentarischen Souvenirs stehen gedankliche Bilder und Erinnerungen gegenüber, deren Wert für den Alltag schon unterwegs erkannt wird.

> *„Da zehr ich schon noch. Da denkt man schon noch und dies oder des, da spricht man mit Bekannten, mit Freunden und so." (VA1-w-49)*

> *„Also das wird nachwirken, denk ich, diese Tage, die sind immer abrufbar von den Bildern her, also davon werd ich auch sicher noch lange zehren, und vielleicht bestärkt mich das noch mal, in meinem Beruf mal nicht zu sitzen, sondern zu gehen mit Leuten." (JW9-m-52)*

Während in der ersten Sequenz allein die Erinnerung konserviert wird, wird in der zweiten neben einer sehr ähnlichen Erinnerung eine Veränderung angedeutet, die vom Wandern zu einem Wandel im Alltag führen könnte. Ein anderer Wanderer hat dieses Vorhaben professionell umgesetzt. Seine Bergbegeisterung führte dazu, mehrtägige Wanderungen als Managerseminare anzubieten, bei denen die Teilnehmenden verlässliche Gruppenstrukturen erleben und nutzen lernen, Grenzen erkennen und dabei den Körper stärken können.

Die naheliegendste Wirkung des Laufens auf den Alltag ist die körperliche, geistige und seelische Stärkung; man fühlt sich gut, hat „aufgetankt" und kann sich mit neuer Kraft der Arbeit widmen. Die beim Wandern erlebte Erholung zeichnet sich dadurch aus, dass sie sehr schnell zu spüren ist.

> *„...der Erholungseffekt. Des ist wenn man so lang geht, dass der Kopf frei wird, dass man wieder mal auftankt." (VA5-5-40)*

> *„Also, klar, nimmt man sicher was mit. Also zum einen, dass ich des kann, einfach körperlich, ne Woche des durchhalten kann und au, des is halt ne Woche, ja, Freiheit irgendwo. Wo du halt au wieder mitnimmst in den Beruf dann. Oder wo du Kraft raus ziehst. Aus der Woche." (VA16-m-33)*

Geht es hier primär um Erholung, Abstand und ein positives Selbsterleben, so machen andere Läufer abstraktere Verbindungen aus. Sie verknüpfen unterwegs Erlebtes mit zu Hause Benötigtem und beschreiben Wandlungsmöglichkeiten, die auf einer Abstrahierung der erwanderten Erfahrung basieren. Solche Abstraktionen lassen sich in unterschiedlichsten Facetten finden.

Beispielsweise kann die intensivierte Wahrnehmung unterwegs auch auf den Alltag übertragen werden. Ein Bergwanderer beschreibt diese Idee so:

> *„Also wenn ich arbeit und mit dem Auto ins Gschäft fahr vielleicht auch mal aus dem Fenster raus guck und sag, da is auch schön, die Natur, und des einfach wieder wahrnehm."* (VA17-m-38)

Eine Bergwanderin leitet aus der Etappengestaltung unterwegs Wissen ab, das auch im Alltag hilfreich ist. Sie spricht die Frage an, wie man eine große Aufgabe angeht, um sicher und erfolgreich ans Ziel zu kommen. Die Vorlage bieten die Anforderungen einer Mehrtagestour mit langen und anstrengenden Tagesetappen:

> *„Dass man zum Beispiel lernt, eine große Aufgabe in kleine Etappen zu unterteilen. Dass man sich Zwischenziele setzt."* (VA12-w-35)

Aus dem „echten Laufen" und den Notwendigkeiten, die zur täglichen und gesamten Zielerreichung notwendig sind, leitet der folgende Interviewte Lehren fürs ganze Leben ab. Ein Ziel zu sehen und dennoch nicht darauf loszustürzen, sondern sich ihm gemessenen Schritts zu nähern und insgesamt das Leben behutsam anzugehen, sind für ihn zentrale Elemente, die er beim Wandern für den Alltag lernen möchte.

> *"You know you have a goal, but it is a long way off. And you will advance towards it in very gentle, slow stages, and if you try to go too fast, you will damage yourself. So that's on the walk, that's true walking. But I think that's a lesson for life. Anyway. So I would hope that this experience adds to my ability to go slowly. Gentle. That's it."* (CC2-m-60)[XCIV]

Ein anderer Wanderer zieht aus Erfahrungen in einer über Jahrtausende gewachsenen Landschaft die Kraft, sich im Beruf nicht von falschen Maßstäben erdrücken zu lassen. In der Beständigkeit der Natur findet er Gelassenheit und Klarheit, wie er als groß wahrgenommene Probleme im Beruf ihre eigentliche Größe beziehungsweise Kleinheit zurückgeben kann. Die Frage der Perspektive bzw. des Perspektivwechsels ist für ihn zentral.

> *„When I'm in a landscape like the Lake District, it helps me to put all of the things I put up with in my working life into perspective. And it becomes much less important. You know I can worry and fret about my work, but actually at the end of a*

day, the landscape will still be here tomorrow, it won't change. Yes, there is a sense to it. Puts everything back into perspective." (CC1-m-50)[XCV]

Pointiert fasst es eine Wanderin zusammen:

"[Walking] .. it seems it makes you realize what is important in life." (CC3-w-38)[XCVI]

Zum Abschluss des Kapitels Wirkung und Wandlung wird nochmals auf ein besonderes Kennzeichen von Ergebnissen bei der Grounded Theory eingegangen. Dabei handelt es sich darum, dass häufig die identifizierten Konsequenzen der untersuchten Handlung zur ursächlichen Bedingung einer erneut durchgeführten, vergleichbaren Handlung werden können. Auf diese Arbeit bezogen würden die hier beschriebenen Wirkungen des Wanderns zu Gründen, eine weitere Fußreise anzugehen. Eine Wanderin lehnt diesen Gedanken, dass die positive Wirkung Grund sein könnte, aufzubrechen, eindeutig ab:

„*[Eine Woche wandern] tut sicher langfristig auch gut. Aber es ist jetzt net so, dass ich sag, ich mach jetzt Abschalten vom Alltag und drum geh ich in die Berge.*" (VA3-w-40)

Und dennoch ist genau dieser Kreislauf immer wieder zu beobachten: Ein Eindruck unterwegs führt zu bleibenden Bildern im Kopf (Konsequenz) und wirkt so lange fort, bis aus einer Erinnerungsspur der Anstoß für eine neue Tour wird (ursächliche Bedingung) – mit allem, was auch dann wieder zur „Belebung durch Wandel(n)" dazugehört. Ein Interviewter berichtet von so einem Kreislauf:

„*Und wir haben den Ort [St. Jean Pied-de-Port, Beginn des Camino Francés], sind wir damals auf der Pyrenäentour tangiert und haben da auch genächtigt, wir waren ja auf der Durchreise praktisch, und fanden das faszinierend, und dieses Gewimmel da in den Straßen, dieses Aufmarschgebiet und anderntags geht es dann ja los ... Und das hat wohl auch den Ausschlag gegeben, nicht, das mal unter die Füße zu nehmen.*" (VA9-m-60)

5.5 Die Dimensionen der Kernkategorie: „Urlaub" und „Passageritual"

Bei der Analyse des Datenmaterials nach den Kriterien der GT hat sich herausgestellt, dass die Kernkategorie „Belebung durch Wandel(n)" zweidimensional ist. Identifiziert wurden die beiden Dimensionen „Wandern als Urlaub" (5.5.1) und „Wandern als

Passageritual" (5.5.2). Diese Dimensionen sind das Ergebnis beständigen Vergleichens und Hinterfragens vorgefundener Muster und entstandener Konzepte, die auch im Hinblick auf folgende Kriterien geprüft wurden: Geschlecht, Altersgruppe, Nationalität, Weg, Pilger vs. Fernwanderer, Wandererfahrung vs. keine Erfahrung und Alleinläufer vs. Paar/Gruppe. Bei diesen Kriterien konnten, im Gegensatz zu „Urlaub" und „Passageritual", keine beständigen tiefergehenden Muster entlang des Kodierparadigmas herausgefiltert werden, die eine Dimensionalisierung gerechtfertigt hätten.

Die Zuordnung der befragten Personen zu der einen oder anderen Dimension bezieht sich ausschließlich auf die Tour, bei der die Datenerhebung erfolgte. Von den 38 Interviewten konnten 22 als „Urlauber" und 12 als „Passageritual-Wanderer" eingestuft werden. Die verbleibenden vier Interviewten enthalten zentrale Einstellungen beider Gruppen und stellen damit eine Brücke zwischen den Dimensionen dar. Da die Zuordnung in die Dimensionen temporär begrenzt ist, kann ein Mensch die „Belebung durch Wandel(n)" beim Wandern sowohl (jetzt) als z.B. „Urlaub" erfahren, als auch zu einem anderen Zeitpunkt als „Passageritual" nutzen. Die Vorzeichen können bei jeder Unternehmung neu gesetzt werden. Manche Interviewte können auf Touren beider Art zurückblicken, andere planen eine Vorzeichenänderung für eine zukünftige Unternehmung.

5.5.1 Wandern als Urlaub

5.5.1.1 Ausgangslage

Unter der Dimension „Wandern als Urlaub" finden sich Menschen, deren Hauptmotivation es ist, sich in der begrenzten Urlaubszeit von der Arbeit zu erholen und abzuschalten, um danach wieder gestärkt im Alltagsleben agieren zu können. Die Zeit des Unterwegsseins lässt sich folglich in den Jahresurlaub integrieren; im Sample ist keiner der „Urlauber" länger als drei Wochen unterwegs, bei den meisten handelt sich um eine ein- bis zweiwöchige Unternehmung. Frauen und Männer sind gleichermaßen präsent. Vom Altersspektrum liegt die Verteilung zwischen 22 und 60 Jahren mit einer Spitze bei den 35 bis 50-jährigen. Es sind Menschen, die mitten im Berufsleben stehen. Kinder spielen nur eine untergeordnete Rolle – sie sind alt genug, um allein zu sein / zu leben, kurzzeitig anderweitig betreut zu werden oder sind (noch) nicht vorhanden. Mit unterwegs sind sie in keinem Fall.

Für die „Urlauber" stellt Wandern in den seltensten Fällen etwas Neues dar. Sie haben fundierte Kenntnisse und Fähigkeiten erworben und wissen, dass ihnen Wandern,

Gehen und Draußen-Sein gut tun. In vielen Fällen ist Wandern ein fester Bestandteil ihres Freizeitlebens.

Im Hinblick auf die genutzten Wege scheint die Via Alpina als alpiner Fernwanderweg den Bedürfnissen der „Urlauber" am besten gerecht zu werden. Alle dort Interviewten sind in der entsprechenden Dimension anzusiedeln. Das heißt jedoch nicht, dass „Urlauber" darauf beschränkt bleiben: Auf dem Coast to Coast sind sie ebenso anzutreffen wie auf dem Jakobsweg.

Die Zeit, die zwischen der Idee und der Ausführung des Wanderns liegt, ist verhältnismäßig kurz. Es geht darum, den Jahresurlaub bereichernd zu verbringen und unter diesem Vorzeichen findet die Planung statt. Man informiert sich, hört und liest – und entscheidet pragmatisch, was anspricht, machbar, erreichbar und bezahlbar ist. Bestimmte Serviceangebote können bei der Entscheidung auch eine Rolle spielen, wenn sie es ermöglichen, die Bedürfnisse an die Wanderzeit besser zu erfüllen. Die Entscheidung für einen Weg ist von verschiedenen Seiten beeinflussbar, da in der Imagination angesiedelte Motive nur wenig Einfluss haben.

5.5.1.2 Unterwegs

Körperliches Erleben

Wie unter „Ausgangslage" beschrieben, sind viele „Urlauber" passionierte Wanderer – oder auch Sportler im weitesten Sinne. Damit einher geht, dass sie zumeist schon gut trainiert eine Tour beginnen, aus Erfahrung wissen, was sie erwartet – und was sie leisten können. Die Freude an der eigenen, körperlichen Leistungsfähigkeit ist deutlich zu spüren. Immer wieder werden Vergleiche angestellt – wie schnell man war, wie viele Kilometer und wie viele Höhenmeter bewältigt wurden. Dass eine Tour körperlich anstrengend ist, gehört dazu und wird selbstverständlich miteingeplant; Anstrengung und Freude über die erbrachte Leistung, einen bezwungenen Gipfel oder eine besondere Aussicht wechseln sich ab. Besonders die schnelle Regenerationsfähigkeit des Körpers nach extremer Anstrengung wird positiv herausgestellt und unterstützt den Wunsch, die nächste Herausforderung anzugehen. Risiken von Bergwanderungen sind den „Urlaubern" bekannt, und sie scheinen verantwortungsvoll und pragmatisch damit umzugehen. Erfahrung von früheren Touren und die Kenntnis der eigenen Kräfte sind dafür Voraussetzung.

Die „Sinne zu schärfen" ist für viele „Urlauber" ein bedeutsames Element unterwegs. Dabei geht es um eine Steigerung der Wahrnehmung von Geräuschen, Gerüchen und Blicken. Das Bewusstsein für die Umgebung als Ganzes erhöht sich; besonders das Gefühl der Ruhe, der Blick in die Ferne und Bergpanoramen stärken die erlebte Verbundenheit mit der umgebenden Natur. Die körperlich-sinnliche bzw. akustische Wahrnehmung anderer Menschen wird kaum thematisiert, auch wenn die körperliche Nähe zu unbekannten Menschen bei klassischen Wanderunterkünften deutlich stärker zugelassen werden muss als sonst.

Dass sich der Körper in der Rolle des Transportmittels wiederfindet, wird von den „Urlaubern" als gegeben hingenommen. Der Rucksack wird in der Regel routiniert gepackt, ihn zu tragen ist nichts Neues. Sprechen beispielsweise gesundheitliche Gründe gegen die Rolle des „Packpferdes", wird nach Serviceangeboten wie z.B. Gepäcktransport Ausschau gehalten, um die Wanderung dennoch realisieren zu können. Stolz auf die eigenen Fähigkeiten einerseits und ein undogmatischer Umgang mit der Nutzung von Erleichterungen andererseits sind hierfür kennzeichnend. Kartenlesen, der Umgang mit Kompass und Höhenmesser und die kundige Interpretation von Zeichen und Führer sind Kenntnisse, die beizeiten erworben und nun beherrscht werden. Damit steht der eigenverantwortlichen Bewegung durch den Raum nichts mehr im Weg.

Inneres Erleben

Die Bedeutung des inneren Erlebens entspricht bei den „Urlaubern" ihrer zentralen Motivation: wegfahren und laufen, um Abstand zum Arbeitsalltag zu bekommen und gestärkt wieder zu kommen. Entsprechend geht es nicht darum, sich im Urlaub mit weitreichenden Lebensfragen oder Glaubensdingen zu befassen, sondern sich etwas Gutes zu tun. Der Genuss spielt folglich eine große Rolle. Körper, Seele und Geist entspannen, Glück kommt durch Bewegung und Anstrengung, man ist in der Natur, lässt Zwänge und Gewohnheiten des Alltags hinter sich, lässt sich ganz und gar auf den Wanderalltag ein, erlebt die Zeit intensiv und gedehnt – all das sind Ausprägungen des inneren Erlebens, die sehr geschätzt werden. Ihre Präsenz unterwegs weist darauf hin, wie passend gewählt die Urlaubsform Fernwandern für die „Urlauber" ist, da hier zentrale Punkte der Erwartung im Hinblick auf den Urlaub ihre Erfüllung finden. Diesbezügliche Enttäuschungen sind im Sample nicht auszumachen.

Naturerleben

„Draußen" oder „In-der-Natur-Sein" ist für viele der „Urlauber" ein wichtiger Bestandteil der Wanderung. Besonders geschätzt sind dabei Elemente des Naturerlebens, die mit Schönheit, Unberührtheit, Einsamkeit und geographischer Besonderheit in Verbindung zu bringen sind. Das „weg-Gefühl" und eine gewisse Idealisierung der Natur sind hier maßgeblich und finden sich bei der Freude an „typischen" Tieren (z.B. Murmeltier), an unzerstörter Natur (keine Skigebiete, möglichst wenig landwirtschaftliche Nutzung, gerne Nationalparks), der gewünschten Zivilisationsferne (wenig Menschen, möglichst wenig Talabstiege oder zu querende Ortschaften) oder am Genuss geographischer Highlights (z.B. Gipfel, Küsten oder markante Landschaften, die auch als Kulisse für die eigene Leistungsfähigkeit dienen). Der Urlaub der „Urlauber" soll ungetrübt sein, das Interesse an der Natur folgt einem Ideal und nicht dem Interesse an Nützlichkeitsaspekten oder einer ganzheitlichen Neugier auf die durchquerte Region. Das Wetter unterwegs soll, wenn möglich, den Genuss des Urlaubs erhöhen. In der Planungsphase wird zumeist versucht, wettergünstige Ziele zu finden, und unterwegs wird die vorhandene Flexibilität so eingesetzt, „schlechtes" Wetter möglichst zu umgehen. Falls es nicht machbar ist, kommt das beschriebene Sich-Einlassen auf den Weg zum Tragen: dann wird ausgehalten, was nicht vermeidbar ist – was immer wieder zu besonderem Stolz führt. Gefahren des Wetters werden gekannt, thematisiert und in die Gesamt- und Tagesplanung miteinbezogen. Beim Naturerleben entdecken die „Urlauber" immer wieder Ansatzpunkte, wie sie Erlebtes unterwegs in Gewinn für zu Hause umwandeln können. Besonders die Bewegung durch „extreme" Landschaften, die Kraft, Beständigkeit, Erhabenheit – aber auch die Gewalt – der Natur widerspiegeln, regt zu solchen Gedankengängen an.

Soziales Erleben

Der soziale Aspekt, der beim Wandern mit dazu gehört, wird von den „Urlaubern" sehr geschätzt. Das bezieht sich auf alle drei Gruppen von Kontakten – auf Mitwanderer, zufällige Weggefährten und Unterkunftgeber. „Etwas zusammen machen" ist häufig der Grund, eine gemeinsame Tour anzugehen – mit einem / einer guten FreundIn, in der Familie oder mit dem / der PartnerIn. Die gemeinsam erlebte Zeit ist dabei manchmal wichtiger als der konkrete Weg. Auch zufällige Weggefährten nehmen bei den „Urlaubern" eine wichtige Rolle ein. Jedoch geht es dabei zumeist um die Zugehörigkeit zu einer austauschbaren bzw. sich stets wandelnden Gemeinschaft und weniger um die neue Bekanntschaft mit Einzelpersonen. Hüttengaudi, der Austausch über die aktuelle Tour oder unverbindliche Gespräche kennzeichnen die Begegnungen. Nicht der Andere als Individuum steht dabei im Vordergrund, sondern das Gefühl, unter Gleichgesinnten gut aufgehoben zu sein. Dann geht es mit dem eigenen Wanderpartner weiter (Einzelwanderer sind kaum vertreten). „Allein sein" gehört kaum zu den Wünschen der „Urlaubswanderer". Eine Beständigkeit der sich ergebenden Kontakte unterwegs wird weder angestrebt noch erwartet, dennoch ist Solidarität zu anderen Wanderern vorhanden. Dafür ist es allerdings notwendig, dass Läufer bestimmte soziale „Codes" erfüllen, um in der Wahrnehmungshierarchie einen entsprechenden Platz zu bekommen. Bei den Urlaubsfernwanderern in den Alpen ist es z.B. nötig, die Insignien einer längeren Tour zu tragen (Schuhe, Ausrüstung,...) und Erfahrung zu haben. „Sandalentouristen" oder solche, die sich auf einen Gipfel fahren lassen, fallen durch dieses Raster. Auf anderen Wegen gelten modifizierte Codes, die über den Grad der Dazugehörigkeit entscheiden. Eine große Bedeutung haben des weiteren die jeweiligen Unterkunftgeber wie Hüttenwirte oder B&B-GastgeberInnen. Sie können den Wanderern emotionalen wie physischen Schutz in der Fremde vermitteln, wenn bestimmte Voraussetzungen gegeben sind. Heißen sie ihre Gäste persönlich willkommen, bringen sie Interesse für die Wanderer auf und sind sie als „ganzer" Mensch für die Gäste da (im Gegensatz zu rein professionell verstandenem Service), ist alles gut. Selbst „Zumutungen" wie Enge oder hygienisch primitive Verhältnisse werden dann wie selbstverständlich in Kauf genommen. Kommen geographische Isolation oder besonders ungünstige Wetterverhältnisse hinzu, wird die Person des Gastgebers als Schutzgeber unterwegs nochmals wichtiger. Unfreundlichkeit oder reines Geschäftsdenken führen dann schnell zu Unzufriedenheit.

5.5.1.3 Wirkung und Wandlung

Hier wird es nochmals wichtig, sich die Ausgangslage der „Urlauber" zu vergegenwärtigen. Ziel der Unternehmung ist es, abzuschalten, sich zu erholen und gestärkt wieder in den Alltag zurückzukommen. Die Wanderzeit soll dies möglichst gut und schnell erfüllen. Es geht um das „Jetzt" – längerfristige Veränderungen sind kaum im Fokus der Urlauber. Positiv erlebt wird eine Stärkung des Körpers unterwegs – man kommt braun gebrannt, fit und erholt zurück, hat körperlich und seelisch aufgetankt. Davon kann man auch eine Weile in der Erinnerung „zehren": Was man geleistet hat, wie man durchgehalten hat, das Gefühl, wirklich weg gewesen zu sein und ein Stück Freiheit erlebt zu haben und seine Wahrnehmung wieder geschärft zu haben sind Eindrücke, die bei den „Urlaubern" positiv nachklingen. Weitergehende Auswirkungen der Erlebnisse unterwegs oder umfassende Veränderungen durchs Laufen kommen selten vor, doch war es auch nie das Ziel, sich im Leben neu zu orientieren oder mit Hilfe der Tour eine Zäsur zu setzen.

5.5.2 Wandern als Passageritual

5.5.2.1 Ausgangslage

Menschen, für die die Wanderzeit ein Passageritual darstellt – im Sample 12 von 38 – haben eine andere Grundmotivation Die Fußreise ist hier nicht Selbstzweck, sondern wird zum Impulsgeber für das gesamte Leben. In extremen Fällen macht das Laufen an sich nicht einmal Spaß. Die Wanderung wird zur Übergangszeit von einem Lebensabschnitt zum nächsten, sie dient dem Innehalten, der Klärung und Stärkung. Die Zeit, die sich Menschen im Sample für dieses „Ritual" nehmen, erstreckt sich von einer Woche bis zu 3 Monaten. Frauen sind in dieser Gruppe etwas stärker präsent als Männer (7 zu 5). Das Altersspektrum umfasst 25- bis 35-jährige, weist dann eine Lücke auf und setzt sich bei 50- bis 70-jährigen fort. Es sind Menschen, die noch am Anfang ihres Berufs- und vor dem Familienleben stehen und solche, die fest etabliert sind bzw. deren Familien- und Berufsleben langsam ausklingt. Für eigene Kinder ist in der Biographie noch kein Raum oder sie sind bereits erwachsen und gehen ihre eigenen Wege.

Für viele Individuen dieser Gruppe ist Wandern etwas völlig Neues. Die Intensität des Wunsches, so eine Tour / Passage zu machen, hat bei ihnen zu einer Annäherung ans Wandern geführt. So berichtet eine Interviewte, dass sie sich zum 70. Geburtstag Rucksack und Wanderschuhe gewünscht habe, um damit auf den Jakobsweg zu gehen. Andere hingegen haben Wandererfahrung als „Urlaub", gehen diesmal jedoch bewusst unter einem anderen Vorzeichen und z.B. mehr Zeit an die Unternehmung heran.

Bezüglich der Wegeauswahl hat der Jakobsweg mit Abstand die stärkste Anziehungskraft auf Wanderer, für die der Weg mehr als „Urlaub" ist. Durch seine Popularität als spiritueller und historischer Weg übt er eine starke Wirkung auf die Imagination aus, die zu diesem Passagewandern führt. Auch der Coast to Coast lockt Wanderer, die mehr als „Urlaub" suchen. Die Möglichkeit, ein ganzes Land von Küste zu Küste zu durchqueren, hat in dieser mystisch-symbolischen Form auch eine spirituelle Ebene.

Zwischen der Entstehung des Wunsches, eine Wanderung zu einer bestimmten Zeit im Leben zu machen, und dessen Umsetzung vergehen manchmal sehr viele Jahre. Die Idee wird im Kopf bewegt und es wird auf den geeigneten Zeitpunkt gewartet. Die Entschlussfassung kommt häufig ohne rationale Gründe aus und kann z.B. auf einem inneren Ruf basieren, einen bestimmten Weg gehen zu wollen oder fast schon zu müssen. Entschieden wird bei der Mehrheit der „Passagewanderer", die sich auf dem Jakobsweg befindet, „nur noch", wo gestartet wird oder welches Teilstück begangen werden soll; der Weg an sich wird nicht in Frage gestellt.

5.5.2.2 Unterwegs

Körperliches Erleben

Von vielen „Passagewanderern" kann die Bewältigung des langen Laufens aus verschiedensten Gründen nicht uneingeschränkt erwartet werden. Zum einen geht es um die häufige Unerfahrenheit, zum anderen darum, ob die körperlichen Kräfte der Laufbelastung überhaupt, noch oder wieder gewachsen sind. Der Umgang mit dem Körper ist in vielen Fällen bewusster als bei den erfahrenen „Urlaubswanderern". Er wird beobachtet und körperliche Signale werden zu deuten versucht. Gelingt dies mit Erfolg, ist ein außerordentliches Wohlgefühl die Folge. Eins-Sein mit dem Körper, Respekt vor sich selbst und Stolz werden erlebt. Auf der anderen Seite stehen Schmerzen oder eine Überlastung, die die Unternehmung belasten und eventuell sogar beenden können, oder eine diffuse Angst: Was, wenn mein Körper nicht mitmacht? Die intensive Beobachtung des Körpers beim Laufen führt oft dazu, dass Verbindungen zwischen der äußeren, körperlichen Bewegung und inneren Veränderungen entdeckt werden.

Ähnliches ist im Bereich der Sinneswahrnehmung zu beobachten. Eindrücke, seien sie visueller oder akustischer Art, werden Anlass für tiefergehende Wahrnehmungen oder Gedanken. Aus der Sonnenwärme auf der Haut wird Glück, aus der freudigen Beobachtung eines Huhns oder Schafs Reflexionen über Landwirtschaft und Gesellschaft, aus Variationen der Landschaft oder von Dialekten unterwegs Verbindungen zur durchlaufenen Region. Sinneswahrnehmungen werden von vielen „Passagewanderern" als Ausgangspunkt zu tieferer Erkenntnis genutzt; dazu zählt auch die Wahrnehmung der Nähe von anderen Menschen.

Diese Tendenz spiegelt sich auch im Hinblick auf die Funktion des Körpers als Transportmittel wieder: Sowohl die Fähigkeit, das Notwendige selbst zu tragen als auch die Ableitung aus der Frage: Was brauche ich zum (Über-)Leben, auf was kann ich verzichten, sind Themen, die häufig reflektiert werden. Für „Passagewanderer" auf dem Jakobsweg gilt es als „ehrenrührig", sich der Belastung durch den Rucksack zu entziehen und den Service des Gepäcktransports zu nutzen. Lassen körperliche Einschränkungen jedoch nichts anderes zu, um sich überhaupt den Weg aneignen zu können, wird dies als Einschränkung empfunden, die leider nicht umgangen werden konnte. Anders die „Kultur" auf dem Coast to Coast: Hier fällt auf, wer sich mit mehr als einem Tagesrucksack belastet; Passage und Auseinandersetzung über materielle Bedürfnisse gehören hier nicht notwendig zusammen. Konsequenzen aus der geringeren Wandererfahrung der „Passagewanderer" finden sich auch bei der Orientierung im Gelände wieder: Ein souveräner Umgang mit Orientierungshilfsmitteln ist nicht immer gegeben, die Abhängigkeit von sehr guter Markierung oder erfahrenen Mitwanderern ist deutlich. Auf der anderen Seite werden Misserfolge wie z.B. Verlaufen integriert. Sie werden unter Umständen nicht als Ärgernis abgelehnt, sondern als Quelle besonderer Erfahrung angenommen.

Innerliches Erleben

Das innerliche Erleben spielt bei den „Passagewanderern" getreu ihrer Hauptmotivation eine große Rolle. Die Gedanken schweifen und etwas In-Gang-Kommen zu lassen, nimmt einen breiten Raum ein. Die innerliche Bereicherung durch das Gehen ist der Wunsch vieler und der reine Genuss am Wandern kann dabei durchaus sekundär werden. Mit dazu gehört auch, dass das eigene Unterwegs-Sein beständig reflektiert wird. Spiritualität und die Beschäftigung mit Glaubensfragen sind vielen „Passagewanderern" sehr wichtig. Der klassische, gläubige Pilger auf dem Jakobsweg ist folglich stark unter den „Passagewanderern" vertreten, jedoch gibt es ebenso agnostische Jakobswanderer oder Menschen, die säkulare Wege für eine Passagewanderung nutzen. Zumindest für die religiös bzw. spirituell Motivierten ist ein Umfeld entscheidend, das spirituelles Erleben fördert. Kirchen, christliche Unterkünfte und der Kontakt zu Menschen im Glauben sind für sie bedeutsam, um die gesuchte spirituelle Belebung erfahren zu können. Die psychische Dynamik unterwegs ist bei den „Passagewanderern" ähnlich wie bei den eher nach außen orientierten „Urlaubern": Sie erleben Phasen des Glücks, lassen sich auf den Weg ein und sich selbst überraschen, lösen sich von starren Verhaltensmustern, denen sie im Alltag folgen, erleben die Zeit unterwegs gedehnt bzw. entschleunigt und fühlen sich insgesamt gestärkt. Was hinzukommt, liegt in der verstärkten Auseinandersetzung mit dem eigenen Gedanken- und Seelenleben begründet: „Passagewanderer" verbalisieren häufig Erkenntnisse, die sie aus dem Wanderweg für ihren Lebensweg ableiten. Die Passage wird erfolgreich genutzt, um für das weitere Leben zu lernen. Jedoch kann die hohe Erwartung, durch eine (Passage-)Wanderung zur Selbsterkenntnis zu kommen, zu Überforderung führen. Die oft ungewohnte körperliche Anstrengung und gleichzeitige intensive Bearbeitung von Lebensfragen kann mehr sein, als für Menschen auf einem „Passageweg" körperlich und seelisch leistbar ist.

Naturerleben

Das Naturerleben der „Passagewanderer" fällt im Vergleich zum oben beschriebenen inneren Erleben sowie dem Naturbezug der „Urlauber" deutlich schwächer aus. An der Natur werden weniger Idealzustände oder isolierte Highlights geschätzt, sondern die Gesamtheit dessen, was die natürliche Umwelt ausmacht. Nützlichkeitsaspekte werden sowohl im Hinblick auf den Fußreisenden (Natur als Nahrungslieferantin), als auch auf die Landwirtschaft thematisiert. Natur ist kein Biotop, sondern Umwelt.

Entsprechend ist die Wahrnehmung selten auf Details ausgerichtet, sondern betrifft die Atmosphäre einer Landschaft oder nimmt einzelne Elemente des Natürlichen als Inspiration für tiefergehende Reflexion. Wichtig unterwegs ist der Kontakt zur „normalen" Natur und nicht, wie bei den „Urlaubern", zu einer „idealen" Natur ohne Spuren menschlicher Eingriffe. Es geht den „Passagewanderern" nicht um Abstand zum Alltag, sondern um einen erweiterten Zugang zu sich selbst und der Umwelt. Das herrschende Wetter wird selten thematisiert oder in Frage gestellt. Man arrangiert sich, freut sich über Sonne – und sieht in „schlechtem" Wetter gelegentlich die Möglichkeit besonderer Erlebnisqualität, die die eigene Verwundbarkeit, Gefährdung oder soziale Abhängigkeit spürbar machen kann. Landschaft ist vor allem interessant, wenn sie zugleich abwechslungsreich ist und einen tieferen Einblick in die durchquerte Region als Arbeits- und Lebensort ermöglicht: Kultur, Kulturlandschaft und Landschaft sind wichtiger als touristische Höhepunkte. Besondere Reize einer Landschaft können die Entscheidung für ein Wegeteilstück beeinflussen, jedoch nicht die Gesamtentscheidung, dass ein spezieller Weg als Passageritual begangen werden soll. Zu diesen Reizen gehören neben äußeren Werten auch „innere", wie eine persönlich-historische Verbundenheit mit bestimmten Gebieten, die durch die Tour aufgefrischt werden soll (z.B. durch ein Nach-Gehen von Spuren familiärer Vergangenheit). Erkenntnisse, die vom Landschaftserleben zur Selbsterkenntnis führen, kommen vor. Sie werden von den „Passagewanderern" jedoch viel seltener gewonnen als von den „Urlaubern", die viel Inspiration in der äußeren Umwelt finden. Auch im Vergleich zu Ableitungen, die vom inneren Erleben ausgehen, fallen sie vergleichsweise schwach aus.

Soziales Erleben

Soziale Kontakte sind auch für die „Passagewanderer" von großer Bedeutung. Das betrifft Mitwanderer, Weggefährten und Unterkunftgeber. Die Motivation begründet oft die Wahl des / der MitwanderIn: So liegt der Reiz der Tour für ein Hochzeitspaar in der Unternehmung zu zweit, genauso wie für Freunde, für die gemeinsame Touren seit Jahrzehnten ein Weg der Freundschaftspflege sind. Andererseits laufen viele „Passagewanderer" bewusst allein, da die Auseinandersetzung mit dem eigenen Leben Sinn der Reise ist. Sowohl für die Allein- als auch die Paarläufer erlangen, oft unverhofft, zufällige Wegbekanntschaften große Bedeutung. Diese werden, im Gegensatz zu den Urlaubswanderern, weniger als austauschbare Glieder einer Gemeinschaft, sondern als Individuen wahrgenommen. Persönliche Gespräche und der Wunsch, die auf dem Weg begonnene Verbundenheit später zu vertiefen, sind hierbei kennzeichnend. Auch ist eine starke Identitätsbildung festzustellen, die vom gemeinsamen bzw. geteilten Weg ausgeht. Zeichen, die Dazugehörigkeit signalisieren, variieren je nach Weg: Der Mehrtagesrucksack und eventuell eine Pilgermuschel auf dem Jakobsweg, die geteilte Unterkunft auf dem Coast und Coast und Gespräche über die Reisedauer sind hier der Schlüssel, um sich von Tageswanderern abzuheben und dazuzugehören.[63] Zumindest phasenweise allein zu sein, wird von vielen „Passagewanderern" als sehr wichtig betrachtet. Ein gelegentlicher Austausch erhöht jedoch den Reiz der Tour. Besonders zufällige und sich wiederholende Treffen mit anderen werden sehr geschätzt und können zu Freundschaften unterwegs führen. Wichtig ist dabei, dass keine festen Regeln herrschen, sondern vieles dem Zufall überlassen bleibt und man sich auf den Zauber des Weges einlässt („la magie du chemin"). Zentrales Element der Verbundenheit ist der geteilte Weg, wobei den selben Weg gehen wichtiger ist als z.B. in den Bergen oder auf der Hütte sein. Die Verbindung, die manche mit Pilgern aus der Vergangenheit spüren, die bereits diesen Weg gegangen sind, stellt diese Form des Eins-Seins besonders anschaulich dar. Erlebnisse mit Menschen unterwegs werden von vielen „Passagewanderern" auch als Quelle der Reflexion und des Lernens genutzt. Sich-Begegnen und Wieder-Trennen-Müssen, lernen, wie punktuelle Kontakte bereichern können, nichts erzwingen, sondern sich dem Lauf der Dinge überlassen, sind Lektionen des Wegs. Auch die Unterkunftgeber haben für „Passagewanderer" eine große Bedeutung. Es geht nicht nur darum, einen Platz in der Herberge zu finden, sondern Tag für Tag in der Fremde herzlich aufgenommen zu werden. Von Pilgern sind christliche Gastgeber besonders gefragt, da von ihnen nicht nur physische, sondern auch geistig-seelische Nahrung erhofft wird. Wenn beim passageren Laufen sensible innere Auseinandersetzungen stattfinden, ist das Bedürfnis nach menschlich-christlicher Empathie der Unterkunftgeber besonders groß.

5.5.2.3 Wirkung und Wandlung

Folgewirkungen und Wandlungen sind beim Wandern als Passageritual ein zentrales Anliegen der Laufenden. Der Fokus der Läufer liegt folglich auch unterwegs nicht (nur) auf der aktuellen Wanderung, sondern beinhaltet Reflexionen über daheim und unterwegs, über Vergangenheit und Zukunft. Die Platzierung im Leben an z.B. biographischen Wendepunkten sorgt bereits dafür, dass für viele Läufer nach der Rückkehr ein neuer Lebensabschnitt beginnt und im Vorgriff bereits die „Unterwegs"-Phase beeinflusst. Die Wandlungen betreffen das Verhältnis zu materiellen Bedürfnissen unterwegs wie auch daheim; ferner geht es darum, die eigene Begrenztheit zu erkennen und respektieren zu lernen. Es geht um eine Beschäftigung mit dem Selbstbild, um die Veränderung von Vorlieben und es führt zum Loslassen von Gewohntem, von Zwängen oder Erwartungen. Erhofft wird für die Zukunft eine gesteigerte Selbstkenntnis, Zugang zu eigenen Potenzialen, der Anstoß eines Entwicklungsprozesses durch den

---

63 Interessant ist hierbei, dass auch z.B. Jakobswanderer „dazugehören" können, wenn ihr Gepäck transportiert wird – aber nur, wenn der Grund Notwendigkeit und nicht Bequemlichkeit ist.

Weg oder die Antwort auf Lebensfragen. Häufig werden Verbindungen von unterwegs zum Alltag entdeckt. Diese „Weisheiten des Wanderns" werden von den „Passagewanderern" hauptsächlich aus der Beschäftigung mit sich selbst oder anderen Menschen unterwegs gezogen. Wandern als Passageritual ist, wie im Namen und dem Zweck anklingt, eine einmalige, in dieser Form nicht wiederholbare Handlung. Ihr Ziel erfüllt sich im besten Fall in der aktuellen Unternehmung und öffnet damit (auch) den Blick auf den eigenen Lebens-Weg.

6 Diskussion, Anwendbarkeit und Ausblick

6.1 Theoretische Rückeinbettung der Ergebnisse

Nach der Grounded Theory Methodology erfolgt der Einsatz theoretischer Grundlagen innerhalb einer Arbeit mit Zurückhaltung. Existierende Theorien werden als sensibilisierende Konzepte genutzt, die das Wissen des oder der Forschenden indirekt beeinflussen oder erweitern. Sie dienen jedoch nicht, wie bei quantitativen Forschungsansätzen, als Basis zur Hypothesengenerierung oder Thesenvalidierung. Sensibilisierende Konzepte im Kontext dieser Arbeit wurden in Kapitel 3 dargestellt und sie sind als Hintergrundwissen in die Ausarbeitung der datenbasierten Theorie samt der identifizierten Kernkategorie „Belebung durch Wandel(n)" und deren Dimensionalisierung in „Wandern als Urlaub" und „Wandern als Passageritual" eingeflossen. Auf den folgenden Seiten erfolgt die Rückeinbettung der Ergebnisse im Hinblick auf die sensibilisierenden Konzepte. Diese hat nicht den Stellenwert der klassischen Diskussion; sie dient dazu, die erarbeiteten Ergebnisse mit allgemeinen Diskussionssträngen – hier: der Soziologie – zu verbinden.

Bei der Darstellung der „Grounded Theory" hat sich gezeigt, dass es Parallelen zwischen den Ergebnissen der Empirie und den in Kapitel 3 eingeführten theoretischen Konzepten gibt. Es gibt deutliche Hinweise, dass die Lust auf längere Fußreisen eine Antwort auf die Anforderungen der Spätmoderne ist, eine Antwort auf die sich seit der Moderne intensivierenden gesellschaftlichen Veränderungen, deren Konsequenzen von Individuen allein ge- und ertragen werden müssen. Wie diese Antwort im Detail aussieht, wird im Folgenden in Anlehnung an die Struktur des Kapitels 3.2 und den dort gegebenen Hintergründen beschrieben.

6.1.1 Fernwandern und Beschleunigung

Kennzeichen der Beschleunigung und die sich daraus ergebenden Herausforderungen für Individuen in der Spätmoderne wurden unter 3.2.1 benannt. Die souveräne Zeitgestaltung beim langen Wandern setzt an mehreren Punkten an, die als problematisch erfahrene Steigerung des Lebenstempos zumindest vorübergehend abzuschwächen. Indem die Geschwindigkeit der Fortbewegung auf 3-5 km pro Stunde gedrosselt wird, ist Wandern gelebte Entschleunigung. Zudem wird der im Alltag herrschende permanente Entscheidungszwang umgangen, indem nach der Erstentscheidung für einen Weg ein einziges, klares Ziel definiert ist und dieses über Tage und Wochen Gültigkeit

behält. Damit entfällt der Zwang, sich beständig zwischen mehreren Optionen entscheiden zu müssen. Fernwandern füllt die Tage mit notwendigen Handlungen, und
Ursache-Wirkungszusammenhänge sind ebenso klar zu erkennen wie Probleme und
deren Lösung. Als weiteres Kennzeichen der Entschleunigung unterwegs ist zu sehen,
dass es die Umstände nicht erlauben, als „Simultant" (Geißler 2004) unterwegs zu
sein: Die reine Fortbewegung und die Erfüllung rudimentärer Bedürfnisse lasten die
Läufer vollkommen aus. Mehr bzw. mehr gleichzeitig ist kaum möglich und durch das
besondere Erleben auch kaum noch erwünscht. Das subjektive Zeitempfinden unterwegs unterscheidet sich von der Realzeit im Alltag. Während im Alltag verbrachte
Zeit nur selten lang in der Erinnerung bleibt (weder „lange" Arbeitszeit noch „kurze" Fernsehzeit; Rosa 2004), so ist es beim Wandern anders: Die Zeit während der
Erfahrung (sprich beim Laufen) wird genossen und als positiv gedehnt erlebt – und
hinterlässt lange Erinnerungsspuren. Es handelt sich dabei um ein Zeitparadoxon, das
in dieser Ausprägung (lang – lang) heutzutage selten geworden ist. Der quantitative
„Zeitverlust" durch langes, langsames Gehen wird hierbei durch einen qualitativen
Zeitgewinn entlohnt.

Die von Rosa (2005) geforderte Taktung der vier Zeitebenen wird von den Wanderern unterwegs in unterschiedlicher Intensität realisiert. Befassen sich die „Urlauber"
hauptsächlich mit der Alltagszeit und nutzen die Zeit unterwegs als Auszeit, in der
alltägliche Routinen und Rhythmen überwunden werden, so integrieren die „Passagewanderer" zudem Lebenszeit und Sakralzeit in ihre Unternehmung. Inwieweit beide
mit dem Unterwegs-Sein zu Fuß etwas unserer Zeit „Gemäßes" tun, also Kennzeichen
der epochalen longue durée durch ihre Alltagspraxis sichtbar machen, ist eine Überlegung, die weiter verfolgt werden sollte.

6.1.2 Fernwandern und Individualisierung

Die Individualisierung fordert von den Individuen zunehmend mehr Kompetenz und
Einsatz hinsichtlich der Gestaltung ihrer Biographie (siehe Kap. 3.2.2). Fernwanderer
greifen diese Forderung auf zwei Ebenen auf: durch die vorübergehende Annahme einer Wanderidentität und die aktive Biographiestrukturierung durch Wandern als Passageritual. Die Intensität der erlebten Zwischenidentität als zum Beispiel „Jakobspilger" oder „Coaster" ist sowohl abhängig von den Wegen als auch von den Individuen.
Förderlich sind neben äußeren Insignien (z.B. Jakobsmuschel am Rucksack) auch der
Pilgerpass, der die außeralltägliche Identität belegt oder Rituale wie der Pilgersegen
zu Beginn einer Pilgerschaft oder das Schuhe-„Taufen" in der Irischen See beim Start
zum Coast to Coast. Die Wanderidentitäten sind während ihrer Gültigkeit identitäts-
stiftend und vermitteln ein verlässliches Selbst- wie Fremdbild. Die Interaktion mit

anderen z.b. „Jakobspilgern" und das oft ungewohnte Gefühl der Dazugehörigkeit unterstützen das Wohlgefühl mit der Wanderidentität. Die mit dem Fernwandern verbundene Festlegung (auf Weg und Ziel) und Einschränkung (der Optionen) wird dabei nicht als Beengung erlebt, die sie für die postmodernen Typen nach Bauman darstellen müsste (Bauman 1996), sondern als Entlastung von den als Zumutung empfundenen Anforderungen der heutigen Zeit.

Die oben genannten Rituale stehen in einem weiter gefassten Zusammenhang, wenn sie nicht nur dazu dienen, die temporäre Identität als Wanderer einzuleiten, sondern wenn die Fußreise selbst als strukturierendes Element in die Biographie einfließt, sie also als Passageritual genutzt wird. Die Bedeutung der Gestaltung der eigenen Biographie gerade in Zeiten fehlender institutionalisierter Übergänge wird von mehreren Autoren thematisiert (Rosa 2005, Beck und Beck-Gernsheim 1994, Hennig 2001a). Die „Passagewanderer" finden dazu eine praktische Lösung, indem sie das Wandern zum Ritual erheben und damit selbstbestimmt ihre Biographie strukturieren.[64] Sie finden sich damit in der Tradition der von Gennep beschriebenen Übergangsriten (Gennep 1999) und nutzen sie in vielfältiger Weise: als Übergang in den Ruhestand oder in die Zeit der Ehe, vor einer neuen beruflichen Phase oder als Zeichen für die Vollendung eines Genesungsprozesses. Die Zeit unterwegs ist entsprechend der Kategorisierung von Gennep als Schwellen- oder Umwandlungsritus zu sehen. Inwieweit Trennungs- und Wiederangliederungsriten ebenfalls im Kontext des Fernwanderns und Pilgerns vorkommen, konnte durch die Art der Erhebung nicht ausfindig gemacht werden.

Der „Fernwanderer" ist jedoch kein Typ, dessen Identität auf Dauer gültig ist. Egal, ob es sich um „Urlauber" oder „Passagewanderer" handelt, sind die Zuschreibungen Identitäten auf Zeit. Es ist nicht der Lebensstil der untersuchten Individuen an sich (so wie die Typen nach Bauman (1996) zu verstehen sind), sondern ihr zeitlich begrenzter Lebensstil unterwegs – sei es als „Urlaub" oder als „Passage".

6.1.3 Fernwandern im Spannungsverhältnis Mensch – Körper – Natur

Im Alltag hat der Körper mittlerweile wesentliche Funktionen abgegeben. Weder Fortbewegungskompetenz noch Stärke sind Kennzeichen, die seinen Wert steigern. Physiologisch gesehen entspricht die Entkörperlichung unserer Zeit nicht dem, was ein gesunder Körper braucht. Beim Wandern hingegen gewinnt der Körper seine zentrale Bedeutung zurück, da er sowohl zur Fortbewegung als auch zum Transport des

---

64 Ähnliches beschreibt Girtler (1995) in einer Studie über das Bergsteigen. Auch hier entdeckt er Funktionen, die weit über sportliche Erfolge hinausgehen.

Gepäcks notwendig ist. Beide Funktionen werden von den Wanderern unterschiedlich intensiv reflektiert, und diese Reflexionen führen zu einer Rekonstruktion des Körper- und Selbstbildes unterwegs. Bei den „Urlaubswanderern" dominiert hierbei eine Körperlichkeit mit klaren Leistungsbezügen („Wir sehen das auch bisschen so als Kreislauftraining an, also die sportliche Herausforderung steht ziemlich vorne"). Der Körper wird bewusst gestärkt und zum Teil mit modischen Outdoor-Accessoires zur Schau gestellt. Diese Ausformung der Körperlichkeit kann in Verbindung mit der modernen Inszenierung des Körpers gebracht werden. Bei „Passagewanderern" dominiert hingegen eine andere Sicht. Sie scheinen den Körper als Ganzes in die Repräsentation des Ich einzubeziehen („Je suis bien dans mon corps"[XCVII]) und sind mit diesem Ansatz eher mit dem Leibideal vormoderner Zeiten in Einklang zu bringen.

Trotz dieser Unterschiedlichkeit erleben Interviewte beider Dimensionen immer wieder ein tiefes Glück mit und durch sich selbst, das als „Flow-Gefühl" (Csikszentmihalyi 1990) bezeichnet werden kann. Langes Wandern bietet ideale Voraussetzungen, Flow zu erleben. Wenn man sich die unter 3.2.3 genannten Rahmenbedingungen vergegenwärtigt, ist dies gut nachzuvollziehen, da sich diese beim Fernwandern quasi mühelos und zumeist unintendiert einstellen: Man fühlt sich der Sache gewachsen (wenn die Tour nicht unpassend schwer gewählt wurde); man kann sich unterwegs voll auf den Wanderalltag einlassen und sich auf die notwendigen Schritte konzentrieren; das Ziel der gesamten Fern- oder Pilgerwanderung steht klar vor Augen (z.B. Santiago oder Robin Hood's Bay); das Voranschreiten unterwegs sowie von Tagesetappe zu Tagesetappe zeigt eindeutig, dass man auf seinem Weg weiterkommt; das alltägliche Leben mit seinen Sorgen und Nöten verschwindet hinter dem intensiv erlebten Wanderalltag samt Wanderidentität; die vollkommen selbstbestimmte Tagesgestaltung begründet das Gefühl, das Leben unterwegs unter Kontrolle zu haben; die Zeit unterwegs führt sowohl während des Laufens als auch im Nachhinein zu einer intensiv erlebten Stärkung. Und schließlich wird die Zeit unterwegs als gedehnt erlebt, fast so, als ob man noch nie etwas anderes getan hätte, als zu laufen… Oder mit Worten von Wanderern ausgedrückt: „Lorsque je marche, je me sens heureux de marcher[XCVIII]", „Ich fand das so genial, dass man das so mit seinen Beinen hinkriegen kann" oder „Beim langsamen Dahingehen, dass die Zeit so langsam vergeht…". Durch eine Modifizierung von Touren ist es möglich, die Anforderung zu steigern (z.B. im Hinblick auf Relief, Etappen- und Gesamtlänge oder Zivilisationsferne) und somit Flow beim Wandern immer wieder neu zu genießen.

Wenn auch der Flow von allen Wanderern ähnlich erlebt wird, so gibt es beim Blick von der inneren auf die äußere Natur, also vom Menschen auf die Umwelt, Unterschiede. Für die „Passagewanderer" ist – neben dem Blick nach Innen – die gesamte durchquerte Region interessant: mit Schönem, Hässlichem, Nützlichem und Alltäglichem, mit Menschen, Tieren und Pflanzen. In dieser Umfänglichkeit kann zumindest ein Anklang an Funktion und Wahrnehmung der Natur in der Moderne gesehen werden, wenn auch mit dem großen Unterschied, dass dort im Kontext der Ästhetisierung der Nützlichkeitsaspekt ausgeblendet wurde (Bätzing 1998). Bei den sportiveren „Urlaubern" hingegen ist die Tendenz zu beobachten, dass die in der Natur aufgesuchten Plätze einem Ideal entsprechen sollen – schön, wild, entlegen, ohne Spuren menschlicher Eingriffe – um möglichst ungestört Erholung zu finden. Dieser partielle Blick entspricht eher der postmodernen fragmentierten Landschaftswahrnehmung, in der die Natur lediglich als Kulisse für eigene Tätigkeiten gesehen wird (Bätzing 1998).

Beide Gruppen von Wanderern gleichen sich letzten Endes jedoch darin, dass sie durch den Aufbruch versuchen, Kontakt zum Fremden und ausgeschlossenen Äußeren (wieder) herzustellen. Das Gefühl der Entfremdung scheint beiden vertraut zu sein und die Suche nach dem Gefühl der „Selbstwirksamkeit" (Haubl 1999: 26) anzutreiben. Der Entschluss, sich „Schlamm und Regen" draußen zu stellen, weist auf die Bereitschaft, sich auch auf „Schmutz und Unbilden" im Inneren einzulassen (Haubl 1999: 27). Beides tun die Wanderer, doch sind auch hierbei wieder unterschiedliche Herangehensweisen zu entdecken: Die „Urlauber" ziehen es vor, sich primär im Äußeren auszuprobieren und auszuagieren (um damit dem Inneren näher zu kommen?), wohingegen die „Passagewanderer" verstärkt mit der Auseinandersetzung im Inneren beginnen. In einer Form jedoch, in der sie sich „Schlamm und Regen" nicht entziehen können.

6.1.4 Fernwandern und die Transzendenz

Das Erleben der Transzendenz zählt nicht mehr zu den alltäglichen Erfahrungen im heutigen Leben. Unter 3.2.4 wurde zum einen die Position wiedergegeben, dass der moderne Mensch der Stütze des Religiösen nicht mehr bedürfe; zum anderen wurde eine Meinung beschrieben, die nur auf die Wandlung des Religiösen verweist, aber seine Bedeutung nicht in Abrede stellt. Letztere Position wird von den untersuchten Reisenden an sich und Pilgern im Besonderen illustriert, denn ihre religiös motivierten Wanderungen verneinen das Verschwinden des Religiösen explizit. Dabei bauen Fußpilgerreisen auf einer langen Tradition auf, bei der die (Fuß-)Reise zu heiligen Stätten wesentliche Ausdrucksform des Glaubens war (siehe 3.1.2). In ihrer aktuellen Ausprägung sind „Pilger" Metapher und Repräsentanten moderner Gläubiger zugleich (Hervieu-Léger 2004). Durch ihre Selbstbestimmung und ihre oft eigene Definition dessen, was religiös ist und wie religiöse Praxis aussieht, stellen sie die Großkirchen vor eine Herausforderung und zeigen gleichzeitig, dass es auch in der Spätmoderne zahlreiche Gläubige gibt. Diese leben jedoch ihre eigene Praxis aus, oder anders formuliert: Sie gehen ihre eigenen Wege. Ist der „Pilger" laut Hervieu-Léger unter anderem religiös auf Zeit (z.B. während der Pilgerschaft), so finden sich unter den Fußpilgern auch „Konvertiten", die beim Pilgern religiöses Erbe mit neuem Leben füllen oder sich während der Pilgerschaft zum ersten Mal in ihrem Leben an Religion herantasten („J'ai commencé autant que randonneur, là je finis autant que pèlerin"[XCIX]). Wandern als „spirituelle Praxis" (Slavin 2003) scheint den Bedürfnissen des spätmodernen Gläubigen „in Bewegung" (Hervieu-Léger 2004) in optimaler Weise gerecht zu werden und ist dabei traditionell und aktuell zugleich.

Weniger explizit ist der religiöse Gehalt beim Reisen an sich, doch bietet es durch das Erleben der Liminalität (Turner 1984) den gesuchten Abstand zum Alltag (das „weg-Gefühl" der Wanderer) und damit einen möglichen Ausgangspunkt zum transzendenten Erleben. Die Frage, ob der säkularisierte Mensch durch Reisen Transzendenz erleben kann, wird laut Hennig (Hennig 2001a) von jedem Reisenden eindeutig mit ja beantwortet. Die Fernwanderer erleben die „fünf Mythen des Tourismus" unterwegs, und sie haben eine zentrale Stellung im Hinblick auf Entscheidungsfindung und Erlebnisqualität. Besonders für die „Urlauber" sind diese säkularisierten Mythen von Bedeutung: Der Paradiesmythos lockt in attraktive Gebiete; es geht um das Gefühl, in unberührter Natur zu sein; von „edlen Wilden" (z.B. dem lebensfrohen Hüttenwirt) freudig aufgenommen zu werden; Freiheit (z.B. in den Bergen) zu erleben sowie abends und im Matratzenlager unter „Gleichgesinnten" zu sein. Ist für viele „Passagewanderer" der Antrieb zur Fußreise eindeutig auch religiös oder zumindest transzendental motiviert, so gleichen die „Urlauber" ihre scheinbare Säkularität durch eine stärkere Nachfrage nach verdeckter Transzendenz aus, wie sie die beschriebenen Mythen repräsentieren.

Die Unterschiede zwischen „Urlaubern" und „Passagewanderern" setzen sich auch in Hinblick auf ihre Einordnung in Touristen-„Klassen" fort. Die „Urlauber" sehen den Urlaub vor allem als Vergnügen und können so der von Cohen beschriebenen Gruppe der „Post-Touristen" zugeordnet werden, denen es um Spaß und Unterhaltung geht. Die Bindung an geographische Orte ist dafür nicht mehr notwendig (Cohen 2004). In den Fokus der „Passagewanderer" hingegen rückt das Interesse an erlebter Authentizität – hinsichtlich eines unverstellten Blickes nicht nur auf sich selbst, sondern genauso auf das Ziel ihrer Reise, womit sie wiederum stark Elemente des modernen Tourismus nachfragen.

In allen vier beschriebenen Bereichen zum Fernwandern in der spätmodernen Gesellschaft (6.1.1 bis 6.1.4) konnten neben Überschneidungen von Erlebnishorizonten unterwegs unterschiedliche Schwerpunkte der beiden identifizierten Dimensionen ausgemacht werden. Stark vereinfacht kann formuliert werden, dass es verstärkt Anliegen der „Urlauber" ist, spätmoderne Werte zu integrieren, wohingegen „Passagewanderer" eher versuchen, modern-traditionale Kennzeichen hinsichtlich Orientierung, Stabilität und Ganzheitlichkeit zu reintegrieren. Beides ist beim langen Fußgang möglich und führt so zur Erfüllung dessen, weswegen sich ein Individuum auf den Weg gemacht hat.

6.2   Stärkung ländlicher Räume

Blickt man vor dem Hintergrund der vorliegenden Arbeit auf die von den Wanderern aufgesuchten ländlichen Regionen, so ergibt sich ein widersprüchliches Bild. Auf der einen Seite ist klar festzustellen, dass die Nachfrage im Wandertourismus stark gestiegen ist. Auf der anderen Seite sieht es jedoch so aus, dass sich diese Nachfrage weniger an regionalen Vorzügen orientiert, sondern einer tiefergehenden Logik folgt, auf die vor Ort nur begrenzt Einfluss zu nehmen ist. Es ist nicht so, dass das Interesse am ländlichen Raum an sich gewachsen ist. Es kann eher konstatiert werden, dass zunehmend mehr Menschen z.B. durch die Begehung eines Fernwanderwegs, der durch ländliche Regionen verläuft, individuelle Bedürfnisse zu befriedigen suchen. Unter dieser Einschränkung lässt sich vor Ort gestalterisch eingreifen, um das Bild einer Region oder eines Weges positiv zu beeinflussen, oder um den z.T. imaginierten Bildern entgegenzukommen. In jedem Fall ist der potentielle ökonomische Gewinn, der durch Wanderer zu erzielen ist, besonders durch dezentrale Angebote abzuschöpfen. Durch ihre Existenz wiederum erhöhen sie den Bewegungsspielraum der Wandernden.

Es folgen nun Ableitungen aus den Ergebnissen, die eine nachhaltige Etablierung des Fußtourismus in durchquerten Regionen begünstigen können. Ausgangspunkt der Überlegung ist, dass eine möglichst umfassende Erfüllung der Bedürfnisse und Wünsche, aber auch ein den Motiven entgegenkommendes und den Fähigkeiten der Wanderer angepasstes Angebot zu zufriedenen Läufern führt. Diese Zufriedenheit wiederum kann eine Wiederholungstour und „positive Berichterstattung" begründen und dadurch weitere Wanderer auf den so beworbenen Weg aufmerksam machen. Im besten Fall folgen steigende Begehungszahlen und eine zunehmende Nachfrage nach Informationsmaterial, Transportmitteln, Verpflegung, Unterkünften und gegebenenfalls speziellen „Wander-Dienstleistungen".

6.2.1   Klärung des Wegetyps

Die im Kapitel 5.5 dargestellten Dimensionen „Wandern als Urlaub" und „Wandern als Passageritual" sind für die Ableitungen von großer Bedeutung. Erwartungen und wanderspezifisches Wissen der unterschiedlichen Nutzer divergieren und was auf dem einen Weg adäquat sein mag, kann auf einem anderen an der Nachfrage vorbeigehen. Von daher ist es bedeutsam, dass sich Personen oder Institutionen, die sich Gewinn durch einen Weg versprechen, Klarheit darüber verschaffen, welche Gruppe von Wanderern der Weg anspricht. Die folgenden Beispiele für Wegetypen können helfen, einen Weg besser einzuordnen bzw. die Motive der Klientel zu erkennen.

Der klassische Jakobsweg in Spanien – Camino Francés – ist ein Paradebeispiel für einen Weg, der vorrangig „Passagewanderer" anspricht. Spirituelle und religiöse Bedeutung, Historizität, ein hoher Bekanntheitsgrad, zahllose Berichte über Erlebnisse unterwegs in verschiedenen Medien, relativ wenige wirklich anspruchsvolle Streckenabschnitte sowie eine hervorragende Markierung und Infrastruktur liegen dem zu Grunde. Pilgerwege sprechen aufgrund ihrer spirituellen Komponente verstärkt Wanderer mit entsprechend komplexen Bedürfnissen und u.U. geringer Wandererfahrung an. Für eine Zwischenposition steht der untersuchte „Coast to Coast Walk" quer durch England, der sowohl „Urlaubs-" als auch „Passagewanderer" anspricht. Die Klarheit von Start und Ziel, die besonders für einheimische Wanderer wichtige Imagination, ihr Heimatland von Küste zu Küste zu durchqueren und die landschaftliche Vielfalt dreier sehr unterschiedlicher Nationalparks dürfte dies begründen. Das andere Ende der Skala kann anhand eines alpinen Fernwanderwegs, z.B. der Via Alpina im Bereich des Karnischen Höhenweges, verdeutlicht werden. Landschaftliche Highlights, eine in sich geschlossene Strecke oberhalb der zivilisierten Täler, die technisch anspruchsvolle Wegführung sowie Etappenlängen, die eine gewisse Kondition voraussetzen, ziehen Urlauber (mit Wandererfahrung) an, die einfach nur weg vom Alltag sein wollen. Der Weg bietet Naturgenuss, Hüttenflair, relative Einsamkeit und bergwanderischen Anspruch. Das wird gesucht, gefunden – und um mehr geht es den Wanderern primär auch nicht.[65]

6.2.2 Informationen für Planung und unterwegs

Der positive Ruf eines Weges fördert die Entscheidung, ihn auch zu benutzen. Neben Werbung, Berichten in Fachzeitschriften oder Reportagen im Fernsehen geht aus den Interviews die besondere Bedeutung von Erzählungen anderer Wanderer hervor. Entscheiden sich „Urlaubswanderer" eher pragmatisch anhand von Fakten – Etap-

---

65 Quellen für ein „Mehr" unterwegs wie z.B. die Vorstellung, auf der Via Alpina den gesamten Alpenbogen ablaufen zu können, wurden von den dort Interviewten nicht erwähnt. Das könnte sich in den kommenden Jahren ändern, da die Via Alpina zum Zeitpunkt der Datenerhebung noch relativ unbekannt war, seitdem allerdings gezielt beworben und beschrieben wird.

penlänge und Länge der Gesamtstrecke, Flexibilität in der Durchführung, Schwierigkeit, Art und Preis der Unterkünfte, Verkehrsanbindung oder Wettertendenzen – sind
„Passagewanderer" auch auf einer anderen Ebene erreichbar: Bücher verschiedenster
Genres können den Wunsch wecken oder verstärken, einen bestimmten Weg gehen zu
wollen. So hat „Ich bin dann mal weg" von Hape Kerkeling unzählige Deutsche auf
den Jakobsweg gelockt, die ohne das Buch nicht den Wunsch oder den Mut hatten,
aufzubrechen.[66]

Bei Wanderführern und Kartenmaterial werden besonders vollständige Praxisinfor-
mationen nachgefragt (inklusive Überblick zu Distanzen, Höhenunterschieden, Unterkunftsmöglichkeiten, Einkaufsmöglichkeiten, Einkehrmöglichkeiten, öffentlichem
Nahverkehr etc.), die zur eigenständigen Umsetzung der Tour notwendig sind. Wichtig ist die Trennung der rein sachlichen Wegbeschreibung von Zusatzinformationen.
Primäres Ziel der Publikationen bleibt, die Orientierung der Wanderer zu ermöglichen, zusätzlich können Informationen zur durchquerten Region einer vertieften
Auseinandersetzung dienen. Bei den Zusatzinformationen kann es günstig sein, die
unterschiedlichen Interessen der potentiellen Nutzer im Blick zu haben: Sind für die
„Urlauber" vor allem typische Fauna und Flora interessant, sind „Passagewanderer"
neben der Selbstreflexion oft umfassender an einer durchquerten Region als sozialem
Lebensraum interessiert – einschließlich historischer wie religionsgeschichtlicher Entwicklung. Dennoch sollten gerade Führer für Wege, die vermehrt „Passagewanderer"
ansprechen, die häufige Unerfahrenheit der Wanderer im Auge behalten und die Wegbeschreibung entsprechend gewichten sowie sorgfältig erarbeiten.

Entsprechendes gilt für das Kartenmaterial. Etablierte Standards sollten nicht unter-
schritten werden (im Hinblick auf Maßstab, topographische Genauigkeit, Erkennbarkeit des jeweiligen Wegeuntergrunds und der Vegetation, Symbole, Einnordung)
oder gar durch scheinbar optimierte Eigenprodukte ersetzt werden. Regionale oder
wegtypische Besonderheiten sind zu integrieren – wie z.B. die Kennzeichnung des
Wegerechtsstatus bei englischen Wanderwegen.

Im Hinblick auf die Markierung in natura ist es für die Wandernden wichtig zu wissen, auf welche Standards sie sich einstellen können bzw. müssen. Besonders bei We-

---

66   In „Pilgerforen" im Internet wird immer wieder vom „Kerkeling-Effekt" gesprochen (siehe z.B. http://
     www.forumromanum.de/member/forum/forum.php?action=std_tindex&USER=user_193114&threa
     did=2, Suche: „Kerkeling"), der in den vergangenen Jahren zu einer bedeutenden Steigerung deutscher
     Pilger auf dem Jakobsweg geführt hat. Die Stimmung schwankt zwischen Unmut, dass es auf dem Weg
     voller wird, und Freude, sich selbst endlich zum Laufen entschlossen zu haben. Laut Pilgerbüro ist die
     Zahl ankommender deutscher Pilger im Jahr 2007 um ca. 75% auf 13.837 gestiegen, wohingegen die
     Gesamtzahl der Pilger nur um rund 15% gestiegen ist (Schrange und Schäfer 2008).

gen mit eher ungeübten Läufern ist eine sehr gute Markierung sinnvoll. Sie muss gut sichtbar sein (Farbe, Größe) und Richtungsänderungen anschaulich verdeutlichen. Wegspezifische Logos sollten dem Bedürfnis nach Erkennbarkeit im Freien Rechnung tragen. Andererseits zeigt der Coast to Coast, der bewusst auf Markierung im Gelände verzichtet, dass es auch anders geht: Wenn sich die Läufer darüber im Klaren und zudem bereit sind, sich darauf einzustellen.

Die Informationen zu einer Tour sind mitentscheidend für den Genuss an der Umsetzung. Insgesamt hat sich gezeigt, dass sowohl „Urlaubswanderer" als auch „Passagewanderer" primär Wert darauf legen, umfassende Informationen zu allen wichtigen Gegebenheiten zu erhalten, um damit souverän ihre Tour planen und durchführen zu können. Eine Selektion im Hinblick auf Etappeneinteilung oder Unterkünfte ist weniger gefragt als ein Überblick, der es ermöglicht, die eigene Kraft, das Wetter, finanzielle Ressourcen und temporäre Bedürfnisse flexibel zu integrieren.

6.2.3 Beherbergung

Unterkünfte sind für die Fernwanderer, die ohne Zelt unterwegs sind, Grundlage, eine Tour umsetzen zu können. Sie bieten Schutz, einen Schlafplatz, etwas zu Essen oder eine Kochmöglichkeit sowie Kontakte zu anderen Reisenden. Für die Unterkunftgeber sind Wanderer eine potentielle Einkommensquelle. Wanderer haben jedoch konkrete Vorstellungen, was für sie eine wünschenswerte Unterkunft ist – und diese Vorstellungen entsprechen nicht unbedingt etablierten Qualitätskriterien für Beherbergungsbetriebe.

Auf allen untersuchten Wegen und bei beiden Dimensionen erfährt die Person bzw. Persönlichkeit des Unterkunftgebers eine besondere Beachtung. Er oder sie ermöglicht es, dass sich Wanderer abends willkommen und zu Hause fühlen und neue Kräfte schöpfen können. Man möchte lieber bei „friendly parents" nächtigen als bei jemanden, der die Gäste nur als Geldquelle sieht. Ob ein Gastgeber Freude an seiner Tätigkeit hat, merkt der Gast genau. Es geht nicht um Luxus, sondern um möglichst authentische, gewachsene, individuelle bzw. pragmatische Möglichkeiten, die Nacht zu verbringen. „Authentisch" variiert je nach Motivlage der Wanderer („Gezielt suchen wir die Klöster auf", „On prendra jamais un hôtel sauf quand on n'a pas le choix"[C]; „Jeden Tag in der Früh, Mittag und auf d'Nacht zum Buffet, des is für mi a Stress"; „Einfach ne Unterkunft, schlafen, essen, wieder fit für den nächsten Tag"), dennoch zeigt sich, dass Standardangebote nur wenig Resonanz finden. Hierin liegt die Möglichkeit, an ungewöhnlichen Orten oder durch individuelle Angebote durchwandernde Läufer anzusprechen, da diese durch den Fußgang auf eine ausreichende

Dichte an Unterkünften in Wegnähe angewiesen sind. Je nach Landschaftstyp (Alpen oder Mittelgebirge) oder Wegetyp (spiritueller Weg oder „säkularer" Weg) unterscheiden sich die Wünsche und Ansprüche im Hinblick auf die Unterkünfte. Die dimensionale Zuordnung der Wanderer spielt hierbei nur eine untergeordnete Rolle. Anhand der drei Beispielwege wird dies verdeutlicht.

In den kargen, einsamen Alpen sind die Ansprüche an die Unterkunft bescheiden: ein Platz zum Schlafen, etwas zum Essen, lieber kleine Hütten als hotelähnliche Komplexe; gelegentlich eine Dusche gilt als Luxus, kaltes Wasser am Waschbecken oder ein Brunnen vor der Tür genügt den meisten auch; Matratzenlager sind ausreichend, wobei sie nicht zu groß sein sollten. Gegenden mit hotelähnlichen Hütten werden sogar gezielt gemieden, da sie nicht mit der Erwartung an die Alpenwanderung übereinstimmen. Einfachheit und Zivilisationsferne sind Reize der Tour, die man abends nicht durch Luxus stören möchte.

„Typisch Englisch" sind die Unterkünfte auf dem Coast to Coast, die von den Wanderern verstärkt frequentiert werden und an die andere Erwartungen als an Berghütten gestellt werden. Neben der wiederum gefragten privaten oder familiären Atmosphäre ist beispielsweise das Platzangebot im Zimmer von Interesse, wobei mehr verfügbarer Platz zumeist privaten Sanitäreinrichtungen vorgezogen wird oder der Umfang der Frühstückskarte für das English Breakfast. Ein Teekocher auf dem Zimmer wird erwartet, und die persönliche Begrüßung mit Tee und Gebäck wird als besonderes Erlebnis geschätzt. Zimmer in landwirtschaftlichen Betrieben finden auf Anbieter- wie Nachfragerseite großen Anklang. Für die Wanderer bieten sie Nächtigungsmöglichkeiten außerhalb größerer Siedlungen und damit mehr Flexibilität. Zudem ermöglicht diese Unterkunftsform den direkten Kontakt zur ländlichen Bevölkerung und Einblicke in deren Arbeits- und Lebensweise. Für Landwirte sind Wanderer als Gäste doppelt willkommen: Zum einen bieten sich „Zimmer mit Frühstück" als Baustein zur Multifunktionalisierung des Betriebs an,[67] zum anderen sind Wanderer unkomplizierte Gäste: Sie kommen am späten Nachmittag, sind früh im Bett und brechen zeitig am nächsten Morgen auf. Damit wird die Arbeitsroutine kaum gestört – und dennoch finanzieller Gewinn erwirtschaftet.

Auf dem Jakobsweg wird wieder eine andere Unterkunftskultur nachgefragt. Es sind zumeist einfache und preisgünstige Unterkünfte mit Schlafsälen statt Zim-mern, immer wieder gehört eine einfache Küchenausstattung dazu, damit sich die Ankom-

---

67 Dieser Vorteil wurde gerade im Norden Englands deutlich: Für viele Betriebe, die durch die Maul- und Klauenseuche finanziell in Bedrängnis geraten sind, bot die Beherbergung eine Möglichkeit, den Betrieb wieder wirtschaftlich rentabel führen zu können.

menden selbst verpflegen können. Neben der äußeren Anspruchslosigkeit kommt jedoch bei vielen Jakobswanderern der Wunsch nach geistiger Nahrung vor, der besonders von christlichen Gastgebern erfüllt werden kann. Über die lange Geschichte des Jakobsweges hinweg haben sich christliche Herbergen am Weg etabliert. Selbst wenn in langen Phasen mit geringer Pilgeraktivität das urchristliche Beherbergen teils in Vergessenheit geriet, werden die nun wiederbelebten oder neu gegründeten Herbergen als „authentisch" für den Jakobsweg gesehen. Für viele der Wanderer – gleich, ob sie als „Passage-" oder „Urlaubswanderer" unterwegs sind – ist die Auseinandersetzung mit religiösen Gedanken oder existentiellen Lebensfragen bedeutsam und begründet die Vorliebe für diese Art Unterkunft.[68] Auch bei den nicht-religiös motivierten Wanderern ist der Wunsch nach Austausch auf dem Jakobsweg sehr groß. Hotels werden oft bewusst gemieden, da sie das Gemeinschaftsgefühl verringern. Ein weiteres Augenmerk gilt den Kosten: Da auf Pilgerwegen viele Wanderer sehr lang unterwegs sind, ist es wichtig, dass der Preis für Unterkunft und Verpflegung möglichst niedrig ist oder durch Selbstverpflegung verringert werden kann.

Ein Dilemma ist abschließend zu benennen: In vielen Wanderunterkünften wird von den Gästen immer wieder die Toleranz gegenüber räumlicher Nähe zu Anderen und Verzicht auf Komfort gefordert – sei es im Schlafsaal, an langen Hüttentischen oder durch eingeschränkte Sanitäreinrichtungen. Die Tendenz der meisten Wanderer ist allerdings, nach Möglichkeit ein eigenes Zimmer zu bekommen oder nur mit der eigenen Gruppe den Tisch zu teilen. Die Realität in vielen Herbergen sieht anders aus: Es kommt zu Nähe, Austausch und Verzicht, und gerade dann entstehen besondere Erlebnisse, die eine Tour lange nachklingen lassen. Dennoch würden die meisten Wanderer beim nächsten Mal wieder, wenn möglich, unter sich bleiben wollen, was eine Frage für Anbieter aufwirft: Inwieweit möchte man die Wanderer zu ihrem Glück „zwingen" – oder ist nicht doch das Angebot überlegen, das dem Wunsch nach Komfort und Distanz weiter entgegen kommt?

6.2.4 Service und Pauschalangebote

Spezielle Serviceangebote wie Gepäcktransport, Buchungsübernahme für Unterkünfte, Fernwandern mit festem Domizil und Transfer zum Etappenstart und -ende, Komplettpakete oder Gruppenwanderreisen werden – zumindest von den Interviewten – kaum nachgefragt. Alle Interviewten waren bewusst individuell unterwegs, so dass zu geführten Gruppenreisen keine Aussagen gemacht werden können. Allerdings hatten einige bereits negative Erfahrungen damit gemacht (hinsichtlich Gruppenmitgliedern

---

68 Aus dem Sample trifft dies auf zwei Drittel der Befragten auf dem Jakobsweg zu.

und Programm) oder beobachteten mit Skepsis Gruppen auf dem Weg. Selbstbestimmung ist für die Wandernden ein hohes Gut unterwegs – wann, wohin, wie lange und wie schnell gelaufen, wann pausiert wird, wann man allein ist und wann man Kontakt zu anderen sucht. Zwei Serviceangebote allerdings waren so individuell zu gestalten und flexibel zu nutzen, dass sie zumindest von einigen der Wanderer nachgefragt wurden: „Transbagage" am Jakobsweg und führerlos zu erwandernde, aber komplette Tourenangebote am Coast to Coast. Vergleichbare Serviceangebote waren an der Via Alpina nicht vorhanden, wurden allem Anschein nach aber auch nicht vermisst.

Die Transbagage am Jakobsweg in Frankreich ist ein System, das Wanderern Tag für Tag ermöglicht, ihr Gepäck von einer Unterkunft zur nächsten transportieren zu lassen. Die Anmeldung erfolgt täglich, nachdem die nächste Etappe festgelegt wurde. Damit ist die Entlastung vom Gepäck nicht mit einer starren Vorplanung verbunden und Läufer können auch erst unterwegs beschließen, dieses Angebot zu nutzen. „Urlauber" und „Passageläufer" sehen die Transbagage unterschiedlich: Ist es für erstere durchaus ein Entscheidungsgrund, eine Strecke zu laufen, an der dieser Service angeboten wird, so ist es für die „Passagewanderer" eine eher widerwillig eingegangene Konzession, um den Weg überhaupt gehen zu können.

In der Wanderkultur Englands gilt Gepäcktransport nicht als unangebracht und wird von fast allen Langstreckenwanderern genutzt. Zudem bieten verschiedenste Unternehmen entlang vieler Fernwanderwege in Großbritannien flexible Planungsunterstützung an: So können Komplettpakete mit fester Dauer, mit Unterkünften und Gepäcktransport gebucht werden – oder nur einzelne Teile davon. Interessierte können sich die Tour ihren Wünschen entsprechend zusammenstellen. Die Wanderung selbst wird unbegleitet durchgeführt. Die sehr flexiblen Dienstleistungen, die große Freiräume für die individuelle Durchführung lassen, sind sowohl für „Passage-" als auch „Urlaubswanderer" Kriterium für die Wegewahl.

Zusammenfassend kann gesagt werden, dass Serviceangebote für Wanderer so zugeschnitten sein sollten, dass sie den zu erwandernden Erfahrungsraum unterwegs nicht durch zu viele Vorgaben in zeitlicher wie räumlicher Hinsicht einschränken. Überorganisation führt dazu, dass ein vermeintlich entlastender Service die Erlebnisvielfalt einschränkt. Gute Angebote hingegen sind solche, die die Vielfalt des Möglichen vergrößern, ohne dem Wanderer Facetten der Selbstaneignung zu nehmen.

6.3   Zukünftige Entwicklung

Zum Abschluss der Arbeit möchte die Autorin zwei Gedanken nachgehen, die sich mit dem übergeordneten Aspekt der Nachhaltigkeit befassen. Dabei handelt es sich darum, inwiefern Fernwandern eine nachhaltige Reiseform darstellt, und wie nachhaltig diese besondere Art zu reisen auch in Zukunft nachgefragt sein mag.

Aus dem Blickwinkel der Nachhaltigkeitsforderung stellen Fernwanderer eine sehr positiv einzuordnende Gruppe von Reisenden dar. Diese Einschätzung speist sich daraus, dass ihre primäre Fortbewegungsart zu Fuß die ökologisch verträglichste ist und das Verhältnis von Anfahrtsstrecke und Dauer der Unternehmung durch die lange Zeit unterwegs in einem gut tragbaren Verhältnis steht. Zudem stärken Fußwanderer lokale Wirtschaftskreisläufe, indem sie das Notwendige zum Leben und Laufen Tag für Tag und direkt vor Ort nachfragen. Bescheidene Anforderungen an Logistik bzw. Neuinvestitionen ergänzen das positive Bild, das seinen Abschluss darin findet, dass Fernwanderer häufig oder zumindest in Phasen einer längeren Tour Regionen durchqueren, die nicht unbedingt die höchste Priorität in den Augen „normaler" Reisender einnehmen. Damit finden Regionen Beachtung, denen ansonsten Gewinn durch Tourismus versagt bliebe. Vor diesem Hintergrund sind Fernwanderer ökonomisch, sozial wie ökologisch betrachtet sehr nachhaltig unterwegs.

So stellt sich die Frage, wie dauerhaft die untersuchte Reiseform selbst wohl nachgefragt werden wird. Die Initiatoren neuerschaffter Wege oder von Wegprojekten scheinen Fernwandern und Pilgern weniger als Modeerscheinung denn als langfristiges Bedürfnis der Menschen „unserer Zeit" wahrzunehmen und entsprechend zu handeln. Durch die Integration von Wissen aus der Landschaftspsychologie oder Erkenntnissen über Wanderwünsche in die Wegegestaltung sowie die Optimierung von Serviceangeboten sollen weitere Akzente gesetzt werden, die den Läufern das Laufen wertvoll machen. Dennoch ist gerade hier zu bemerken, dass ein „Zuviel" schnell dazu führen kann, dass den Individuen Souveränität und mögliche Selbstbegegnung, die Grund für die Unternehmung sind, verloren gehen.

Die vorliegende Arbeit bestärkt darin, die Lust auf lange Fußreisen und deren Durchführung als Antwort zahlreicher Menschen auf die Lebensumstände in der Spätmoderne zu sehen. Fernwanderungen sind ein Mittel, sich einerseits zu stärken und andererseits seinem Leben eine eigene Struktur zu geben. Es spricht nichts dafür, dass sich die Notwendigkeit, beides selbstverantwortlich umzusetzen, in naher Zukunft verringern könnte. Bisher deuten sich keine Veränderungen an, die das oft problematisch erfahrene Leben in der spätmodernen Gesellschaft für die in ihr lebenden Individuen erleichtern oder tiefgreifend umgestalten würden. Es scheint vielmehr so, dass sich die Anforderungen an jeden Einzelnen noch weiter verstärken könnten. Fernwandern als „Urlaub" oder als „Passageritual" dürfte folglich, besonders aufgrund der schier endlosen Optionen an weiteren Wegen und modifizierbaren Schwerpunkten, auch in Zukunft Strategie und Handlung zugleich sein, innere Kräfte zu stärken und sich mit dem Äußeren zu versöhnen.

Literaturverzeichnis

Alef, Rob (2005). „Kotzgrün dank Neigetechnik. Bei Zugfahrten durchs Thüringische kämpft der Bahn-Fahrgast um sein Leben." taz 17.01.2005.

Alheit, Peter, Bettina Dausien, Wolfram Fischer-Rosenthal, Andreas Hanses und Annelie Keil (1999). Vorwort. In: Biographie und Leib. Peter Alheit, Bettina Dausien, Wolfram Fischer-Rosenthal, Andreas Hanses und Annelie Keil (Hg.). Gießen: Psychosozial-Verlag: 7-12.

Althaus, Hans-Joachim (1999). Bürgerliche Wanderlust. Anmerkungen zur Entstehung eines Kultur- und Bewegungsmusters. In: Wanderzwang – Wanderlust. Formen der Raum- und Sozialerfahrung zwischen Aufklärung und Frühindustrialisierung. Wolfgang Albrecht und Hans-Joachim Kertscher (Hg.). Tübingen: Max Niemeyer: 25-43.

Altrock, Kerstin (2002). „'Der Weg ist das Ziel', zu Fuß durch Spanien auf dem Jakobsweg." Weleda Nachrichten 226: 8-11.

Andrack, Manuel (2005). Du musst wandern. Ohne Stock und Hut im deutschen Mittelgebirge. Köln: Kiepenheuer & Witsch.

Barthelemy, Pierre Antoine und Claude Vidal (2008). „Der ländliche Raum der Europäischen Union." Europäische Kommission. http://ec.europa.eu/agriculture/envir/report/de/rur_de/report.htm (Zugriff am: 29.04.2008).

Bätzing, Werner (1998). Postmoderne Ästhetisierung von Natur versus ‚Schöne Landschaft' als Ganzheitserfahrung – Von der Kompensation der ‚Einheit der Natur' zur Inszenierung von Natur als ‚Erlebnis'. Tagungsbeitrag zu ‚Hegels Ästhetik: Die Kunst in der Politik – die Politik in der Kunst', Utrecht, 26.-29.08.1998.

Bätzing, Werner (o.J.). „Der Weitwanderweg GTA durch die piemontesischen Alpen. 15 Jahre konkrete Erfahrung mit einem exemplarischen ‚Ökotourismus'-Projekt." Friedrich Alexander-Universität Erlangen-Nürnberg, Institut für Geographie: Erlangen.

Bauman, Zygmunt (1996). From Pilgrim to Tourist – or a Short History of Identity. In: Questions of Cultural Identity. Stuart Hall und Paul du Gay (Hg.). London, Thousand Oaks, New Delhi: Sage: 18-36.

Bauman, Zygmunt (2007). Flaneure, Spieler und Touristen. Essays zu postmodernen Lebensformen. Hamburg: Hamburger Edition.

Beck, Ulrich (1986). Risikogesellschaft. Auf dem Weg in eine andere Moderne. Frankfurt: Suhrkamp.

Beck, Ulrich und Elisabeth Beck-Gernsheim (1994). Individualisierung in modernen Gesellschaften – Perspektiven und Kontroversen einer subjektorientierten Soziologie. In: Riskante Freiheiten. Individualisierung in modernen Gesellschaften. Ulrich Beck und Elisabeth Beck-Gernsheim (Hg.). Frankfurt: Suhrkamp: 10-39.

Berkemann, Karin (2006). Spiritueller Tourismus in Sachsen-Anhalt. Potenzialanalyse und Handlungsempfehlungen für eine besondere Reiseform. Magdeburg, Lutherstadt Wittenberg: Ministerium für Wirtschaft und Arbeit des Landes Sachsen-Anhalt, Referat Tourismus.

Borscheid, Peter (2004). Das Tempo-Virus. Eine Kulturgeschichte der Beschleunigung. Frankfurt, New York: Campus.

Bourdieu, Pierre (2004). Genese und Struktur des religiösen Feldes. In: Religion und Gesellschaft. Karl Gabriel und Hans-Richard Reuter (Hg.). Paderborn: Ferdinand Schöningh: 198-212.

Brämer, Rainer (1999a). „Trendmarkt Wandern. Argumente für einen radikalen Perspektivwechsel. Referat im Rahmen des Reisemarktes Köln International."

Brämer, Rainer (1999b). „Unsere Wanderwege sind in die Jahre gekommen. Eine kritische Bestandsaufnahme und Vorschläge zur Modernisierung." Institut für Erziehungswissenschaft: Marburg.

Brämer, Rainer (1999c). „Wandern – Trendmarkt des Inlandtourismus." Institut für Erziehungswissenschaft: Marburg.

Brämer, Rainer (2003). „Zurück zur Natur? Die Wald-und-Wiesen-Therapie." Psychologie heute 4: 20-28.

Brämer, Rainer (2006). „Profilstudie Wandern 05/06: Wanderurlaub (Auszug)." Deutsches Wanderinstitut: Marburg. http://www.staff.uni-marburg.de/~braemer/prostu0506.pdf (Zugriff am: 15.9.2007).

Brämer, Rainer (2007). Gesundheitskongress Wandern. Daten, Fakten, Konzepte. Marburg: Forschungsgruppe Wandern der Universität Marburg.

Brämer, Rainer und Matthias Gruber (2005). Profilstudie Wandern ‚04. Grenzenlos Wandern. Marburg: Deutsches Wanderinstitut.

Brämer, Rainer, Ingo Lange und Matthias Gruber (2004). Profilstudie Wandern ‚03. Eine Querschnittsbilanz des neuen Wandermarktes. Niederkassel: wma-Verlag.

Brückner, Walter (2002). „Wandern in Großbritannien: wo darf man?" Wege und Ziele – Weitwandern in Europa 9.

Bryson, Bill (1999). Picknick mit Bären. München: Goldmann.

Bundesministerium für Gesundheit (2007). „3.000 Schritte extra – einfach gesünder." Bundesministerium für Gesundheit. http://www.die-praevention.de/bewegung/steps/ index. html (Zugriff am: 12.11.2007).

Burghoff, Christel und Edith Kresta (2006). „Auf dem Jakobsmuschelweg." taz 8./9. Juli 2006: 17.

Büscher, Wolfgang (2003). Berlin – Moskau. Eine Reise zu Fuß. Reinbeck bei Hamburg: Rowohlt.

Chatwin, Bruce (1992). Traumpfade. Frankfurt am Main: Fischer.

Christie, Mike und Jon Matthews (2003). „The Economic and Social Value of Walking in England." Institute of Rural Studies, University of Wales, Aberystwyth: Aberystwyth.

CNSGR (1975). Sentier de Saint-Jacques-de-Compostelle. Haute-Loire et Lozère. Paris: Comité National des Sentiers de Grande Randonnée.

Cohen, Erik (1979). „A Phenomenology of Tourist Experiences." Sociology 13(2): 179-201.

Cohen, Erik (2004). Contemporary tourism: diversity and change. Amsterdam: Elsevier.

Csikszentmihalyi, Mihaly (1990). Flow. Das Geheimnis des Glücks. Stuttgart: Klett-Cotta.

Csikszentmihalyi, Mihaly (1997). „Finding Flow." Psychology Today(7/8): 46-48, 70-71.

Delow, Anke (1999). ‚Bin halt einfach nicht mehr hochgekommen'. Die (Un-) Verletzlichkeit des Körpers als Schlüssel zu Aufstieg und Fall eines Skispringers. In: Biographie und Leib. Peter Alheit, Bettina Dausien, Wolfram Fischer-Rosenthal, Andreas Hanses und Annelie Keil (Hg.). Gießen: Psychosozial-Verlag: 287-305.

Deutscher Wanderverband (2006). „Der Wanderverband – Wanderer auf neuen Wegen." http://www.wanderverband.de/html/verband.html (Zugriff am: 19.12.2006).

Deutscher Wanderverband (2008). „Höchste Qualitätsauszeichnung im Wandertourismus." Deutscher Wanderverband: Kassel. http://www.wanderbares-deutschland.de/pdf/PM_1_NeueQualitaetswegeCMT.pdf (Zugriff am: 23.05.2008).

Deutsches Wanderinstitut (2006). „Der Verein Deutsches Wanderinstitut e.V. Wir gestalten Wanderwelten." http://www.deutscheswanderinstitut.de/index.php?id=5 (Zugriff am: 09.01.2007).

Digance, Justine (2006). Religious and secular pilgrimage. Journeys redolent with meaning. In: Tourism, Religion and Spiritual Journeys. Dallen J. Timothy und Daniel H. Olsen (Hg.). Abingdon: Routledge: 36-48.

Drews, Jörg (1999). Ein Mann verwirklicht seine ‚Lieblingsträumerey'. Beobachtungen zu Details von Seumes ‚Spaziergang' nach Syrakus. In: Wanderzwang – Wanderlust. Formen der Raum- und Sozialerfahrung zwischen Aufklärung und Frühindustrialisierung. Wolfgang Albrecht und Hans-Joachim Kertscher (Hg.). Tübingen: Max Niemeyer: 200-214.

ffrandonnée (2008). „Qui sommes-nous? Notre fédération en dates." Fédération Francaise de la Randonnée Pédestre. http://www.ffrandonnee.fr/qui.aspx?p=3 (Zugriff am: 15.05.2008).

FFRP (2005). Sentier de Saint-Jacques-de-Compostelle. Le Chemin du Puy. Le Puy / Aubrac / Conques / Figeac. Paris: Fédération Francaise de la Randonnée Pédestre.

FFRP-CNSGR (1986). Sentier de Saint-Jacques. Le Puy / Conques. Paris: Fédération Francaise de la Randonnée Pédestre.

Fischer-Rosenthal, Wolfram (1999). Biographie und Leiblichkeit. Zur biographischen Arbeit und Artikulation des Körpers. In: Biographie und Leib. Peter Alheit, Bettina Dausien, Wolfram Fischer-Rosenthal, Andreas Hanses und Annelie Keil (Hg.). Gießen: Psychosozial-Verlag: 15-43.

Fletcher, Colin (2001). Wanderer durch die Zeit. Allein im Grand Canyon: Eine Entdeckungsreise. München, Zürich: Diana.

Galembert, Claire de (2004). Die Religionssoziologie ‚à la francaise'. Vom positivistischen Erbe zur Erforschung der religiösen Moderne. Einführung zu: Pilger und Konvertiten. Religion in Bewegung. Danièle Hervieu-Léger. Würzburg: Ergon: IX-L.

Gebhardt, Winfried (2006). Kein Pilger mehr, noch kein Flaneur. Der ‚Wanderer' als Prototyp spätmoderner Religiosität. In: Nomaden, Flaneure, Vagabunden. Wissensformen und

Denkstile der Gegenwart. Winfried Gebhardt und Ronald Hitzler (Hg.). Wiesbaden: VS Verlag für Sozialwissenschaft: 228-243.

Gebser, Jean (1973 (1949)). Ursprung und Gegewart (Bd. 1): Die Fundamente der aperspektivischen Welt: Beitrag zu einer Geschichte der Bewußtwerdung. München: Deutscher Taschenbuch Verlag.

Geißler, Karlheinz A. (2004). Alles. Gleichzeitig. Und zwar sofort. Unsere Suche nach dem pausenlosen Glück. Freiburg, Basel, Wien: Herder.

Gennep, Arnold van (1999). Übergangsriten (Les rites de passage). Fankfurt / New York: Campus.

Girtler, Roland (1995). Bergsteigen als Initiationsritual und die Suche nach dem Außeralltäglichen. In: Bewegungskulturen. Ansätze zu einer kritischen Anthropologie des Körpers. Eugen König und Ronald Lutz (Hg.). Sankt Augustin: Academia: 141-150.

Girtler, Roland (1998). Wilderer. Rebellen in den Bergen. Wien: Boehlau.

Girtler, Roland (2005). Irrweg Jakobsweg. Die Narbe in den Seelen von Muslimen, Juden und Ketzern: Edition Gutenberg.

Glaser, Barney G. und Anselm Strauss (1967). The Discovery of Grounded Theory. New York: Aldine.

Gold, Raymond L. (1958). „Roles in sociological field observations." Social Forces 36: 217-223.

Grober, Ulrich (2006). Vom Wandern. Neue Wege zu einer alten Kunst. Frankfurt: Zweitausendeins.

Gross, Peter (2006). Paradise lost... Vom Pilger zum Wanderer. In: Nomaden, Flaneure, Vagabunden. Wissensformen und Denkstile der Gegenwart. Winfried Gebhardt und Ronald Hitzler (Hg.). Wiesbaden: VS Verlag für Sozialwissenschaft: 256-265.

Gundlach, Jens (2005). Zwischen Loccum und Volkenroda. Ein Pilgerbuch. Hannover: Lutherisches Verlagshaus.

Haab, Barbara (1998). Weg und Wandlung. Zur Spiritualität heutiger Jakobspilger und -pilgerinnen. Freiburg Schweiz: Universitätsverlag.

Hackl, Wolfgang (2004). „Von der Sehnsuchtslandschaft zur Erinnerungslandschaft. Die Alpen im literarischen Landschaftsdiskurs." Tourismus Journal(1): 133-146.

Haller, Albrecht von (1729). „Die Alpen." http://gutenberg.spiegel.de/haller/gedichte/ Druckversion_alpen.htm (Zugriff am: 27.11.2006).

Haubl, Rolf (1999). „Wild-fremd? Das Wilde in uns – eine psychologische Entdeckungsreise." politische ökologie 59: 24-27.

Heidemann, Lutz (2004). „Wege ohne Ende – Wohin geht die ‚Wegemacherei'?" Wege und Ziele – Weitwandern in Europa 15: 4-9.

Heidemann, Lutz (o.J.). „Was bedeutet Weitwandern? Eine Einführung für diejenigen, die diese Leidenschaft noch nicht kennen." Netzwerk Weitwandern. http://www.netzwerk-weitwandern.de/Aktuelles.htm (Zugriff am: 09.01.2007).

Hennig, Christoph (1999). Reiselust. Touristen, Tourismus und Urlaubskultur. Frankfurt: Suhrkamp.

Hennig, Christoph (2001a). Der Wunsch nach Verwandlung. Über den Zusammenhang von Religion und Reisen. In: Der Wunsch nach Verwandlung. Mythen des Tourismus. Evangelische Akademie Baden (Hg.). Karlsruhe: Evangelische Akademie Baden: 9-25.

Hennig, Christoph (2001b). Mythen des Tourismus. In: Der Wunsch nach Verwandlung. Mythen des Tourismus. Evangelische Akademie Baden (Hg.). Karlsruhe: Evangelische Akademie Baden: 39-63.

Herbers, Klaus (2001). Der Jakobsweg. Mit einem mittelalterlichen Pilgerführer unterwegs nach Santiago de Compostela. Tübingen: Gunter Narr.

Herbers, Klaus (2003). Warum macht man sich auf den Weg? Pilger- und Reisemotive im Mittelalter. In: Pilgerwege. Zur Geschichte und Spiritualität des Reisens. Hans Ruh und Klaus Nagorni (Hg.). Karlsruhe: Evangelische Akademie Baden: 9-40.

Herbers, Klaus (2005). Apostelgrab im Westen Europas. Die großen Pilgerziele: Santiago de Compostela. In: Pilgerwege des Mittelalters. Klaus Herbers, Norbert Ohler, Bernhard Schimmelpfennig, Bernhard Schneider und Peter Thorau (Hg.). Darmstadt: Wissenschaftliche Buchgesellschaft: 75-100.

Herbers, Klaus (2006). Jakobsweg. Geschichte und Kultur einer Pilgerfahrt. Nördlingen: C. H. Beck.

Hervieu-Léger, Danièle (2004). Pilger und Konvertiten. Religion in Bewegung. Würzburg: Ergon.

Inhetveen, Heide (1982). „'Schöne Zeiten, schlimme Zeiten': Zeit, Geschichte, Biographien von Bäuerinnen." Feministische Studien 1: 33-47.

Inhetveen, Heide (2004). Der Wind und das Leibliche. Land-Natur-Konsum – Signaturen von Wendezeiten. In: Land-Natur-Konsum. Bilder und Konzeptionen im humanökologischen Diskurs. Wolfgang Serbser, Heide Inhetveen und Fritz Reusswig (Hg.). München: oekom: 21-38.

Inhetveen, Heide und Judith Specht (2007). Und es wallte jeder seinen eigenen Weg... Pilgern in Europa, einst und heute. In: Pilgerweg Loccum - Volkenroda zwischen Kirche, Kultur und Tourismus. Auf dem Weg zu einem gemeinsamen Leitbild. Martin Laube (Hg.). Rehburg-Loccum: Evangelische Akademie Loccum: 81-103.

Job, Hubert (2007). Die Entwicklung des Alpentourismus und touristische Reisestile. In: Tourismusforschung in Bayern. Aktuelle sozialwissenschaftliche Beiträge. Armin Günther, Hans Hopfinger, Jürgen Kagelmann und Walter Kiefl (Hg.). München, Wien: Profil Verlag: 259-270.

Käßmann, Margot (2005). „Eröffnungspredigt der Landesbischöfin zur Einweihung des Pilgerwegs Loccum - Volkenroda." 6. April 2005, St. Bonifatius zu Hameln. http://www.evlka.de/pilgerweg/content.php3?contentTypeID=290& (Zugriff am: 23.04.2008).

Kawulich, Barbara B. (2005). „Participant Observation as a Data Collection Method." Forum Qualitative Sozialforschung / Forum: Qualitative Social Research 6(2). http://www.qualitative-research.net/fqs-texte/2-05/05-2-43-e.htm (Zugriff am: 11.04.2006).

Kerkeling, Hape (2006). Ich bin dann mal weg. Meine Reise auf dem Jakobsweg. München: Malik.

Klingenfuß, Jörg (o.J.). „Wildnisgebiet Rimella und Mastallonetal." Initiative pro Rimella. http://www.klingenfuss.org/gta.htm (Zugriff am: 22.01.2007)

Kuczynski, Ingrid (1999). Die Lust am Wandern – ein Hintergehen der bürgerlichen Moderne? In: Wanderzwang – Wanderlust. Formen der Raum- und Sozialerfahrung zwischen Aufklärung und Frühindustrialisierung. Wolfgang Albrecht und Hans-Joachim Kertscher (Hg.). Tübingen: Max Niemeyer: 44-60.

Kühn, Christoph (2007). Kulturstraße – Erfahrungsweg – Erinnerungsort. Historische Pilgerrouten im Kontext europäischer Handlungs- und Mobilitätsstrategien. Vortrag bei: „Muscheln am Hellweg. Die Wiederentdeckung der Wege der Jakobspilger durch das Ruhrgebiet", 8.12.2007, Katholische Akademie des Bistums Essen, Mühlheim/Ruhr. http://www.oekumenischerpilgerweg.de/download/schriften/ Pilgern_Europa.pdf (Zugriff am: 4.4.2008).

La Coste, René de (1993). Frankreich und die Jakobswege. In: Santiago de Compostela. Pilgerwege. Paolo Caucci von Saucken (Hg.). Augsburg: Weltbild Verlag: 233-274.

Lake District News (2007). „Tourism leaders bring back call to upgrade Wainwrights Coast to Coast Walk." http://www.lakedistrictnews.co.uk/id18.html (Zugriff am: 13.09.2007).

Lamnek, Siegfried (1995). Qualitative Sozialforschung. Band 2 Methoden und Techniken. Weinheim: Beltz Psychologie Verlags Union.

Laube, Martin, Hg. (2007). Pilgerweg Loccum - Volkenroda zwischen Kirche, Kultur und Tourismus. Auf dem Weg zu einem gemeinsamen Leitbild. Rehburg-Loccum: Evangelische Akademie Loccum.

Lauer, Thomas (1992). Das Handbuch für Fernwanderer. Vorbereitung, Ausrüstung, Unterwegs. Stuttgart: Pietsch.

LEADER (2001). „La valorisation du tourisme de randonnée dans les territoires ruraux. Guide pédagogique sur l'élaboration et la mise en oeuvre d'un projet de randonnée pédestre." Observatoire européen LEADER / AEIDL: Bruxelles.

Luckmann, Thomas (2004). Privatisierung und Individualisierung. Zur Sozialform der Religion in spätindustriellen Gesellschaften. In: Religion und Gesellschaft. Karl Gabriel und Hans-Richard Reuter (Hg.). Paderborn: Ferdinand Schöningh: 136-148.

Macher, Fritz (2005). „75 Jahre Obstanserseehütte." Austria Nachrichten 4/05: 3-4.

MacLaine, Shirley (2001). Der Jakobsweg. Eine spirituelle Reise. München: Goldmann.

Mauss, Marcel (1989). Soziologie und Anthropologie, Bd. 2. Frankfurt: Fischer.

Mey, Günter und Katja Mruck (2007). „Grounded Theory Methodologie – Bemerkungen zu einem prominenten Forschungsstil." Historical Social Research, Supplement 19: 11-39.

Midmore, Peter (2000). „The Economic Value of Walking in Rural Wales." Welsh Institute of Rural Studies: Aberystwyth.

Mörwald, Josef (1916). „Aus dem Kriegstagebuch von Josef Mörwald. K.u.k. 47 mm Marinebatterie Oblt Schmid." Der Dolomitenfreund 1/2007: 19-23.

Nolte, Gudrun (2004). Das Jakobuswegprojekt des St.-Marien-Hospitals Eickel unter den Aspekten von Salutogenese und Empowerment. In: Psychiatrie auf dem Weg – Von der Anstalt zum Menschen. Matthias Krisor und Kerstin Wunderlich (Hg.). Lengerich: Pabst Science Publishers: 250-277.

Ohler, Norbert (2005). Daß Gott mir barmherzig sei. Pilgern und Pilger im Mittelalter. In: Pilgerwege des Mittelalters. Klaus Herbers, Norbert Ohler, Bernhard Schimmelpfennig, Bernhard Schneider und Peter Thorau (Hg.). Darmstadt: Wissenschaftliche Buchgesellschaft: 9-26.

Ökumenischer Pilgerweg, Hg. (2004). Der Ökumenische Pilgerweg durch Sachsen, Sachsen-Anhalt und Thüringen. Weimar: Ökumenischer Pilgerweg.

Olsen, Daniel H. und Dallen J. Timothy (2006). Tourism and religious journeys. In: Tourism, Religion and Spiritual Journeys. Dallen J. Timothy und Daniel H. Olsen (Hg.). Abingdon: Routledge: 1-21.

Ott, Michael (2006). „Lehrgedicht vom Ort der Freiheit: Albrecht von Hallers ‚Die Alpen'." DAV Panorama 6: 86-87.

Petrarca, Francesco (1996 (1336)). Die Besteigung des Mont Ventoux. Frankfurt a.M., Leipzig: Insel.

Plowright, Alan (1995). Plowright follows Wainwright. An Introduction to Long Distance Walking. London: Michael Joseph.

Pollack, Detlef (1996). Individualisierg statt Säkularisierung? Zur Diskussion eines neueren Paradigmas in der Religionssoziologie. In: Religiöse Individualisierung oder Säkularisierung. Biographie und Gruppe als Bezugspunkte moderner Religiosität. Karl Gabriel (Hg.). Gütersloh: Chr. Kaiser / Gütersloher Verlagshaus: 57-85.

Pülz, Paula (2005). Die Faszination des Wanderns. Motive und Beweggründe von Langzeitwanderern. Marburg: Tectum.

Remler, Alexander (2003). „Der Pilger." Berliner Morgenpost 6. Juli 2003.

Riehl, Wilhelm Heinrich (1903 (1869)). Wanderbuch. Stuttgart, Berlin: Cotta.

Rinschede, Gisbert (1992). „Forms of Religious Tourism." Annals of Tourism Research 19: 51-67.

Ritter, Heidi (1999). Über Gehen, Spazieren und Wandern von Frauen in der zweiten Hälfte des 18. Jahrhunderts. In: Wanderzwang – Wanderlust. Formen der Raum- und Sozialerfahrung zwischen Aufklärung und Frühindustrialisierung. Wolfgang Albrecht und Hans-Joachim Kertscher (Hg.). Tübingen: Max Niemeyer: 91-104.

Robson, Eric (2006). „Coast to Coast Campaign. The missing National Trail." The Wainwright Society. http://www.wainwright.org.uk/coast_to_coast/national_trail.html (Zugriff am: 02.05.2008).

Rosa, Hartmut (2004). Zeitraffer und Fernsehparadoxon oder: Von der Schwierigkeit, Zeitgewinne zu realisieren. In: fast forward. Essays zu Zeit und Beschleunigung. Hartmut Rosa (Hg.). Hamburg: Edition Körber-Stiftung: 19-28.

Rosa, Hartmut (2005). Beschleunigung. Die Veränderung der Zeitstrukturen in der Moderne. Frankfurt: Suhrkamp.

Rothaarsteig (2001). „Komm mal. Rothaarsteig – Der Weg der Sinne" (Flyer zum Weg). Rothaarsteig: Brilon.

Sangmeister, Dirk (2001). „Welch ein Geist, welch ein Herz!" Die Zeit 06.12.2001.

Schaumann, Walther (o.J. a). „Der Karnische Höhenweg. Ein Weg mit Vergangenheit – Ein Weg mit Zukunft. Vorwort." http://www.karnische-alpen.com/vorwort.html (Zugriff am: 11.09.2007).

Schaumann, Walther (o.J. b). „Der Karnische Höhenweg von 1849 - 1918." http://www.karnische-alpen.com/1849_1918.html (Zugriff am: 11.09.2007).

Schaumann, Walther (o.J. c). „Der Karnische Höhenweg von 1919 - 2002." http://www.karnische-alpen.com/1919_2002.html (Zugriff am: 11.09.2007).

Scherzer, Landolf (2005). Der Grenzgänger. Berlin: Aufbau-Verlag.

Schimmelpfennig, Bernhard (2005). Die Stadt der Apostelfürsten. Die großen Pilgerziele: Rom. In: Pilgerwege des Mittelalters. Klaus Herbers, Norbert Ohler, Bernhard Schimmelpfennig, Bernhard Schneider und Peter Thorau (Hg.). Darmstadt: Wissenschaftliche Buchgesellschaft: 57-74.

Schnapper-Arndt, Gottlieb (1975). Hoher Taunus. Eine sozialstatistische Untersuchung in fünf Dorfgemeinden. Allensbach, Bonn: Verlag für Demoskopie.

Schoepp, Sebastian (2006). „'Ruhe verdammt, wir sind doch Pilger!' Gedrängel auf dem Jakobsweg." Süddeutsche Zeitung 02.11.2006.

Schrange, Thekla und Aloys Schäfer (2008). „Pilgerstatistik der Jahre 1989 bis 2008." HomeOfficeRheidt. http://www.jakobus-info.de/jakobuspilger/statik01.htm (Zugriff am: 29.04.2008).

Schröder, Inge (1999). „Born to be wild. Das (Un)Zivilisierte im Menschen aus anthropologischer Sicht." politische ökologie 59: 22-23.

Schweizer, Thomas (2005). „Kirche unterwegs. Regionalentwicklungsansätze entlang dem Jakobsweg." Reformierte Kirchen Bern-Jura-Solothurn. http://www.jakobswege.net/pilgerinfo/Beiträge/Kirche%20Unterwegs.htm (Zugriff am: 01.09.05)

Selmayr, Maike (2007). Achtung: Pilger haben geistliche Bedürfnisse. In: Mit Leib und Seele auf dem Weg. Handbuch des Pilgerns in der hannoverschen Landeskirche. Margot Käßmann (Hg.). Hannover: Lutherisches Verlagshaus: 24-26.

Sendelbach, Kay (2003). „Das „Neue Wandern" am Beispiel des Rothaarsteiges." fernwege. de. http://www.fernwege.de/foren/rothaarsteig/nachricht/359/index.html (Zugriff am: 14.04.2003).

Seume, Johann Gottfried (1805). Spaziergang nach Syrakus im Jahre 1802. Leipzig: Reclam.

Seume, Johann Gottfried (1993). Mein Leben. Spaziergang nach Syrakus im Jahre 1802. Mein Sommer 1805. In: Werke. Johann Gottfried Seume. Jörg Drews (Hg.). Frankfurt / Main: Deutscher Klassiker Verlag. 1.

Siemes, Christof (2006). „'Vor allem bin ich nicht ich'. Ein Gespräch mit Deutschlands bestem Entertainer Hape Kerkeling über seinen Weg zur Erleuchtung, die Grenzen von Satire und Leser-Reporter auf dem Herrenklo." Die Zeit 09.11.2006.

Slavin, Sean (2003). „Walking as a Spiritual Practice: The Pilgrimage to Santiago de Compostela." Body & Society 9(3): 1-18.

Soulage, Pierre und Jacques Le Goff (2003). Entretien Pierre Soulage – Jacques Le Goff: De la pertinence de mettre une oeuvre contemporaine dans un lieu chargé d'histoire. Toulouse: Le Pérégrinateur.

Spradley, James P. (1980). Participant Observation. New York: Holt, Rinehart and Winston.

Strauss, Anselm und Juliet Corbin (1990). Basics of Qualitative Research. Grounded Theory Procedures and Techniques. Newbury Park, London, New Delhi: Sage.

The Ramblers' Association (2004). „Information about new opportunities to explore the countryside under The Countryside and Rights of Way Act 2000." The Ramblers' Association: London.

Thies, Heiko (2005). Abenteuer Jakobsweg. Mit Kind und Pferd quer durch Europa. Cadolzburg: Ars Vivendi.

Thorpe, S.K.S, R.L. Holder und R.H. Crompton (2007). „Origin of Human Bipedalism as an Adaption for Locomotion on Flexible Branches." Science 316: 1328-1331.

Treptow, Rainer (1993). Bewegung als Erlebnis und Gestaltung. Zum Wandel jugendlicher Selbstbehauptung und Prinzipien moderner Jugendkulturarbeit. Weinheim, München: Juventa.

Trommer, Gerhard (1999). „Psychotop Wildnis. Wildnis und Verwilderung – Begriffsdefinitionen und Hintergründe." politische ökologie 59: 10-12.

Truschkat, Inga, Manuela Kaiser und Vera Reinartz (2005). „Forschen nach Rezept? Anregungen zum praktischen Umgang mit der Grounded Theory in Qualifikationsarbeiten." Forum Qualitative Sozialforschung / Forum: Qualitative Social Research 6(2). http://www. qualitative-research.net/fqs-texte/2-05/05-2-22-d.htm (Zugriff am: 22.4.2006).

Turner, Victor (1984). Liminality and the performance genres. In: Rite, Drama, Festival, Spectacle: Rehearsals Toward a Theory of Cultural Performance. John J. MacAloon (Hg.). Philadelphia: Institute for the Study of Human Issues: 19-41.

Tworuschka, Udo (2002). Heilige Wege. Die Reise zu Gott und den Religionen. Frankfurt am Main: Verlag Otto Lembeck.

Via Alpina (2003). „Die Via Alpina. Von Triest bis Monaco. Eine Entdeckungsreise auf Wanderwegen durch die acht Alpenstaaten." http://www.via-alpina.org/content/ medias/ pdf/000026.pdf (Zugriff am: 5.6.2005).

Via Alpina (2004). „Der Via Alpina Qualitätsleitfaden." Via Alpina: Grenoble. http://www. via-alpina.org/_Rainbow/Documents/000041.pdf (Zugriff am: 13.10.2005).

Virilio, Paul (1989). Der negative Horizont. Bewegung – Geschwindigkeit – Beschleunigung. München, Wien: Hanser.

Virilio, Paul (1992). Rasender Stillstand. München, Wien: Carl Hanser.

Wainwright, Alfred (2003). A Coast to Coast Walk. Pictorial Guide (Revised Edition). London: Francis Lincoln.

Wainwright, Alfred (2003). Memoirs of a fellwanderer. London: Francis Lincoln.

Wainwright, Martin (2006). „Ramble on." http://commentisfree.guardian.co.uk/ martin_wainwright/2006/08/post_314.html (Zugriff am: 11.12.2006).

Wanderbares Deutschland (2008). „Wandern liegt im Trend." http://www.wanderbares-deutschland.de/ (Zugriff am: 25.04.2008).

Weber, Joe (2005). „Innovation am Jakobsweg." Jakobswege.net. http://www. jakobswege.net/ pilgerinfo/Beiträge/Jakobsweg_Innovationen.htm (Zugriff am: 01.09.05).

Wehap, Wolfgang (1997). Gehkultur. Mobilität und Fortschritt seit der Industrialisierung aus fußläufiger Sicht. Frankfurt: Peter Lang.

Wöhler, Karlheinz (2007). Pilgern und Pilgerwege. Tourismus- und kulturwissenschaftliche Dimensionen. In: Pilgerweg Loccum - Volkenroda zwischen Kirche, Kultur und Tourismus. Auf dem Weg zu einem gemeinsamen Leitbild. Martin Laube (Hg.). Rehburg-Loccum: Evangelische Akademie Loccum: 25-70.

Wustrack, Simone (2005). Pilgern – eine alte Tradition in neuer Zeit. Historische und praktisch-theologische Aspekte sowie religionspädagogische Perspektiven. In: Pilger – Wege – Räume. Historische, religionspädagogische und kunsttherapeutische Reflexionen. Martin Cordes und Simone Wustrack (Hg.). Hannover: Blumhardt Verlag: 21-102.

Zeiher, Esther (2002). „Wandern als religiöse Bildung. Zur Religionspädagogik des Pilgerns in der Gegenwart." Fachhochschule für Religionspädagogik und Gemeindediakonie: Moritzburg.

Zimmerling, Peter (2005). Hat das Pilgern ein Heimatrecht in der lutherischen Spiritualität? In: Pilger – Wege – Räume. Historische, religionspädagogische und kunsttherapeutische Reflexionen. Martin Cordes und Simone Wustrack (Hg.). Hannover: Blumhardt Verlag: 137-148.

Anhang

Übersicht zu den Fragen im „narrativ-zentrierten Leitthemeninterview"

In den Interviews wurden folgende Themenkomplexe angesprochen:

- Persönliche Hintergründe für die längere Fußreise („Wie kamen Sie darauf...?")
- Art der Entscheidungsfindung und Entscheidungskriterien für den aktuell begangenen Weg bzw. Wegabschnitt
- Erfahrung hinsichtlich Fernwandern und / oder Pilgern
- Bedeutende Elemente unterwegs, z.B. Naturgenuss, Einsamkeit, Regionaltypisches oder... („Was ist wichtig...?)
- Wünsche an Unterkünfte unterwegs
- Hoffnung, dass etwas von der Wanderung übrig bleibt?
- Anstoß zu einer Erzählung von einer Begebenheit unterwegs, die – aus welchen Gründen auch immer – besonders einprägsam war

Im qualitativen Interview beschränkt sich der bzw. die Forschende darauf, Themen ins Gespräch zu bringen, um den / die Interviewten zu Erzählungen anzuregen. Durch gelenkte Nachfragen werden bedeutsame oder noch unklare Bereiche vertieft, insgesamt jedoch werden Schwerpunktsetzung und Inhaltsstrukturierung den Interviewten überlassen. Der Gesprächsstil ähnelt eher einer Unterhaltung denn einer Befragung.

Kurzfragebogen

Durch gezielte Abfrage wurden folgende Daten erhoben:

- Alter des / der Wandernden
- Geschlecht
- Herkunftsland
- bei Interviewten auf dem Jakobsweg: Konfession
- Alleinläufer bzw. Anzahl der Mitwanderer
- Nutzung von Serviceangeboten
- Verkehrsmittel zur An- und Abreise
- Beruf
- Länge der Wanderung bzw. Start- und Zielort

Das Sample im Detail

Kennung	Weg	Geschlecht weiblich (w), männlich (m)	Alter	Herkunftsland	Länge der Tour (in Tagen)	Alleinwanderer (1), zu zweit (2), zu dritt (3),	Servicenutzung ja / nein
VA 1	Via Alpina	w	49	Deutschland	10	2	nein
VA 2	Via Alpina	w	40	Österreich	7	2	nein
VA 3	Via Alpina	w	40	Österreich	7	2	nein
VA 4	Via Alpina	m	45	Österreich	7	2	nein
VA 5	Via Alpina	w	40	Österreich	7	2	nein
VA 6	Via Alpina	m	55	Österreich	10	2	nein
VA 7	Via Alpina	w	52	Deutschland	10	2	nein
VA 8	Via Alpina	m	60	Deutschland	10	2	nein
VA 9	Via Alpina	m	60	Deutschland	10	2	nein
VA 10	Via Alpina	m	22	Österreich	5	1	nein
VA 11	Via Alpina	m	35	Deutschland	5	2	nein
VA 12	Via Alpina	w	35	Deutschland	5	2	nein
VA 13	Via Alpina	w	26	Deutschland	7	2	nein
VA 14	Via Alpina	m	26	Deutschland	7	2	nein
VA 15	Via Alpina	m	40	Österreich	5	1	nein
VA 16	Via Alpina	m	33	Deutschland	7	2	nein
VA 17	Via Alpina	m	38	Deutschland	7	2	nein
JW 1	Jakobsweg	m	35	Deutschland	ca. 90	1	nein
JW 2	Jakobsweg	w	58	Norwegen	14	2	nein

Kennung	Weg	Geschlecht weiblich (w), männlich (m)	Alter	Herkunftsland	Länge der Tour (in Tagen)	Alleinwanderer (1), zu zweit (2), zu dritt (3),	Servicenutzung ja / nein
JW 3	Jakobsweg	w	70	Deutschland	ca. 60	1	nein
JW 4	Jakobsweg	m	66	Frankreich	ca. 45	1	nein
JW 5	Jakobsweg	w	57	Frankreich	14	2	ja (1)
JW 6	Jakobsweg	w	64	Frankreich	14	2	ja (1)
JW 7	Jakobsweg	m	30	Deutschland	14	1	nein
JW 8	Jakobsweg	w	61	Kanada	ca. 45	2	nein
JW 9	Jakobsweg	m	52	Deutschland	14	2	nein
JW 10	Jakobsweg	w	57	Schweden	ca. 90	1	nein
JW 11	Jakobsweg	w	53	Kanada	14	1	nein
JW 12	Jakobsweg	m	74	Schweiz	ca. 60	2	nein
JW 13	Jakobsweg	w	44	Irland	16	3	ja (1)
JW 14	Jakobsweg	w	25	Frankreich	20	1	nein
CC 1	Coast to Coast	m	50	Großbritannien	7	2	ja (1)
CC 2	Coast to Coast	m	60	Großbritannien	7	2	ja (1)
CC 3	Coast to Coast	w	38	Großbritannien	7	1	ja (1)
CC 4	Coast to Coast	m	33	Großbritannien	15	2	ja (2)
CC 5	Coast to Coast	w	33	Großbritannien	15	2	ja (2)
CC 6	Coast to Coast	w	41	Deutschland	14	2	ja (2)
CC 7	Coast to Coast	m	47	Deutschland	14	2	ja (2)

(1): Gepäcktransport; (2): Komplettbuchung inkl. Unterkunft und Gepäcktransport

Übersetzung der fremdsprachigen Interviewpassagen

I Das jüngste meiner Kinder ist jetzt 18. Ich habe sieben Kinder. Und das war so, also jetzt ist die Zeit reif.

II Ich mache mit meinen Eltern zusammen Urlaub. Sie werden jetzt auch älter, und ich weiß, dass das Laufen für meinen Vater schwierig ist. Es könnte sein, dass er es nicht schafft, weiterzulaufen. Und für mich ist es ein ganz besonderer Urlaub, da ich ihn mit meinen Eltern verbringe, solange sie noch gesund sind.

III Die Fernwanderungen, die wir zusammen gemacht haben, waren für mich so etwas wie Meilensteine in meinem Leben. Weißt du, genau zu dieser Zeit. [...] Und sie sie werden, sie sind so etwas wie äh ... Passagerituale.

IV Als wir uns entschieden haben, ihn [den Coast to Coast] als Hochzeitsreise zu machen...

V Und in meinem Fall, also ich bin gerade in Ruhestand gegangen. Von meiner Arbeit. Ich bin sechzig.

VI Ich habe mit meinem Chirurgen gewettet. Ich wurde am Herz operiert. Und ich hab mit ihm gewettet, dass ich es schaffe [den Jakobsweg zu gehen].

VII Ich wollte ihn [den Coast to Coast] seit vielen Jahren machen, also seit der Zeit, als ich Leute in Keld getroffen habe. Das ist dort, wo sich Coast to Coast und Pennine Way kreuzen. Ich weiß noch, Leute in Keld getroffen zu haben, die den Coast to Coast gegangen sind, und das hat mich gedanklich nicht mehr losgelassen. Und etwa vor einem Jahr hab ich es XY vorgeschlagen.

VIII Ich hab den Jakobsweg gemacht, aber andersrum und mit dem Auto. Das war so in den achtziger Jahren. Und seit damals hab ich gedacht, dass ich ihn einmal machen sollte. Ja, so war das.

IX Also vor drei, nein, schon vier Wochen war ich in Köln, auf dem Weltjugendtag. Ja, ich war dort, um den Papst zu sehen. [...] Naja, und dort war das dann, dass ich entschieden habe, aufzubrechen. Nach Santiago.

X Das ist ein Frage der Landschaft.

XI Alles was ich machen wollte war dieses Tour ... quer durch ganz Großbritannien.

XII Weil er der ursprünglichste ist. Er ist der älteste. Also ich war sehr von dem Eindruck eingenommen, in den Spuren der früheren Pilger zu laufen.

XIII Ich habe herausgefunden, dass Le Puy selbst ein eigenständiges Pilgerziel ist, und dass hier die Schwarze Madonna verehrt wird. Und mir gefällt die Idee einer Pilgerschaft, die mit einer weiblichen Heiligen beginnt und einen männlichen Heiligen als Ziel hat, den Heiligen Jakobus.

XIV Weißt du, mir hat alles weh getan. [...] Und ich geh meinen Weg weiter, trotz der Schmerzen und allem Anderen.

XV Das Wichtigste ist ... dass ich mich in meinem Köper wohl fühle. Wenn ich laufe, bin ich glücklich, beim Laufen. Das, das ist das Wichtigste.

XVI Weißt du, es ist körperlich ganz schön anstrengend. Und es ist wirklich schön, zu schlafen, wenn du richtig müde bist. Richtig schön müde am Ende des Tages. [...] Daheim, bei der Arbeit, da kannst du abends auch müde sein, aber dein Kopf ist vollgestopft und es ist schwer, einzuschlafen.

XVII Wenn ich mir den Fuß verstauche, wenn ich stürze, ja wer, wer wird mich dann auflesen, im Wald, so ganz allein?

XVIII Ich liebe die Ruhe und den Frieden.

XIX Ich finde es auf einer langen Wanderung immer faszinierend, die kleinen Veränderungen zu beobachten. Die Veränderungen der Dialekte, die Veränderung der Art und Weise, wie die Leute reden.

XX XY ist ein Augentyp und ich bin ein Ohrentyp. Ich vergesse, was ich sehe, aber ich merke mir, was ich höre. Bei ihm ist es genau andersrum. Ja, bei mir ist es andersrum. Ich vergesse alles, was ich höre.

XXI ... sich die Zeit nehmen um stehen zu bleiben, um etwas anzuschauen... Ganz einfach, gestern sind wir bei einer Herde Kühe stehen geblieben die gemuht haben, weil sie Futter wollten, also sind wir da stehen geblieben. Wir sind bei einem Huhn stehen geblieben, das gepickt hat. Also das sind so kleine, also eigentlich das Alltägliche, und jetzt nehmen wir uns die Zeit, zu schauen. Eine Landschaft, die uns gefällt, ein Bach...

XXII Klar, am Anfang, wenn man losläuft, da ist man ganz begeistert. Oh, wow, ich bin im Mittelalter, da ist alles was ganz Besonderes. Aber ein paar Tage später, da sieht man das alles gar nicht mehr. Man kommt in ein Dorf rein und man sieht sie nicht mehr, die ganzen alten Sachen.

XXIII Was ich mag, das Gesichter wiederzusehen. Es ist gar nicht nötig, so in die Tiefe zu gehen. Einfach menschliche Wesen zu sehen, die man schon einmal gesehen hat. Das ist ein fast heiliges Gefühl der Zusammengehörigkeit. Wow! Das meine ich wenn ich sage, der Weg entwickelt sich.

XXIV Ich schau mir am liebsten die Veränderungen der Landschaft an.

XXV Ich glaube nicht, dass ich mit meinen Eltern in Spanien laufen würde, weil man dort das Gepäck nicht transportiert bekommt. Außerdem nimmt die Transbagage auch Leute mit, und das war schon sehr wichtig, weil mein Vater sich am Knie verletzt hat und nicht mehr laufen konnte. Einige Tage lang. Und so konnten wir ihn bei Transbagage mitfahren lassen und weiterlaufen.

XXVI ...er [ein anderer Wanderer] war am Kämpfen. Und ich glaube, er wusste nicht so recht, wie man Führer und Karte richtig nutzt. Und es hätte für ihn ziemlich gefährlich werden können.

XXVII Und noch was, was interessant war, also als wir uns verlaufen hatten, haben wir überhaupt nicht mehr an unsere körperlichen Probleme und Schmerzen gedacht. [...] Also, meine Füße sind meine Schwachstelle, und bei XY sind es die Knie. Aber es war bei uns beiden so: Als wir uns da oben verlaufen hatten, haben wir unsere Füße und Knie völlig vergessen.

XXVIII Mach ich mit meiner Arbeit weiter? Mach ich mit meinem Mann weiter? Wo wird mein Leben hingehen?

XXIX Ich denke sehr viel nach, beim Laufen. Und das ist etwas, woran ich mich erfreue, wenn man so sagen möchte. Also mehr Zeit zu haben, um nachzudenken. [...] Auch nachdenken über die Berufspraxis, die ich hatte, während meiner Karriere, und über die Charakteristika dieser Praxis. Und was ich jetzt darüber denke, mit zeitlichem Abstand.

XXX Jeden Tag ziehe ich Bilanz, was ich über mich selbst gelernt habe. Am Ende jedes Tages.

XXXI Also ich, ich bin nicht richtig frei, weil ich große Sorgen habe, in meiner Familie, und das geht auch unterwegs weiter. Also es fällt mir sehr schwer, gedanklich bei dem zu bleiben, weswegen ich gekommen bin. Mein Kopf ist oft woanders. Ich träume nachts, ich habe Alpträume und das kommt hoch, jetzt, beim Gehen.

XXXII Weißt du, ich wollte überhaupt nicht laufen. Ich sehe das so: Da ist irgend etwas geschehen, ich weiß nicht, warum. Ich muss ganz einfach laufen.

XXXIII Warum herkommen? Ich weiß nicht. Ich hatte seit Jahren den Eindruck ... da war ein Ruf, ein innerer Ruf, ja, so war das.

XXXIV Also zu Beginn ... mein Mann war sehr krank im vergangenen Jahr. Er hatte Krebs und er hat versprochen dass er .. wenn er von seinem Krebs geheilt würde .. dass wir den Weg machen würden. Also erfüllen wir unser Gelübde, indem wir den Weg gehen.

XXXV Ich bin ein ganz schlechter Pilger. Also von der spirituellen Seite. Nein, das ist nicht meine Motivation.

XXXVI Ich bin Pilger, aber ich bin nicht religiös. Ich bin nicht gläubig. [Aber] es gibt schon eine spirituelle Komponente. Also ich akzeptiere keine Dogmen, von daher gehe ich einen spirituellen Weg jenseits aller Dogmen.

XXXVII Also das ist wirklich eine Pilgerschaft, die wir machen. Das ist doch keine Wanderung!

XXXVIII Vor allem ist es wichtig, dass man tolerant ist. Am Anfang, da hab ich mir immer gedacht: oh nee, diese Wanderer, oh nee...

XXXIX Für mich sind die Kirchen wichtig, weil ich dort Energie tanke. Ich ärgere mich total, wenn die Kirchen zu sind. Ich kann es verstehen, aber ich mag es nicht, weil ich, also ich brauche die Kirchen um anzuhalten, um Kraft zu sammeln und um zu beten.

XL In diesem Dorf [Conques] kann man die Leute verstehen, die zum Beispiel in Kirchen meditieren und so, weil die Kirche ein Ort ist, an dem man dem äußeren Druck entfliehen kann. Sobald man in der Kirche ist, sind die äußeren Zwänge weg.

XLI Und ich finde zum Beispiel dass so eine Unterkunft wie hier [Konvent der Ursulinen], also diese Zeugnisse der Begegnung, mit Menschen, die in ihrem Glauben leben, also für mich ist das interessant, weil es sich sehr von meinem Alltagsleben unterscheidet.

XLII Ich bin nicht katholisch. Aber ich fühle mich trotzdem viel besser in Unterkünften, wo man merkt, dass Glaube ist.

XLIII Ich finde, dass der Weg uns immer das gibt, was nötig ist. In dem Moment, wo man es braucht.

XLIV Ich würde sagen es ist eine, nicht unbedingt eine religiöse, aber es ist eine Art Pilgerschaft. Immer dieses weiterziehen, weißt du. Und ich denke, dass Pilgerschaft zutrifft. Ich glaube es geht um das Gefühl, dass man auf eine Sache zuläuft. In unserem Fall laufen wir auf Robin Hood's Bay zu.

XLV Ich bin glücklich, wenn ich laufe.

XLVI Und das gehört dazu, weißt du, du gehst morgens los und du weißt nicht, wohin du als nächstes kommst.

XLVII Und das gibt Kraft ... moralische Kraft.

XLVIII Man hat ein Ziel, aber das Ziel ist weit weg. Und man geht mit kleinen, behutsamen Schritten auf das Ziel zu, und wenn man zu schnell geht, schadet man sich selbst. Also so ist das beim Laufen, das ist wahrhaftiges Laufen. Aber ich denke, das ist auch eine Lehre fürs Leben.

XLIX Ich lerne auf dem Weg, meine Grenzen zu akzeptieren, was ich sonst nicht so mache. Und ich finde, unterwegs lernt man täglich Dinge über sich selbst.

L Einmal war ich sehr stolz auf mich. Ich habe ein sehr starke Schlangenphobie und an einer Stelle musste ich in der Heide an einem Schild vorbeilaufen, auf dem stand: sehr große Nattern. Und ich hab eine halbe Stunde gebraucht, um tatsächlich an dieser Stelle vorbeizulaufen, weil ich so geängstigt war. So war das. Und ich hab's geschafft, ich bin durchgelaufen, und das Gefühl, etwas Riesiges bewältigt zu haben, war unvorstellbar.

LI Und dabei war ich gar kein unsicherer Mensch, ich bin hier alleine hergekommen, weil ich dachte, ich wäre stark genug dazu. Und jetzt fahr ich heim als schwache Frau, unsicher, dick, faul,... Ich nehme alles mögliche mit, ich bin zufrieden, aber ich habe diese Schwächen jetzt auch akzeptiert.

LII Es gab immer Früchte, und wir haben dann immer weniger Esssachen gekauft, weil es immer was gab. Eine Feige oder eine Birne oder einen Apfel oder Nüsse.

LIII 2001 gab es hier einen fürchterlichen Maul- und Klauenseuchenausbruch. Deshalb war der Lake District für fast ein Jahr abgeriegelt. [...] Und das, glaube ich, hatte wahrscheinlich ziemlich langfristige Folgen. Und was interessant ist, alle haben gesagt, dass es Jahre dauern würde, bis die Schafpopulation wieder auf den alten Stand käme. Aber jetzt sieht es so aus, als ob es bei den Schafen keine Probleme mehr gäbe, die Schafe sind wieder da, aber die Menschen... Also das Töten, das Töten der Tiere damals war fürchterlich. Aber die Tiere sind wieder da, nur nicht die Menschen. Es scheint bei den Menschen länger zu dauern, bis sie wieder zurückkommen.

LIV Den Jakobsweg sehe ich als eine Möglichkeit, sich Zeit zu nehmen. [...] Ganz einfach, gestern sind wir bei einer Herde Kühe stehen geblieben, die gemuht hat, weil sie Futter wollten, also sind wie da stehen geblieben. Wir sind bei einem Huhn stehen geblieben, das gerade gepickt hat.

LV Vor allem im Lake District haben wir versucht herauszukriegen, wie das Wetter werden soll. Besonders bei den hohen Pässen, um dann zu entscheiden, ob wir besser obenrum oder untenrum gehen oder wo auch immer.

LVI Er hatte [im Nebel] ganz klar zu kämpfen. Und ich glaube, er wusste nicht so recht, wie man Führer und Karte richtig nutzt. Und es hätte für ihn ziemlich gefährlich werden können.

LVII Ich fand es ziemlich interessant, dass wir vier, also wir kannten diese Leute für vielleicht höchstens drei Stunden, drei Stunden, aber es war unheimlich intensiv. ... Sehr dramatisch. Und so, also wir waren sehr voneinander abhängig. Und wir hatten eine ziemlich schwierige Zeit miteinander und dann ... ja, dann ist jeder wieder seines Weges gegangen.

LVIII Was mich reizt, ist eine richtig lange Wanderung, ja, und die besonders interessant ist wegen der Landschaften und der kleinen Städte, die man durchquert. Der Charakter, der allgemeine Charakter, das ist es, was mich interessiert. Aber vor allem geht es mir ums Laufen.

LIX Das ist eine Frage der Landschaft. Ich wollte das Aubrac sehen. Also ich lebe bei Arles, und da ist es völlig eben. Und das mag ich nicht. Ich möchte bergauf gehen, bergab, bergauf, bergab. Entsprechend habe ich mir den Startpunkt ausgesucht, also mehr oder weniger wegen der Landschaft.

LX Der letzte Teil der Tour quert die North Yorkshire Moores. [...] Die kenne ich sehr gut aus meiner Kindheit, weil ich im Nordosten Englands aufgewachsen bin. Das wird schon einige Erinnerungen wachrufen.

LXI Wenn ich in einer Landschaft wie dem Lake District bin, dann hilft mir das, all die Dinge, mit denen ich in meinem Berufsleben klarkommen muss, wieder im richtigen Maß zu sehen. Und vieles wird viel unwichtiger. Weißt du, ich kann mir über meine Arbeit Sorgen machen und mich ärgern, aber es ist ja so, dass die Landschaft hier beständig ist. Sie wird morgen immer noch da sein, wird sich nicht verändern, ja, und das hilft, vieles zu relativieren.

LXII Aber es ist schon interessant. Das erste, was mir in den Kopf kommt, sind Menschen. Ja, ich glaube, du hast recht. Ich denke mehr an Menschen als an die Landschaft, durch die ich laufe, das stimmt.

LXIII Und dann vor allem weil ich XX getroffen habe und sie auch Lust hatte, das zu machen [den Jakobsweg gehen] und da haben sich unsere beiden Wünsche getroffen. So haben wir dann entschieden, das zu tun.

LXIV Wir dachten, das könnte eine schöne Hochzeitsreise werden. Für eine lange Zeit nur zu zweit zu sein, zu laufen, weißt du, das ist richtig schön.

LXV Ich mache mit meinen Eltern zusammen Urlaub. Sie werden jetzt auch älter, und ich weiß, dass das Laufen für meinen Vater schwierig ist. Es könnte sein, dass er es nicht schafft, weiterzulaufen. Und für mich ist es ein ganz besonderer Urlaub, den ich mit meinen Eltern verbringe, solange sie noch gesund sind.

LXVI Wir leben ein ziemliches Stück voneinander entfernt, XY und ich. Und unsere Freundschaft, also wir sind jetzt seit dreißig, seit zweiunddreißig Jahren befreundet, und diese Wanderungen sind eine Möglichkeit, unsere Freundschaft lebendig zu halten. Und uns beiden haben diese Wanderungen immer viel Spaß gemacht, wirklich. [...] . Es vertieft eine Freundschaft, ganz sicher. Man teilt alles unterwegs, verbringt die Abende gemeinsam. Man isst zusammen, man ist einfach mit einem sehr guten Freund zusammen. In so einer Woche.

LXVII Ich denke, in unserem Fall geht es auch darum, dass die Freundschaft noch intakt ist. Weil, wenn du jemanden eine lange Zeit nicht siehst, weißt du nicht, ob ihr euch auseinandergelebt habt. Das ist sehr wichtig und für mich das Wichtige jetzt unterwegs.

LXVIII Etwas tun, was auch andere Menschen tun.

LXIX Vielleicht weil man viele Dinge teilt und jeder auf dem selben Weg unterwegs ist, vielleicht ist man deshalb offener, andere anzusprechen. Und Freunde zu finden.

LXX Mir hat es viel Spaß gemacht, Menschen zu treffen, die in gewisser Weise diskret geblieben sind, diskret, aber dennoch einen sehr freundschaftlichen Kontakt aufgebaut haben.

LXXI So sehr ich mich freue, tagsüber allein zu sein, so sehr freue ich mich, mich abends gut zu unterhalten. Und, ja, je nach den Begegnungen gibt es Abende, die traurig sind, und Abende, die sehr schön sind.

LXXII Manchmal, wenn ich müde bin, dann möchte ich einfach nur alleine sein. Und nicht mit jemandem reden müssen.

LXXIII Ich freue mich riesig, dass ich die Lyoner [Pilger aus Lyon] wiedergetroffen habe. Das ist für mich ein wunderbares Geschenk, zumal ich ja gar nichts gekauft habe.

LXXIV Ich denke, normalerweise werden sich die Leute helfen, aber es ist nicht das gleiche Verbundenheitsgefühl. Vielleicht, weil es ein Pilgerweg ist. Nicht wie eine Pyrenäenhochtour, wo die Leute doch eher miteinander konkurrieren. Weißt du, ich bin heute mehr gelaufen, ich war schneller, ich war weiter oben.

LXXV Ich denke viel häufiger als ich das vermutet hatte an die Menschen, die wir unterwegs getroffen haben. Weil am Anfang, da hab ich gedacht: Hoffentlich treffen wir nicht zu viele, weil, du weißt schon... Aber jetzt, also es ist richtig schön, Leute zu treffen, das ist echt schön. Und dann hören, sehen, was andere tun, von anderen hören... oh, du hast die getroffen, wir haben sie gesehen...

LXXVI Aber auf die Dauer sind es immer die gleichen Gespräche, die sich wiederholen. Man trifft neue Leute, dann heißt es immer: Oh, die ist aus Québec... und tatata. [...] Man steigt nie richtig tief in die Konversation ein. [...] Ich finde, das ist alles bisschen oberflächlich. Man ist miteinander verbunden, ah, ich hab dich gesehen, hast du gesehen, wohin gehst du, woher kommst du... aber das ist nie so richtig persönlich.

LXXVII Also wir, wir hatten einen sehr bewegenden Einstieg hier auf dem Weg. Wir haben sehr bewegende Begegnungen gemacht, also auf der emotionalen Ebene. Und die werden wir in uns behalten. Wir haben Menschen getroffen mit einer Persönlichkeit, die uns sehr berührt hat, und wir sind ein Stück des Wegs mit ihnen gegangen und ..

also wir wissen, dass wir sie nicht wiedersehen werden, weil sie viel schneller als wir gelaufen sind, also sind sie schon viel weiter... Aber das macht nichts. Wir behalten sie in unserer Erinnerung, und unterwegs reden wir immer mal wieder über sie.

LXXVIII Also ich war sehr von dem Gefühl angetan, in den Spuren früherer Pilger zu laufen. [...] Ich hatte das Gefühl, am selben Ort zu sein, wie die im Mittelalter.

LXXIX Es geht darum, wie herzlich du empfangen wirst, ob du das Gefühl hast, jemand heißt dich willkommen, du bist bei ihnen zu Hause, oder ob du für die nur eine Möglichkeit bist, Geld zu verdienen.

LXXX Ich denke was zählt ist das, was wir gestern hier erlebt haben, eine richtig aufrichtige, nette Begrüßung. Und das vor allem nach so einem Tag, wie gestern. Sehr lang und anstrengend... Ein wunderbares Gefühl, dass dich jemand, den du gar nicht kennst, herzlich empfängt. Und dir Tee und Kuchen anbietet.

LXXXI [Wichtig ist], dass die Leute anerkennen, dass du Wanderer bist und, weißt du, dann kannst du reingehen. Ich möchte gar keinen Luxus, da würde ich mich fehl am Platz fühlen, ich brauch etwas, wo ich weiß, hier kann ich entspannen und mich zu Hause fühlen.

LXXXII ... oder so eine Unterkunft wir hier [Konvent der Ursulinen], weil hier, das ist ein Ort des Wortes. Ja, was wir suchen, das sind Orte des Wortes.

LXXXIII Ich bin auf jeden Fall, vielleicht sieht das für dich gar nicht so aus, aber für meine Verhältnisse bin ich sehr braun geworden. Ich glaube, meiner Familie und meinen Freunden wird das auffallen.

LXXXIV Ich lerne auf diesem Weg, meine Grenzen anzuerkennen. Normalerweise mache ich das nicht.

LXXXV Und jetzt fahr ich heim als schwache Frau, unsicher, dick, faul,... Ich nehme alles mögliche mit, ich bin zufrieden, aber ich habe diese Schwächen da jetzt auch akzeptiert. Tja, ich sage mir jetzt, dass das auch ein Teil von mir ist.

LXXXVI Unterwegs habe ich gelernt, mich von Sachen zu trennen. Ich bin jetzt bei 8 Kilo angekommen [Rucksackgewicht]. Am Anfang hatte ich 14.

LXXXVII [Also das Spirituelle] ist nicht unbedingt die anfängliche Motivation. Aber ich denke, nachdem wir nun soweit gekommen sind, wird es wichtiger. Aber nicht am Anfang, nein.

LXXXVIII Ich habe zwei Frauen unterwegs getroffen, und weißt du, die meinten, sie wären als Wanderer losgelaufen und würden als Pilger aufhören.

LXXXIX Das ändert sich. Das entwickelt sich auf dem Weg. Ich gehe den Weg ja ganz alleine, und am Anfang, da hab ich versucht, also da wollte ich eher allein bleiben, mehr im Innerlichen bleiben. Und jetzt, so im Laufe des Weges... nachdem ich den ganzen Tag über alleine bin, freue ich mich sehr, wenn ich abends jemanden treffe, um mich zu unterhalten.

XC Mach ich mit meiner Arbeit weiter? Mach ich mit meinem Mann weiter? Wo wird mein Leben hingehen?

XCI Sie kennen ja den Satz von Sokrates [...] es ist ein kleiner Weg zu sich selbst, um sich vielleicht ein Stück weit besser kennen zu lernen.

XCII Nein, ich glaube nicht, dass es auf eine radikale Wandlung hinauslaufen wird, ich denke es geht um eine Entwicklung, eine Entwicklung, wohin weiß ich nicht, aber eher wie, also, ich sehe das eher als etwas Stetiges.

XCIII Ich werde das Wandern wirklich vermissen, wenn ich wieder bei der Arbeit bin.

XCIV Weißt du, man hat ein Ziel, aber das Ziel ist weit weg. Und man geht auf das Ziel in kleinen, behutsamen Schritten zu, und wenn man zu schnell geht, schadet man sich selbst. Also so ist das beim Laufen, das ist wahrhaftiges Laufen. Aber ich denke, das ist auch eine Lehre fürs Leben. Wie auch immer. Also ich hoffe, dass diese Erfahrung dazu beiträgt, dass ich Dinge langsam angehen kann. Gemäßigt. Ja, so ist das.

XCV Wenn ich in einer Landschaft wie dem Lake District bin, dann hilft mir das, all die Dinge, mit denen ich in meinem Berufsleben klarkommen muss, wieder im richtigen Maß zu sehen. Und vieles wird viel unwichtiger. Weißt du, ich kann mir über meine Arbeit Sorgen machen und mich ärgern, aber ist ja so, dass die Landschaft hier beständig ist. Sie wird morgen immer noch da sein, wird sich nicht verändern, ja, und das hilft, vieles wieder zu relativieren.

XCVI [Wandern] .. es sieht so aus, also ob es einen erkennen lässt, was wirklich wichtig ist im Leben.

XCVII Ich fühle mich wohl in meinem Leib.

XCVIII Wenn ich laufe, bin ich glücklich, zu laufen.

XCIX Ich bin als Wanderer losgelaufen und komme als Pilger an.

C Wir würden nie ein Hotel nehmen, höchstens, wir hätten keine andere Wahl.

Eichstätter Tourismuswissenschaftliche Beiträge
(Tourism Studies from the University of Eichstätt-Ingolstadt)

herausgegeben von Prof. Dr. Hans Hopfinger, Kulturgeographie

Band 1: Scherle, Nicolai: Gedruckte Urlaubswelten: Kulturdarstellungen in Reiseführern. Das Beispiel Marokko. 2000.

Band 2: Küblböck, Stefan: Zwischen Erlebniswelten und Umweltbildung. Informationszentren in Nationalparken, Naturparken und Biosphärenreservaten. 2001.

Band 3: Fuchs, Thomas: Canyoning – Aspekte des Abenteuersporttourismus in der Erlebnisgesellschaft. 2003.

Band 4: Rulle, Monika: Der Gesundheitstourismus in Europa – Entwicklungstendenzen und Diversifikationsstrategien. 2004.

Band 5: Küblböck, Stefan: Urlaub im Club – Zugänge zum Verständnis künstlicher Ferienwelten. 2005.

Band 6: Hauswald, Oliver: Mythos Patagonien – Tourismus und Imaginationen am Ende der Welt. 2006.

Band 7: Schlaffke, Marlen: Von Bollenhüten und Ritterburgen – Tourismuswerbung und Raumbilder. 2007.

Vol. 8: Galanzeh Hejazeen, Emad: Tourism and Local Communities in Jordan – Perception, Attitudes and Impacts. 2007.

Band 9: Aschauer, Wolfgang: Tourismus im Schatten des Terrors – Eine vergleichende Analyse der Auswirkungen von Terroranschlägen (Bali, Sinai, Spanien). 2006.

Band 10: Rulle, Monika: Der Gesundheitstourismus in Europa – Entwicklungstendenzen und Diversifikationsstrategien. 2008.

Band 11: Specht, Monika: Fernwandern und Pilgern in Europa – Über die Renaissance der Reise zu Fuß. 2009.

Zu beziehen über:
Profil Verlag München Wien, Postfach 21 01 43, 80671 München;
E-Mail: office@profilverlag.de. Weitere Informationen: www.profilverlag.de